新时代高校教育管理与创新研究

戴月舟 著

汕头大学出版社

图书在版编目（CIP）数据

新时代高校教育管理与创新研究 / 戴月舟著. -- 汕头：汕头大学出版社，2022.8
ISBN 978-7-5658-4772-1

Ⅰ．①新… Ⅱ．①戴… Ⅲ．①高等学校－教育管理－研究 Ⅳ．① G640

中国版本图书馆 CIP 数据核字（2022）第 153755 号

新时代高校教育管理与创新研究
XINSHIDAI GAOXIAO JIAOYU GUANLI YU CHUANGXIN YANJIU

| 著　　者：戴月舟
| 责任编辑：胡开祥
| 责任技编：黄东生
| 封面设计：优盛文化
| 出版发行：汕头大学出版社
| 　　　　　广东省汕头市大学路 243 号汕头大学校园内　邮政编码：515063
| 电　　话：0754-82904613
| 印　　刷：三河市华晨印务有限公司
| 开　　本：710mm×1000mm　1/16
| 印　　张：13.25
| 字　　数：200 千字
| 版　　次：2022 年 8 月第 1 版
| 印　　次：2023 年 2 月第 1 次印刷
| 定　　价：78.00 元

ISBN 978-7-5658-4772-1

版权所有，翻版必究

如发现印装质量问题，请与承印厂联系退换

前 言
Preface

随着我国高等教育从大众化进入普及化阶段，高校大量合并，高校招生体制改革引发了一系列问题，高等教育管理面临着前所未有的挑战。同时，创新型国家建设与和谐社会目标的确立、科学发展观的实施与和谐文化的提出，又为我国高等教育发展提供了新的历史机遇。高等教育管理是高等教育发展的关键因素。研究我国高等教育管理的历史和现状，必须聚焦于高等教育管理研究及其理论的发展状况，只有大力发展我国高等教育管理理论研究，才能使其更好地服务于高等教育。从一定意义上说，一个国家的高等教育管理理论研究的发展状况折射并且决定着该国高等教育管理实践的整体水平。

21世纪以来，高等教育在国家发展战略中的地位越来越突出，在经济社会发展中的作用也由间接推动转变为直接推动，经济和社会发展更加依靠知识的更新、人民素质的提高、科技的创新及教育的发展。一个国家高等教育的发展水平决定着这个国家教育整体的发展高度，对社会发展的其他方面也有着直接影响。因此，世界各国均对高等教育改革予以高度重视。目前，我国的高等教育已步入普及化阶段，随着高等教育的改革与发展，高等教育管理体系的理论与创新研究也迫在眉睫。

本书共七章，分别为高校教育管理概述、高校教育管理基础认知、高校教育管理发展的多元化、中国传统文化视阈下的教育管理思想、当代高等教育管理思想、大数据时代下我国高校教育管理的创新发展和高校创新教育与大学生创新能力培养。

本书在撰写的过程中，吸收了部分专家、学者的一些研究成果和著述内容，在此表示衷心的感谢。由于笔者水平有限，书中疏漏在所难免，恳请广大读者批评指正！

戴月舟
2022年2月23日

目 录
Contents

第一章　高校教育管理概述 ································· 1
  第一节　高校教育管理的内涵 ···························· 1
  第二节　高校教育管理的价值 ··························· 13
  第三节　高校教育管理的原则 ··························· 25

第二章　高校教育管理基础认知 ···························· 31
  第一节　教育管理的伦理基础 ··························· 31
  第二节　教育管理的人性逻辑 ··························· 47
  第三节　高校教育管理权与学生权利 ···················· 56
  第四节　高校教育管理干部素质发展策略 ················ 65

第三章　高校教育管理发展的多元化 ······················· 75
  第一节　教育管理学科建设的国际化 ···················· 75
  第二节　善治视阈下的大学新生教育管理 ················ 85
  第三节　完全学分制条件下大学生教育管理 ·············· 97

第四章　中国传统文化视域下的教育管理 ·················· 105
  第一节　唐代国子监的教育管理制度 ··················· 105
  第二节　明代阴阳学教育管理 ·························· 116
  第三节　《周易》与当代教育管理 ····················· 123

第五章　当代高等教育管理思想 ·············· 127

第一节　郭秉文高等教育管理思想 ·············· 127
第二节　杨德广高等教育管理理念与实践 ·············· 132
第三节　陈垣高等教育管理思想 ·············· 138

第六章　大数据时代我国高校教育管理的创新发展 ·············· 146

第一节　大数据时代对高校教育管理的创新 ·············· 146
第二节　基于学生发展的高校学生事务管理创新 ·············· 148
第三节　大数据对我国高校教育管理的影响及对策 ·············· 153

第七章　高校创新教育与大学生创新能力培养 ·············· 174

第一节　高校创新教育的内涵 ·············· 174
第二节　高校创新教育的目标和任务 ·············· 179
第三节　高校创新教育的内容和方法 ·············· 182
第四节　大学生创新能力的培养路径 ·············· 192

参考文献 ·············· 205

第一章　高校教育管理概述

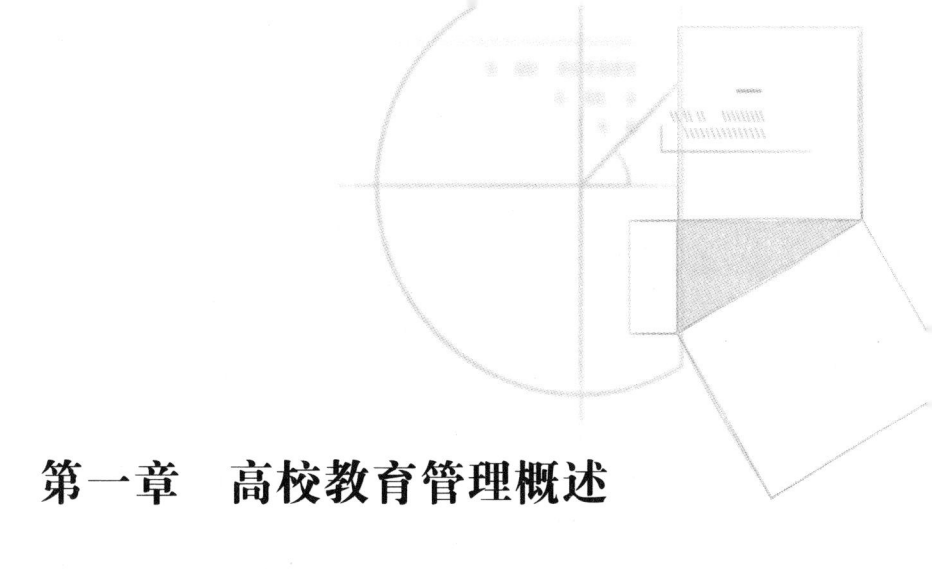

第一节　高校教育管理的内涵

研究高校教育管理，首先要明确其内涵。要全面、深入地把握高校教育管理的内涵，就要弄清高校教育管理的定义，了解高校教育管理的特点，明确高校教育管理的目标。

一、高校教育管理的定义

管理，就其字面意义而言，是管辖、处理的意思。管理的涉及面极其广泛，人们往往按照某种需要或从某种角度来看待和谈论管理，因此，管理有了多种不同的解释。即使是在管理学界，管理也有多种不同的定义。有的从管理职能和过程的角度出发，认为管理是由计划、组织、指挥、协调和控制等职能为要素组成的活动过程；有的从管理的协调作用的角度出发，认为管理是在某一组织中，为完成目标而从事的对人与物质资源的协调活动；有的从组织中的人际关系和人的行为的角度出发，认为管理就是协调人际关系，激发人的积极性，以达到共同目标的一种活动；有的从决策在管理中的地位的角度出发，认为管理就是决策；有的从系统论的角度出发，认为管理就是根据一个系统所固有的客观规律，对这个系统施加影响，从而使系统呈现一种新状态的过程。这些不同的定义，从不同的角度揭示了管理活动的特性。

综合上述各种观点，我们可以对管理的定义作如下表述：管理是在一定的社会组织中，通过决策、计划、组织和控制，有效地利用人力、物力、财力、时间和信息等各种资源，以达到预定目标的一种社会活动过程。

高校教育管理是高校管理的一个重要组成部分，也是高校人才培养工作的一个重要环节。因此，高校教育管理既有管理的一般本质，又有其自身的特殊本质。这主要表现在以下几点：

（1）高校教育管理是在高校这一特定的社会组织中进行的。任何管理活动都是在一定的社会组织中进行的。正如马克思所说："凡是有许多人进行协作的劳动，过程的联系和统一都必然要表现在一个指挥的意志上，表现在各种与局部劳动无关而与工场全部活动有关的职能上，就像一个乐队要有一个指挥一样。"高校是系统培养专门人才的社会组织，大学生的教育和培养是其首要的和基本的任务，高校教育管理就是高校为实现这一任务而进行的特殊管理活动。

（2）高校教育管理的目的是实现高校的人才培养目标，促进大学生的全面发展。管理的目的是实现一定社会组织的某种预定目标。世界上既不存在无目标的管理，也不可能实现无管理的目标。高校教育管理作为高校人才培养工作的一个重要环节，其目的就是要实现高校在人才培养方面的预定目标，促进大学生的全面发展，使之成为德智体美劳全面发展、富有创新精神和实践能力的中国特色社会主义事业的合格建设者和可靠接班人。

（3）高校教育管理的实质是要有效地利用学校的各种资源，为大学生的成长成才提供指导和服务。高校教育管理的任务是为大学生顺利完成学业、健康成长成才提供各方面的指导和服务，包括对大学生行为和大学生群体的引导、对家庭经济困难学生提供的资助服务、对毕业生提供的就业服务等。为此，就需要通过科学的决策、计划、组织和控制，有效地利用学校的各种资源，包括人力、物力、财力、时间和信息等。

综上所述，所谓高校教育管理，就是高校为实现人才培养目标，促进大学生全面发展，通过决策、计划、组织和控制，有效地利用各种资源，为大学生成长成才提供各种指导和服务的社会活动过程。

二、高校教育管理的特点

高校教育管理有其显著的特点。

（一）突出的教育功能

高校教育管理是高校人才培养工作的重要组成部分，因此，高校教育管理既具有管理的属性，又具有教育的属性，有着突出的教育功能。

1. 高校教育管理目标服从和服务于大学生教育目标

大学生是为了接受大学教育而跨入大学的，高校教育管理则是高校为实现大学生教育目标，促进大学生圆满完成学业而实施的特殊管理活动，因此，高校教育管理目标必然服从和服务于大学生教育目标。一方面，大学生教育目标是制定高校教育管理目标的基本依据。实际上，高校教育管理目标是大学生教育目标在高校教育管理活动中的贯彻和体现，是其在高校教育管理领域的分目标。离开了大学生教育目标，高校教育管理也就没有了方向。另一方面，大学生教育目标的实现有待高校教育管理目标的实现。高校教育管理是实现大学生教育目标的重要手段，只有通过有效的管理，建立和保持正常的教育教学和生活秩序，充分调动大学生学习的积极性和主动性，为大学生提供各种必要的指导和服务，才能保证学校教育教学活动的顺利进行和学生的健康成长。如果没有有效的高校教育管理，大学生教育目标也就不可能实现。

2. 教育方法在高校教育管理方法体系中具有突出的作用

教育方法是包括高校教育管理在内的现代管理活动中经常、广泛使用的基本手段。这是因为一切管理活动都离不开人，而人是有思想的，人的活动总是由一定的思想意识支配的。正如恩格斯所说："推动人去从事活动的一切，都要通过人的头脑。"因此，任何管理活动都要坚持思想领先的原则，注意做好人的思想工作，通过影响人的思想去引导和制约人的活动。高校教育管理作为大学生教育和培养工作系统中的一个重要组成部分，必然要更加注重运用教育方法，以增强高校教育管理的实效性。同时，教育方法也是高校教育管理中其他方法顺利实施并收到实效的基础。高校教育管理的法律方法、行政方法和经济方法的实施，一般都要伴之以思想道德教育，才能收到良好的效果。正如毛泽东同志所说："为着维持社会秩序的目的而发布的行政命令，也要伴之以说服教育，单靠行政命令，在许多情况下就行不通。"

3. 高校教育管理过程也是教育大学生的过程

高校是教育和培养专门人才的场所，高校的一切工作都应当对大学生起到良好的教育作用。直接面向大学生所进行的高校教育管理工作，当然更是如此。事实上，高校教育管理过程中包含着十分丰富的教育因素。高校教育管理过程中所贯彻的以人为本、民主法制、公正和谐的理念，所体现的从学校和学生的实际出发，遵循教育规律和管理规律，实事求是的科学精神，所采用的民主管理、依法管理、科学管理的方法等都会对学生起到潜移默化的作用。高校教育管理过程中所实行的依据大学生成长成才规律和要求制定的各项规章制度都会对大学生起到思想导向、动机激励和行为规范的作用，高校教育管理过程中管理人员的情感、态度和言行也会对大学生起到表率和示范作用。可见，高校教育管理的过程也是教育大学生的过程，并直接影响着大学生思想品德的形成与发展。

（二）鲜明的价值导向

高校教育管理是为社会培养人才提供服务的，高校教育管理的目的、管理体制和管理形式受到社会经济基础、政治制度和意识形态的制约。因此，高校教育管理具有鲜明的价值导向，贯穿并体现着社会的主导价值体系，并直接影响着大学生价值观的形成、变化与发展。我国是人民民主专政的社会主义国家，我国的高校是为社会主义建设事业培养专门人才的，这就决定了我国的高校教育管理必然要坚持社会主义的价值导向。具体地说，高校教育管理的价值导向主要体现在以下几方面。

1. 高校教育管理的价值导向集中体现在管理目标中

目的性是人类实践活动的基本特征。人的实践活动的目的总是基于一定的需要或对实践对象的属性及其变化趋势的认识与判断，因此体现着一定的价值观念。高校教育管理的目标同样如此。事实上，高校教育管理的目标以及作为其具体展开的整个目标体系都是基于一定的价值观念而确定和设计的，都贯穿和体现着一定的价值观念和价值追求。因此，高校教育管理的价值导向不仅对管理者的管理行为和大学生的日常行为起到导向、激励和评价的作用，而且对大学生价值观的形成和发展起到重要的引导、促进作用。例如，建立和维护良好的教育教学秩序和生活秩序是高校教育管理的重要目标，这一目标就体现了"有序"的价值，因此，这一目标的执行会促进大学生形成"有序"的观念。同时，高校教育管理是大学生教育的重要环节，为谁培养人、培养什么样的人始终是大学生教育的首要问题，当然也是高校教育管理的首要问题。显然，对这个问题的解决，鲜明地体现了一定的价值观念和价值追求。在我国现阶段，就是要体现社会主义核心价值体系，体现实现中国特色社会主义的共同理想对人才培养的要求。因此，我国高校教育管理的目标必然要体现社会主义的价值导向。

2. 高校教育管理的价值导向突出体现在管理理念中

高校教育管理理念是高校教育管理的指导思想，直接制约着高校教育管理的原则和方法，而高校教育管理理念也总是体现着社会的价值体系，且往往是社会的先进价值观念在高校教育管理中的贯彻和体现。例如，高校教育管理中"以人为本"的理念，就是我们党所坚持的"以人为本"的价值观念在高校教育管理中的贯彻和体现。在高校教育管理中全面贯彻"以人为本"的理念，坚持做到"关心人、尊重人、依靠人、发展人、为了人"，必然会对大学生正确认识人的价值，确立"以人为本"的价值观产生积极影响。

3. 高校教育管理的价值导向具体体现在管理制度中

科学而又严密的规章制度是高校教育管理的基本手段，也是高校教育管理规范化、制度化和法制化的基本保证与主要标志。规章制度是人们在一定的价值观念指导和影响下制定出来的，体现着一定的价值导向，具体表现为要求大学生做什么，不做什么；鼓励和提倡做什么，反对和禁止做什么；奖励什么样的行为和表现，惩罚什么样的行为和表现；等等。高校教育管理制度中的这些规定无不体现着鲜明的价值导向。

（三）复杂的系统工程

同其他管理活动一样，高校教育管理也是一项系统工程，具有整体性、层次性、动态性和开放性。同时，高校教育管理又有其特殊的复杂性，是一项十分复杂的系统工程。

1. 高校教育管理的任务是复杂而艰巨的

高校教育管理既要紧紧围绕促进大学生成长成才的中心任务，加强对大学生学习行为和实践活动的管理和引导，又要切实为大学生的健康成长着想，加强对大学生日常行为包括交往行为、消费行为、网络行为的管理和引导，及时发现、校正和妥善处理大学生的异常行为；既要加强对大学生现实群体包括学生班级、学生党团组织、学生社团和学生生活园区的管理和引导，又要适应网络时代的新情况，加强对大学生以网络为平台形成的虚拟群体的管理和引导；既要对大学生在校园内的安全加强管理和引导，又要为大学生在校外的安全提供必要的指导和督促；既要做好面向全体大学生的奖学金评定工作，以充分调动大学生的学习积极性，又要做好面向家庭经济困难大学生的资助工作，以帮助他们顺利完成学业；既要引导新生科学制定职业生涯规划，明确努力的具体目标，又要为毕业生提供就业、创业指导和服务，使他们能够在合适的岗位上施展身手、实现自身价值。总之，高校教育管理渗透于大学生专业学习和日常生活的各个方面，贯穿于大学生培养工作的所有环节和全部过程，其任务是复杂而艰巨的。

2. 大学生是具有明显差异和鲜明个性的

高校教育管理的对象是大学生，而大学生有着明显的差异和鲜明的个性。他们各有其特殊的精神世界和思想感情，有着不同的气质、性格、兴趣、爱好和习惯，即使是同一个年级、专业、班级的学生，由于各自不同的生活条件和生活经历，其思想行为也各有特点。同时，随着自主意识的增强，大学生越来越崇尚个性，追求个性的自由发展和完善。对同一名大学生而言，在成长变化的不同历史时期也有着不同的特点。因此，高校教育管理不可能按照完全统一的要求、规格和程序来进行，而是要善于根据大学生的个性特点，因人制宜，因势利导，有针对性地开展工作。这就使高校教育管理具有了特殊的复杂性。

3. 影响大学生成长的因素是复杂的

高校教育管理的目的是促进大学生成长成才，而影响大学生成长成才的，不仅有学校教育因素，还有外部环境因素。现实世界中，所有与大学生学习、生活、活动和交往有关的环境因素，都会或多或少地对大学生的成长成才产生影响。其中，有社会的因素，也有自然的因素；有物质的因素，也有精神的因素；有经济、政治的因素，也有文化的因素；有国际、国内的因素，也有家庭、学校周边社区的因素；有现实的因素，也有历史的因素；等等。尤其是随着现代信息技术的迅猛发展，世界越来越紧密地联系在一起，大学生可以方便快捷地获取来自世界各地的信息，因此，影响大学生思想行为及其成长的环境因素也更为广泛、更为复杂。同时，外部环境对大学生的影响也是复杂的。一是其影响的性质具有多重性。既有积极影响，也有消极影响，二者往往交织在一起，同时产生作用。同样的环境因素对于不同的大学生可能会产生不同性质的影响。例如，富裕家庭的经济条件对许多大学生来说是顺利完成学业的有利条件，但对有的大学生来说则成为铺张浪费、过度消费，甚至不思进取、荒废学业的重要原因。二是其影响的方式具有多样性。有直接的影响，也有间接的影响；有显性的影响，也有隐性的影响；有通过对大学生思想情感的熏陶产生作用的，也有通过对大学生行为的约束产生作用的。凡此种种，不一而足。因此，在高校教育管理过程中，管理者不仅要善于对大学生的学习和生活进行正确的指导，而且要善于正确认识和有效调控各种因素对大学生的影响，尽可能充分利用其对大学生的积极影响，防止、抵御和转化其消极影响。显然，这是一项十分复杂的工作。

（四）显著的专业特色

高校教育管理传统上是经验性的事务型工作，但高校教育管理有其特殊的管理对象、特殊的内在规律和特有的方法体系，决定了高校教育管理必须形成专业视角、使用专业方法、形成专业研究模式。因此，高校教育管理是专业性很强的工作。

1. 高校教育管理有其特殊的管理对象

高校教育管理的对象是大学生，而大学生有着区别于一般管理对象的显著特点。一是大学生是具有高度自觉能动性的人。大学生具有强烈的自主意识、突出的独立意向和较高的智力发展水平，崇尚独立思考，要求自主自治。在高校教育管理过程中，大学生不仅是接受管理的对象，还是积极活动的主体。对于管理的要求和规章，对于管理者施加的指导和督促，他们都要经过自己的思考，作出自己的评价、选择和反应。更重要的是，他们会积极主动地参与到管理活动中，自觉地接受管理和实行自我管理。这就要求在高校教育管理中必须着力激发和引导大学生的自觉能动性，使他们能够自觉地顺应高校教育管理的目标和要求，主动接受管理，积极开展自我管理。二是大学生是正处于成长和发展的关键时期的人。他们的心理日趋成熟但尚未完全成熟，智力迅速发展，情感日益丰富，自我意识显著增强，但又存在着理智与情绪的矛盾、自我期望与自身能力的矛盾等心理矛盾。他们正处于思考、探索和选择之中，世界观、人生观和价值观正在形成，思想活动具有显著的独立性、敏感性、多变性、差异性和矛盾性。他们即将走上社会，正在做进入职场、全面参与社会劳动实践的准备。可见，大学生有着既不同于少年儿童，又区别于成人的特点。同时，大学生处于趋向成熟的过程中，他们身上蕴藏着各方面发展的极大的可能性，有着发展的巨大潜力。这就要求高校教育管理针对大学生的特点，切实加强并科学实施对大学生的指导和服务，以促进他们的健康成长，使他们的身心获得最佳的发展。三是大学生是以学习为主要任务，并在教师的指导下进行自主学习的人。大学生的主要职责是学习，大学生的学习是由教师指导的，按照一定的制度和规定有目的、有计划、有组织地进行。同时，大学生可以按照学校的有关规定自主地选修课程，自主地支配大量的课外学习时间。因此，大学生不仅需要掌握科学的学习方法，而且需要高度的学习自觉和有效的自我管理。这就要求高校教育管理紧紧围绕大学生的学习任务，切实加强对大学生学习行为的指导和管理。

2. 高校教育管理有其特殊的内在规律

高校教育管理有其特殊的内在规律是由高校教育管理自身的特殊矛盾决定的。高校教育管理的特殊矛盾就是社会基于对专门人才的需要而对大学生在行为方面的要求与大学生行为实际状况的矛盾。这一矛盾存在于高校教育管理的活动之中，贯穿于高校教育管理过程的始终，决定着高校教育管理的全局，构成了高校教育管理的基本矛盾，也是高校教育管理区别于其他社会实践活动的特殊矛盾。高校教育管理就是为解决这一矛盾而专门进行的特殊社会实践活动。高校教育管理作为一种人才培养的手段，固然要遵循教育的一般规律，但又有其区别于其他教育活动的特殊规律，这就需要对高校教育管理的特殊规律进行专门的探索和研究。高校教育管理理论研究的任务，就是揭示高校教育管理的特殊规律。

3. 高校教育管理有其特有的方法体系

高校教育管理所具有的特定的管理对象和特殊的管理规律决定了高校教育管理有其特有的方法体系。高校教育管理工作涉及面极其广泛，具有很强的综合性，因此，需要掌握管理学、教育学、心理学、社会学等多方面的理论方法和技术。但高校教育管理的方法体系又不是这些学科方法和技术的简单拼凑和机械相加，而是需要在系统掌握这些学科理论、方法和技术的基础上，针对大学生的特点，依据高校教育管理的特殊规律和具体实际，把它们有机地结合起来加以综合运用，从而形成自己特有的方法体系。

三、高校教育管理的目标

高校教育管理目标是一定时期内实施高校教育管理活动所要达到的预期结果，是高校教育管理过程的指向、核心和归宿，规定着高校教育管理的方向和任务，制约着高校教育管理的手段和方法。科学地确定并正确地把握高校教育管理的目标，是实施高校教育管理的前提，是提高高校教育管理效益的关键。

（一）确定高校教育管理目标的依据

高校教育管理目标作为高校教育管理活动所要达到的预期结果，其形式是主观的，但它的确定并不是主观随意的，而是围绕高校的人才培养目标，依据社会发展的客观要求和大学生发展的客观需要制定出来的。

1. 高校的人才培养目标是确定高校教育管理目标的直接依据

高校的人才培养工作是一个十分复杂的系统工程，高校教育管理作为这一系统的重要组成部分，其目的就是通过为大学生提供各种指导和服务，保证学校人才培养目标的实现。因此，高校教育管理目标的确定也就必然要以高校的人才培养目标为依据。实际上，高校教育管理目标也就是高校人才培养目标在高校教育管理领域中的体现和具体化。

2. 社会发展的客观要求是确定高校教育管理目标的根本依据

高校的人才培养目标归根到底是由社会发展的客观要求决定的。同时，大学生发展的基本趋势和总体状况归根到底取决于社会发展的状况及其对人才素质的客观要求。高校教育管理的实质就是引导和帮助大学生充分利用社会所提供的各种条件来发展和完善自己，以适应社会发展的客观要求。

3. 大学生发展的需要是确定高校教育管理目标的重要依据

高校教育管理目标的确定，在主要依据社会发展需要的同时，还应兼顾大学生发展的需要。首先，大学生是正处于发展中的、具有鲜明个性的人。他们都有自己的思想感情、兴趣爱好和理想追求，都有丰富和发展自己的迫切需要。因此，高校教育管理的目标必然要满足大学生发展的需要。其次，大学生既是管理的对象，又是能动的主体。高校教育管理目标能否实现，关键看它能否激发大学生自我管理的主动性和积极性。为此，高校教育管理目标就必须体现大学生发展的需要。只有这样，外在的管理目标才能转化为大学生的内在追求，从而激励大学生自觉地开展自我管理，不断奋发努力。

（二）高校教育管理的目标体系

高校教育管理目标按其地位和作用范围，可分为总目标和分目标。高校教育管理的总目标是高校教育管理的全部活动要达到的预期结果。高校教育管理的分目标则是各个领域、各种层次以及各个阶段的高校教育管理活动分别要达到的预期结果。总目标是分目标的基本依据，分目标是总目标的分解和具体化；总目标调节和控制着分目标的执行，总目标的实现又有待于各个分目标的实现。高校教育管理的总目标和分目标相互联系、相互作用，共同构成了高校教育管理的目标体系。

为维护高校正常的教育教学秩序和生活秩序，保障学生身心健康，促进学生德智体美劳全面发展，2017年教育部颁布了《普通高等学校学生管理规定》，这也是现阶段我国普通高等学校学生管理的总目标。

1. 维护高等学校正常的教育教学秩序和生活秩序是高校教育管理的直接目标

任何管理活动的直接目标或第一目标都是建立和维护组织的正常秩序。事实上，管理活动的产生首先就是为了规范和协调人的行为，以使组织的各项活动能够围绕组织的目标，按照一定的制度和规定有条不紊地进行。这就像一个乐队必须有一个指挥，而指挥的作用就是使乐队全体成员的演奏都能够按照乐谱的规定和要求有序进行。高校教育管理的直接目的是引导、规范和调控大学生的行为，建立和维护高校正常的教育教学秩序和生活秩序，以使学校的各项教育教学活动和大学生的学习与生活有序进行。

2. 保障学生的身心健康是高校教育管理的基本要求

身心健康包括生理健康和心理健康，是生理健康和心理健康的有机统一。生理健康是心理健康的物质基础，心理健康是生理健康的精神支柱。身心健康是人的全面发展的基础和内在要求。一个人如果没有强健的体魄、振奋的精神和坚强的意志，就谈不上全面发展，也不可能成为社会需要的全面发展的高素质人才。保障大学生的身心健康是培养社会合格人才的内在要求，是大学生成长成才的需要。当代中国大学生大多为独生子女，是一个承载社会、家庭高期望值的特殊群体。他们自我定位比较高，成才欲望非常强，但社会阅历比较浅，心理发展尚未成熟，极易出现情绪波动。随着经济社会的发展，特别是涉及大学生切身利益的各项改革措施的实行，大学生面临的社会环境、家庭环境和学校环境日益纷繁复杂，学习、就业、经济和情感等方面的压力越来越大，不可避免地会影响他们的心理健康乃至生理健康。因此，加强高校教育管理，为大学生的学习、就业和日常生活提供必要的指导和服务，保障大学生的身心健康，具有尤为重要的意义。

3.促进学生德智体美劳全面发展是高校教育管理的根本目标

培养全面发展的人，历来是具有远见卓识的教育家们追求的理想目标。马克思、恩格斯科学地揭示了人的全面发展的内涵和历史必然性，创立了关于人的全面发展的理论。毛泽东把这一理论运用于中国社会主义建设的实践，阐明了新中国的教育方针，他明确提出："我们的教育方针，应该使受教育者在德育、智育、体育几方面都得到发展，成为有社会主义觉悟的有文化的劳动者。"在我国改革开放和社会主义现代化建设新时期，邓小平提出，要教育全国人民做到有理想、有道德、有文化、有纪律，这为在社会主义初级阶段促进人的全面发展指明了方向。世纪之交，江泽民总结了中国特色社会主义建设的实践经验，指出努力促进人的全面发展是马克思主义关于建设社会主义新社会的本质要求。胡锦涛在党的十七大报告中明确指出："要全面贯彻党的教育方针，坚持育人为本、德育为先，实施素质教育，提高教育现代化水平，培养德智体美全面发展的社会主义建设者和接班人，办好人民满意的教育。"习近平在全国教育大会上强调："坚持中国特色社会主义教育发展道路……培养德智体美劳全面发展的社会主义建设者和接班人，加快推进教育现代化、建设教育强国、办好人民满意的教育。"培养德智体美劳全面发展的社会主义建设者和接班人是高校人才培养的目标，而高校教育管理作为高等学校人才培养体系的重要组成部分，当然要为实现这一目标服务，以促进学生德智体美劳全面发展为根本目标。

4.高校教育管理的分目标具有复杂性和多样性

高校教育管理的分目标主要有以下几种类型：

（1）按高校教育管理的工作内容而确定的分项管理目标。高校教育管理是一个复杂的系统工程，具有多方面的工作内容，包括大学生行为管理、大学生群体管理、大学生安全管理、大学生资助管理和大学生就业管理等。这就需要把高校教育管理的总目标分解到各个具体工作领域之中，形成各项具体目标，通过各项具体目标的达成来实现大学生管理的总目标。具体说来，大学生行为管理的目标是引导大学生自觉践行大学生行为规范，养成良好的行为习惯；大学生群体管理的目标是引导大学生群体形成体现大学精神、积极向上的群体文化，开展丰富多彩、健康有益的群体活动，充分发挥群体管理对大学生成长成才的积极作用；大学生安全管理的目标是维护学校稳定，保障学生安全，建设平安校园；大学生资助管理的目标是为贫困大学生提供基本的经济保障，促进他们健康成长和顺利成才；大学生就业管理的目标是引导毕业生树立正确的就业观念、增强职场竞争能力，帮助他们顺利找到合适的工作岗位。

（2）按大学生培养过程的不同阶段而确定的阶段性管理目标。大学生的培养过程具有明显的阶段性，各个阶段都有各自的工作重点，不同学习阶段的大学生也各有其特点。这就需要依据高校教育管理的总目标和大学生培养过程的内在规律性，科学地确定各个阶段高校教育管理的具体目标，并使之环环相连、紧密衔接、循序渐进。就本科生管理而言，在一年级，应注重引导学生实现角色转换，尽快适应大学的学习和生活；在二年级，应注重引导学生依据社会需要确定自己的奋斗目标，对未来的职业生涯做出初步规划，全面提高自己的知识素养和能力，有目的地发展自己的兴趣和特长；在三年级，应注重引导学生认识自身素质与社会需求的差距，抓住时机，完善自己，提升自我；在四年级，应注重引导学生客观全面地分析自身情况，为就业或升学做好充分准备。

（3）按高校教育管理主体的具体分工确定的具体工作目标。高校教育管理目标的实现有待所有大学生管理部门和全体大学生管理工作者的共同努力。在高校教育管理工作系统中，每一个部门、每一位管理者，都在特定的工作领域中有其特定的工作职责。为了充分发挥所有部门和全体管理者的作用，并使他们紧密配合、形成合力，就要把高校教育管理的总目标层层分解并落实到各个部门和各位管理者，形成部门和管理者的具体工作目标。例如，学生工作部（处）工作目标、学校团委工作目标、教务处学生管理工作目标、学生会工作目标、辅导员及班主任工作目标等。只有这样，才能引导和协调学校各方面的力量，保证高校教育管理总目标的实现。

第二节　高校教育管理的价值

高校教育管理对社会进步、高校发展和大学生成长成才都有着重要的意义和价值，全面认识高校教育管理的价值是高校教育管理研究的重要课题，也是切实加强和改进高校教育管理的重要思想基础。

一、高校教育管理价值概述

价值本来是一个经济学的范畴，它是伴随着商品生产的出现而产生的。在经济学领域，价值指的是凝结在商品中的无差别的人类劳动。现在，价值范畴已经广泛地运用于社会、政治、法律、道德、科技、教育和管理等各个领域，成了人们评价事物的一个普遍范畴。因此，价值范畴又具有了哲学意义上的新内涵。在哲学意义上，价值是指客体对于主体的作用和意义，它体现了客体的属性和功能与主体的需要之间的一种特定关系，即客体属性和功能对主体需要的满足关系。价值作为一个关系范畴，不能离开主客体中任何一方而存在。一方面，价值离不开主体，主体的需要是衡量价值的尺度，只有满足主体需要的事物或对象才具有价值；另一方面，价值也离不开客体，客体的属性和功能是价值的载体。价值的实质，也就是客体的属性和功能对主体需要的满足。

高校教育管理的价值是指高校教育管理对于社会、高校和大学生所具有的作用和意义，也就是高校教育管理的属性和功能对社会进步、高校发展和大学生成长成才需要的满足。高校教育管理价值的客体是高校教育管理本身。高校教育管理具有对大学生的成长和发展，对高校实现教育目标，对培养社会合格人才发挥作用的属性与功能。正是高校教育管理的这些属性和功能构成了高校教育管理价值的基础。高校教育管理价值的主体是社会、高校和大学生。高校是高校教育管理的实施者。高校之所以要实施高校教育管理，根源于实现教育目标的需要，而高校教育管理则具有满足这种需要的属性和功能。因此，高校也就成为高校教育管理价值的主体。同时，高校的教育目标又是依据社会对专门人才的要求和大学生发展的需要制定的，社会和大学生也就因此成为高校教育管理的主体。高校教育管理价值所体现的是高校教育管理的属性和功能对社会、高校和大学生需要的满足关系。

高校教育管理价值具有下述显著特点。

（一）直接性与间接性

高校教育管理对其价值主体的作用，就其作用的形式而言，有直接作用和间接作用，因此，高校教育管理价值也就具有直接性和间接性的特点。高校教育管理价值的直接性是指高校教育管理能够不经过中介环节直接作用于价值主体，以满足其一定的需要。一般说来，高校教育管理对大学生的影响和作用往往是直接产生的。高校教育管理价值的间接性是指高校教育管理需要通过一定的中介环节间接作用于价值主体，以满足其一定的需要。一般来说，高校教育管理对于社会的影响和作用就是通过对大学生的影响和作用而间接发生的。

（二）即时性与积累性

高校教育管理价值的实现即高校教育管理以自身的属性和功能对价值主体某种需要的满足总要经过一个或短或长的过程，因此，高校教育管理价值也具有即时性与积累性的特点。高校教育管理价值的即时性是指高校教育管理活动在短时间内就能够迅速达到目标，从而满足价值主体的某种需要。例如，及时办理家庭经济困难的学生的助学贷款，以使他们能够跨进大学、安心学习；及时处理大学生中的突发事件，以保障学生安全和校园稳定；等等。高校教育管理价值的积累性是指高校教育管理往往要经过一个相当长的过程，通过长期的工作积累才能达到目标，进而满足价值主体的某种需要。例如，建立良好的教育教学秩序，以满足高校人才培养工作的需要；培养大学生良好的思想品德和行为习惯，以满足社会发展与学生自身发展的需要；等等。这些都不是一朝一夕就能实现的，而是需要长期的工作积累。

（三）受制性与扩展性

高校教育管理价值的受制性是指高校教育管理价值的实现要受到其他因素的影响。这是因为高校教育管理价值是对大学生成长成才的作用和意义，而大学生的成长成才还要受到高校内部其他因素和外部环境因素的影响。因此，高校教育管理在大学生成长成才中作用的发挥，必然受到其他因素的制约。当其他因素对大学生的影响与高校教育管理的作用方向相一致，高校教育管理就容易收到实效，高校教育管理的价值也就易于实现。反之，如果其他因素对大学生的影响与高校教育管理的作用方向不一致或相反，高校教育管理就难以收到实效，高校教育管理的价值也就难以实现。高校教育管理价值的扩展性是指高校教育管理可以通过大学生的活动对高校内部其他因素和外部环境因素产生作用，从而使自身价值得到扩展。例如，高校教育管理通过对大学生科技创新和创业活动的鼓励和支持，激发大学生科技创新和创业的积极性，这就必然会推动学校的教学创新，提高大学生的科技创新能力和创业能力。再如，高校教育管理通过对大学生日常行为的引导，使大学生养成遵守社会公共道德规范、自觉维护公共秩序和环境卫生的行为习惯，这就必然会对学校周边环境的优化产生积极的影响。

（四）系统性与开放性

高校教育管理价值的系统性是指高校教育管理的价值是一个由多种维度、多种类型的内容构成的有机整体。按价值的主体，可分为社会价值、高校集体价值和个体价值。社会价值即高校教育管理对社会运行和发展的作用和意义；高校集体价值即高校教育管理对高校运行和发展的作用和意义；个人价值即高校教育管理对大学生个体成长与发展的作用和意义。按价值存在的形态，可分为理想价值和现实价值。理想价值是高校教育管理价值的应有状态，即高校教育管理所追求的最终价值；现实价值是高校教育管理的实有状态，即在现实条件下已经实现或正在实现的价值。还可以按价值的性质，分为正向价值和负向价值；按价值的大小，分为高价值和低价值；等等。高校教育管理价值就是由上述各种价值组成的系统。高校教育管理价值的开放性是指高校教育管理的价值会随着价值主体的需要和高校教育管理功能的变化和发展而变化和发展。随着社会的发展，高校教育管理服务对象的需要在变化和发展，这就必然会促使高校教育管理的功能发生相应的变化和发展，从而使高校教育管理的价值得到增强和拓展。例如，随着计算机网络的发展及其对大学生的二重影响，高校教育管理必须加强对大学生网络活动的管理和服务，从而使高校教育管理的价值拓展到网络空间之中。

二、高校教育管理的社会价值

高校教育管理的社会价值是指高校教育管理对社会运行与发展的作用和意义，即高校教育管理的属性和功能对社会运行与发展需要的满足。高校教育管理的社会价值集中表现在它是培养又红又专、德才兼备、全面发展的中国特色社会主义的合格建设者和可靠接班人的重要手段，是构建社会主义和谐社会的内在要求。

（一）培养合格人才的重要手段

中国特色社会主义事业的发展需要数以亿计的高素质劳动者、数以千万计的专门人才和一大批拔尖创新人才。高校是人才培养的重要基地，其中心任务就是为中国特色社会主义建设培养合格的专门人才，而高校教育管理是高校人才培养工作的重要手段，在培养合格人才中发挥着不可或缺的重要作用。

1. 维护正常的教育教学秩序

高校的教育教学活动总是按照一定的制度和规章有目的、有计划、有组织地进行的，建立和维护正常的教育教学秩序是高校教育教学工作的内在要求和基本条件，需要有严格的、科学的管理，包括高校教育管理。高校教育管理在维持高校教育教学秩序中具有特殊的重要作用。在高校教育管理中，实行严格的学籍管理，按照一定的制度和规定，有序地做好有关大学生入学与注册、课程和各种教育环节的考核与成绩记载、转专业与转学、休学、复学与退学、毕业与结业等各项工作，是建立正常的教育教学秩序的基础。实施系统的学习管理，引导大学生明确学习目的，提高学习的主动性和自觉性，规范大学生的学习行为，督促大学生自觉遵守学习纪律和考试纪律，形成良好的学风，是建立正常教育教学秩序的关键。加强对班级、社团等大学生群体的管理，引导大学生紧紧围绕学校的教育教学目标有序地开展班级活动、社团活动和其他课余活动，是建立正常的教育教学秩序的重要条件。

总之，高校教育管理是建立和维护正常的教育教学秩序的重要保证，没有有效的高校教育管理，就不可能有正常的教育教学秩序。

2. 激励、指导和保障大学生的学习行为

高校教育教学的过程是教师与学生双向互动、"教"与"学"辩证统一的过程。其中,"教"是主导,"学"是关键,学习是大学生的主要任务,是大学生能否成为合格人才的关键。高校教育管理则对大学生的学习行为起着重要的激励、指导和保障作用。高校教育管理对学生学习行为的激励作用主要表现在:引导大学生充分认识学习的社会意义和个体价值,明确学习目的,以激发他们的学习动机;运用颁发奖学金和授予荣誉称号等方式,表彰学业优秀的大学生,以鼓励他们勤奋学习;把竞争机制引入大学生的学习活动之中,围绕高校教育专业学习,组织各种竞赛活动,以激发大学生的学习热情。大学生管理对学生学习行为的指导作用主要表现在:指导新生了解大学阶段学习的特点和要求,促进他们尽快实现从被动性学习转变为自主性学习;指导大学生根据社会需求和自身实际制定职业生涯规划,确定自己的职业生涯发展方向,明确学习目标;指导大学生掌握科学的学习方法,养成良好的学习习惯,不断提高自主学习的能力和学习效率;指导大学生积极开展社会实践活动,注重在实践中加深对专业理论知识的理解,在实践中提高自己的专业技能。高校教育管理对大学生学习行为的保障作用主要表现在:加强资助管理,切实做好助学贷款和助学金的发放工作,组织和指导大学生的勤工助学活动,为家庭经济困难的大学生安心学习、顺利完成学业提供必要的经济保障;开展大学生学习心理的辅导,帮助大学生克服学业焦虑等各种消极心理,以积极健康的心态对待学习;等等。

3. 培养大学生的思想品德

中国特色社会主义建设所需要的合格人才不仅要具备良好的专业知识和能力素养,还要具备良好的思想品德。所谓思想品德,是指人在一定的思想体系指导下,按照社会的言行规范行动时,表现在个人身上的相对稳定的特征,它是以心理因素为基础的思想与行为的统一体。培养大学生良好的思想品德,不仅需要深入细致的思想政治教育,还需要有效的管理。这是因为良好思想品德和行为习惯的形成有一个由他律到自律的过程。大学生各方面还未成熟,发展尚未稳定,加之每个大学生的思想基础不同,接受教育的主动性、积极性和自觉性也各不相同,因此,大学生自我管理、自我约束的能力尚有欠缺并存在差异。要帮助大学生提高自理、自律水平,使他们能够自觉地遵循社会的思想规范、政治规范、道德规范和法纪规范并形成良好的行为习惯,就必须在加强思想政治教育的同时,加强对大学生各方面的管理,注重大学生日常行为规范的训练。通过高校教育管理，科学制定并严格执行各项规章制度，强化行为管理和纪律约束，使大学生的学习、交往等各方面的行为都能够按照一定的规范有序进行，不仅有助于培养大学生良好的行为习惯，还可以为思想政治教育创造良好的环境，增强思想政治教育的效果。

（二）构建和谐社会的内在要求

实现社会和谐始终是人类孜孜以求的社会理想，也是中国共产党和中国人民不懈奋斗的重要目标。党的十六大以来，我们党对社会和谐的认识不断深化，明确提出了构建社会主义和谐社会的任务。社会和谐是中国特色社会主义的本质属性，构建社会主义和谐社会是发展中国特色社会主义的基本要求和重要保证。高校教育管理作为对大学生这一特殊社会群体提供指导和服务的社会活动，在构建和谐社会中发挥着特有的重要作用，具有特殊的重要价值。

1. 高校教育管理是维护社会稳定、实现社会安定有序的重要保证

我们所要建设的社会主义和谐社会，应该是民主法治、公平正义、诚信友爱、充满活力、安定有序、人与自然和谐共处的社会。安定有序是社会主义和谐社会的内在要求和重要特征，也是实现社会和谐的基本条件。社会稳定则是安定有序的基本内容和重要表现，也是改革发展的前提。邓小平在推进改革开放的过程中，反复强调"稳定压倒一切"，没有稳定的环境，什么都搞不成。而高校稳定是社会稳定的重要条件，高校稳定的关键又在于大学生。这是因为大学生的思想尚未成熟，存在着显著的矛盾性，他们关心国家发展，关注时事政治，追求民主自由，具有较强的政治参与意识，但缺乏政治经验和社会生活经验，政治辨别能力不强，容易受到社会上错误思潮和不良倾向的影响。同时，大学生正处于青年期，情感具有强烈性，这既使大学生热情奔放、勇往直前，也使大学生易于冲动，甚至失去理智。成千上万的大学生集中在高校的校园内，如果缺乏正确的引导和有效的管理，一些不良的倾向和问题很容易在大学生中扩散开来并造成不良的社会影响。因此，切实加强高校教育管理，正确引导大学生的社会活动和政治行为，妥善解决大学生在学习、生活、交往和就业中遇到的各种矛盾和问题，及时处理各种突发事件，以保持高校的稳定，对于维护社会稳定、实现社会安定有序具有特殊的重要意义。

2.高校教育管理是构建和谐校园的重要手段

高校是现代社会中不可或缺的重要社会组织，担负着培养人才、推进科技进步、传播先进文化的重要任务。构建和谐校园是构建社会主义和谐社会的题中应有之义，也是推进高校科学发展的内在要求。通过加强高校教育管理，引导和组织大学生积极发挥在和谐校园建设中的主体作用，是构建和谐校园的重要保证。通过加强高校教育管理，建立和完善大学生参与民主管理的组织形式，引导、支持和组织大学生依法参与学校的民主管理和实行自主管理，切实维护和保障大学生在校期间享有的权利，引导和督促大学生全面履行法律规定的义务，自觉遵守国家法律和学校管理制度，能够有力地推进高校的民主法制建设。加强高校教育管理，妥善地协调学生与学校、学生与教师之间的关系，维护大学生的正当利益，实事求是地评价大学生的思想品德和学业成绩，公正地实施奖励和处分，正确地处理大学生中的各种矛盾和问题，使公平正义在校园中得到弘扬。加强高校教育管理，督促大学生在学习考试、科学研究、人际交往和日常生活中坚持诚实守信，做到不作弊、不剽窃，引导学生尊敬师长、友爱同学、团结互助，在校园中形成诚信友爱的良好风气。通过高校教育管理，充分调动大学生的积极性和创造性，围绕专业学习，开展丰富多彩的社团活动和社会实践活动，鼓励、组织和支持大学生开展科学研究、进行创造发明、尝试创业活动，使校园真正充满活力。通过高校教育管理，建立和维护学校正常的教育教学秩序和生活秩序，加强大学生的安全教育和管理，保障大学生的身心健康，有效预防和妥善处理大学生中的突发事件，努力建设平安校园，使校园实现安定有序。通过高校教育管理，引导和督促大学生自觉维护校园环境，节约用水、用电等，使校园成为人与自然和谐共处的生态校园。

3.高校教育管理是促进大学生集体和谐发展的重要手段

大学生党团组织、班级、学生会、社团等集体是大学生学习和日常生活的基本组织形式，直接影响着大学生的思想和行为，是大学生思想政治教育和管理的重要载体。大学生集体的和谐发展不仅直接关系着大学生个体的健康成长和全面发展，也直接关系着高校的和谐稳定和科学发展。高校教育管理内在地包含着对大学生集体的管理，因此，其在促进大学生集体和谐发展中具有十分重要的作用。通过高校教育管理，引导大学生集体自觉遵循学校的有关制度和规定，紧紧围绕学校的人才培养目标和大学生成长成才的需要，积极开展丰富多彩的集体活动，充分发挥大学生集体在大学生自我教育、自我管理中的作用，可以促进大学生集体的发展与学校发展的和谐与统一。通过高校教育管理，切实加强大学生集体的思想建设、组织建设、制度建设和作风建设，引导大学生增强集体意识，主动关心集体发展，积极参与集体活动，弘扬团结互助精神，不断增进同学友谊，注重相互沟通与交流，及时化解各类矛盾，促进各类大学生集体自身的和谐发展。通过高校教育管理，引导大学生党团组织、班级、学生会、社团等各类大学生集体正确处理相互之间的关系，加强相互之间的沟通和协调，做到相互配合、相互支持，形成大学生自我教育、自我管理的合力，促进各类大学生集体的相互和谐与共同发展。

三、高校教育管理的个体价值

高校教育管理的个体价值是指高校教育管理对大学生个体成长与发展的作用和意义，即高校教育管理的属性和功能对大学生个体成长与发展需要的满足。高校教育管理的个体价值主要表现在引导方向、激发动力、规范行为、完善人格和开发潜能等方面。

（一）引导方向

高校教育管理具有突出的导向功能，对大学生的成长和发展起着重要的导向作用。高校教育管理的导向作用主要表现在以下三方面。

1. 引导政治方向

政治方向是政治立场、政治观念、政治态度、政治品质和政治信念的综合体，是人的素质中的首要因素，决定着人们思想和行为的基本倾向。我们党历来强调在人才培养上必须把坚定正确的政治方向放在第一位。当今世界，随着经济全球化和信息技术的迅速发展，国际政治斗争趋于复杂，西方意识形态的渗透日益加剧。引导大学生确立坚定正确的政治方向，即坚持中国特色社会主义的方向，是高校一项极为重要又十分紧迫的任务。要实现这一任务，首先要加强大学生的思想政治教育。高校教育管理的社会属性决定高校教育管理必然具有鲜明的政治方向性，并对学生的政治方向发挥引导作用。加强高校教育管理，严格执行《普通高等学校学生管理规定》，引导和督促大学生自觉遵守《高等学校学生行为准则》，加强对大学生的行为尤其是政治行为的管理和指导，引导大学生正确行使依法享有的政治权利，防止和抵制各种腐朽意识形态对大学生的影响，及时纠正校园中出现的错误倾向，维护和保障校园的政治稳定和政治安全，对于引导大学生坚定正确的政治方向无疑具有重要作用。

2. 引导价值取向

价值取向是指人们基于自己的价值观在面对或处理各种矛盾、冲突、关系时所持的基本价值立场、价值态度以及所表现出来的基本价值倾向。价值取向决定和支配着人的价值选择，制约着人们思想和行为的方向。现阶段，我国市场经济，在促进社会生产发展和人们思想观念更新的同时，其盲目性和滞后性也容易诱发人们产生利己主义、拜金主义和享乐主义的价值观念；随着经济全球化的发展和我国国际交往的扩大，西方的各种价值观念逐渐渗透进来。因此，引导大学生掌握社会主义核心价值体系、坚持正确的价值取向有着尤为重要的意义。如前所说，鲜明的价值导向是高校教育管理的一个显著特点。高校教育管理通过坚持和贯彻体现社会主义核心价值体系的管理理念，制定和执行以培养社会主义事业的合格建设者和可靠接班人为根本宗旨的管理目标体系和管理规章制度，对大学生的价值取向发挥重要的引导作用。

3. 引导业务发展方向

引导大学生确定既符合社会需要，又符合自身实际的奋斗目标，明确业务发展的方向，引导他们把自己的主要精力和时间投入实现既定目标的业务学习和实践活动之中，从而促进他们早日成才。高校教育管理在引导大学生业务发展方向方面的作用集中表现在：通过对大学生学习活动的指导，引导大学生根据相关专业的要求和自己的兴趣爱好确定专业学习的目标，从而明确在专业学习方面努力的方向；通过对大学生职业生涯规划的指导，引导他们根据社会需求、职业发展的趋势和自身的主观条件与愿望确定自己的职业理想，从而明确自己职业生涯发展的方向。

（二）激发动力

高校的系统教育为大学生的成长和发展提供了良好的条件，而大学生的健康成长和全面发展，关键在于大学生自身的主观努力，即主观能动性的发挥。正如邓小平所说："我们要求所有的人都努力上进，但毕竟还要看各个人自己是否努力。"因此，要促进大学生的成长和发展，就必须注重激发大学生的内在动力，充分调动他们的主动性和积极性。高校教育管理具有显著的激励功能，在激发大学生内在动力方面具有突出的作用。高校教育管理对大学生的激励作用主要是通过以下三种路径实现的。

1. 需要激励

需要是人的行为动力的源泉，是行为动机产生和形成的基础。人的积极性能否发挥及其发挥的程度，归根到底取决于其需要能否得到满足以及满足的程度。高校教育管理坚持"以人为本"的管理理念和"服务学生"的管理原则，关心大学生的实际需要，维护大学生的正当利益，扎扎实实地为大学生的成长和发展提供各方面的指导和全方位的服务，因此，也就必然会对大学生发挥重要的激励作用。

2. 目标激励

人的行为总是指向一定目标的，目标是人们期望达到的成果和成就，能够激发人的内在积极性，鼓励人们奋发努力。人们把目标的达成与满足自身需要的价值看得越大，目标能够实现的可能性越大，目标的激发力量也就越大。高校教育管理遵循社会发展要求与大学生发展需要相统一的原则，科学地制订管理的目标，着力引导大学生根据社会需要和自己的兴趣爱好、主观条件合理地确定自己的学习目标和发展目标，从而对大学生发挥重要的激励作用。

3. 奖惩激励

奖励和惩罚是高校教育管理的重要方法，其目的就是通过运用正、负强化手段，控制大学生行为结果的反馈调节机制，以维持与增强大学生努力学习和践行大学生行为准则的主动性及积极性。奖励是通过奖赏、赞扬、信任等褒奖形式来满足大学生的需要，使其感到满足和喜悦，从而更加奋发努力的正强化手段；惩罚是通过造成被惩罚者对某种需要的不满足而使其感到痛苦和警醒，从而变消极行为为积极行为的负强化手段。高校教育管理通过恰当地运用奖励和惩罚，鼓励先进，鞭策后进，激励大学生奋发努力。

（三）规范行为

高校教育管理的一项重要任务就是要科学制定和严格执行各项管理规章

制度和纪律，以规范大学生的行为，促进其形成文明的行为方式和良好的行为习惯。高校教育管理在规范大学生行为方面的作用主要是通过以下三种路径实现的。

1. 加强制度建设

制度建设是高校教育管理的重要内容。它是依据社会发展要求、人才培养目标和大学生健康成长与发展的需要，科学制定和不断完善各项规章制度，使大学生明确应该做什么、不应该做什么，应该怎么做、不应该怎么做，并引导和督促大学生规范自己的行为，逐步形成文明的行为方式。教育部于 2016 年修订、2017 年 9 月 1 日施行的《普通高等学校学生管理规定》和教育部于 2005 年颁布的《高等学校学生行为准则》，是现阶段高校教育管理的基本规章制度，为规范大学生行为提供了基本的规定和准则。

2. 严格纪律约束

纪律是一定的社会组织为实现组织目标而要求其全体成员必须共同遵守并赋有组织强制力的行为规范。它是建立正常秩序、维系组织成员共同生活的重要手段，是完成各项任务、实现组织目标的重要保证，因此，是高校教育管理中不可或缺的重要手段。在高校教育管理中，通过严格执行学习、考试、科研、集体活动、校园生活、安全保卫等各方面的纪律，以约束和调整大学生的行为，并对其违纪行为及时做出恰当的处罚，可以有效地引导和规范大学生的行为，促进其良好行为习惯的养成。

3. 引导自我管理

自我管理是高校教育管理的重要路径。自我管理的一项重要内容就是激发大学生的自觉性和主动性，引导大学生自觉遵守管理制度，主动地用体现社会要求的大学生行为准则规范自己的行为，实行自我约束和自我监督。这种自我约束和自我监督既表现在大学生个体的自我管理中，也表现在大学生群体的自我管理中。在大学生班级、宿舍、社团等群体的管理中，充分发挥大学生的主体作用，引导大学生在民主讨论的基础上形成全体成员共同遵守的规章制度，并相互监督执行，不仅有助于营造良好的群体氛围，实现群体的目标，而且有助于提高全体成员规范和约束自己行为的自觉性。

（四）完善人格

人格是一个人所具有的稳定而统一的心理特征的总和。通俗地讲，人格就是一个人的品格、思想境界、情感格调、行为风格、道德品质、精神面貌等。人格既是个人发展状况的集中表现，也是个人发展的内在主观条件。人的全面发展内在地包含着人格的健全和完善。高校教育管理以促进大学生的全面发展为根本目的，因此，必须注重培育大学生健全的人格，以促进他们形成崇高的精神、高尚的道德品质、积极健康的心理品格。高校教育管理在完善大学生人格方面的作用主要表现在以下两方面。

1. 优化环境影响

环境是影响大学生人格形成和发展的重要因素，对大学生的人格具有陶冶和感染的重要作用。"近朱者赤，近墨者黑"说的就是这个道理。高校教育管理在营造良好的校园环境、优化校园环境影响方面具有重要作用。高校教育管理通过制定和执行合理的规章制度，建立和维护正常的校园秩序；通过有效的学习管理和班级管理，促进良好学风和班风的形成；通过对大学生交往活动的管理和引导，优化校园的人际环境；通过对大学生网络活动的管理和指导，净化校园的网络环境；通过对大学生社团与大学生课余活动的管理和指导，形成积极向上、丰富多彩的校园文化生活环境；通过对大学生生活园区的管理和大学生日常行为的指导，为大学生营造安定有序、文明健康的日常生活环境；等等。

2. 指导行为实践

实践是大学生人格形成和发展的基本途径。大学生所接受的各种教育，只有在实践中通过自己的亲身体验，才能真正为他们所理解、消化和吸收。大学生行为习惯的养成、实践能力的提高等，更是其自身长期实践活动的结果。因此，高校教育管理通过对大学生行为和实践活动的管理和指导，会对大学生人格的完善发挥重要作用。

（五）开发潜能

人的潜能是指人所具有的，有待开发、发掘的处于潜伏状态的能力，包括人的生理潜能、智力潜能和心理潜能。人的潜能是人的现实活动力量的潜伏状态和内在源泉，人的能力的发展，在一定意义上，也就是开发潜能，使之转化为现实活动力量，即显能的过程。人的潜能是巨大的。美国著名心理学家威廉·詹姆斯认为一个正常人还有90%的潜能尚未利用。由此可见，人的潜能的开发具有十分广阔的前景。大学生正处于成长和发展的关键时期，着力开发他们身上所蕴藏的丰富潜能，将他们内在的潜能转化为从事社会建设的实际能力和现实力量，是大学生培养工作的重要任务。高校教育管理作为大学生培养工作的重要组成部分，在开发大学生内在潜能方面发挥着重要作用。高校教育管理在开发大学生潜能方面的重要作用主要是通过以下三种路径实现的。

1. 指导学习训练

学习和训练是开发潜能的基础。只有通过系统的学习和训练，掌握必要的知识和方法，才能使潜能得到正确的、有效的开发。高校教育管理通过对大学生学习活动的管理和指导，引导大学生确立正确的学习目的、掌握科学的学习方法，不仅可以充分发掘大学生在学习方面的潜能，以提高他们的学习能力，而且可以促进大学生系统地掌握专业理论知识和方法，使他们在专业方面的潜能得到开发和发展。

2. 运用激励机制

激励是开发潜能的重要手段。通过激励，可以充分调动人的主观能动性，打破人安于现状的消极心态，振奋人的精神，转变人的态度，激发人的兴趣，调整人的行为模式，从而达到开发潜能的目的。激励是高校教育管理的重要手段。高校教育管理通过运用激励机制，引导大学生明确努力方向和成才目标，奖励成绩优异、表现突出的大学生，可以调动大学生的主动性和积极性，激发他们奋发向上的进取精神，促进他们不断地开发自身内在的潜能。

3. 组织实践活动

实践是潜能转化为显能的中介和桥梁。人的潜能只有在实践中才能逐步显现出来，并得到真正发挥，从而转化为显能。高校教育管理通过支持和指导大学生的社团活动和社会实践活动，鼓励和引导大学生的科技服务和科技创新活动等，可以为大学生提供丰富多样的参与实践活动的机会，使他们的潜能在实践中得到开发和发展。

第三节　高校教育管理的原则

高校教育管理的原则是在高校教育管理过程中必须遵循的基本准则。恩格斯指出:"原则不是研究的出发点,而是它的最终结果;这些原则不是被应用于自然界和人类历史,而是从它们中抽象出来的;不是自然界和人类去适应原则,而是原则只有在适合于自然界和历史的情况下才是正确的。"因此,高校教育管理原则主要依据高校教育管理的内在规律、实践经验及党的路线、方针、政策确定。新形势下,高校教育管理原则主要包括方向性、发展性、激励性和自主性等。

一、方向性原则

高校教育管理坚持方向性原则,主要涉及培养什么人、如何培养人的根本性问题。高校教育管理是高校办学的重要方面,是学校育人环节的重要一环,社会主义大学的主要目标是培养社会主义事业的合格建设者和可靠接班人,高校教育管理工作直接影响这一目标的实现。

方向性原则是指确定高校教育管理目标,进行高校教育管理活动,要与高校育人工作的总目标相一致,要与党和国家的教育方针、政策和法律法规中规定的教育目标、管理目标等相一致。

方向性原则是高校教育管理中具有决定意义的原则。只有坚持这一原则,才能促进高校教育管理沿着高等教育育人工作的总目标发展,才能保证高校教育管理的正确方向,才能有利于培养全面发展的社会主义事业的合格建设者和可靠接班人。

坚持方向性原则,是高校教育管理的社会属性决定的,也是我国高校教育管理历史经验的总结。

在高校教育管理中坚持方向性原则,关键是要做到以下三点。

(一)增强管理者的政治意识

高校教育管理是具有鲜明的政治方向、价值导向的。任何社会的高校教育管理都是为一定社会、阶级服务的。不同社会的高校教育管理的目的、理念、任务、方式和方法等都有显著的差异。然而,在我们的管理理论和实践中,往往存在着忽视管理的政治功能和价值导向的现象,一些人甚至认为高校教育管理没有方向性可言。因此,体现高校教育管理的方向性,首要的问题就是增强管理者的政治意识,促进管理者有意识地在管理过程中思考管理的政治方向和价值导向。管理者要把方向性要求贯穿在高校教育管理全过程和具体的活动中，引导大学生积极投身改革开放和社会主义现代化建设，在为祖国、为人民的不懈奋斗中实现自己的人生价值。

（二）以制度的合法性体现管理的政治导向性

坚持方向性原则，就必须自觉接受党的领导，其核心是坚决贯彻党的路线、方针、政策。学校的各项制度就是贯彻党的路线、方针、政策的主要载体，是一定社会政治方向、价值导向等的具体体现。因此，学校层面制定的高校教育管理各类相关制度，一定要与国家的法律法规相一致。通过合法制度来保障高校教育管理的方向性，要注重把方向性原则融入制度建设和执行的全过程，使大学生坚定社会主义的理想信念，在实践中成长成才。

（三）按时代需求及时调整管理目标

坚持方向性原则不仅体现在政治方向上，而且体现在管理是否能为党和国家的中心任务服务。不同时期党和国家的任务是不同的，对人才的需求也是不同的，这就要求高校教育管理紧扣时代主题，不断调整管理目标，创新管理模式。目前，发展是时代主题，经济建设是党和国家的中心任务，要根据这一中心任务制订具体的高校教育管理目标。

二、发展性原则

高校教育管理坚持发展性原则，包括两方面的内容：一是管理工作本身要不断发展，二是通过管理促进学生的全面发展。从管理工作本身来看，随着我国社会政治、经济、文化的不断发展，社会生活发生了复杂而深刻的变化，高校教育管理工作的形势、环境、对象、任务也发生了深刻的变化，这就要求管理的体制、机制不断变化，管理方式、目标、途径及时调整，以确保高校教育管理工作的实效。

通过管理促进学生全面发展，关键是做到以下三点。

（一）树立发展意识

思想是行动的先导，有什么样的发展理念，就会有与之相应的管理方式和结果。传统的高校教育管理重管理，把管住学生作为管理的出发点。个别管理者往往以强硬的制度规范、约束学生的行为，以训诫、命令代替沟通。这些方式往往会伤害大学生的自尊心，挫伤大学生的自主性，有悖于大学生的全面发展。高校教育管理坚持发展性原则亟须转变传统的观念，要有意识地把大学生的全面发展作为管理活动开展的前提。在高校教育管理中，应牢固树立促进大学生全面发展的责任感和紧迫感，打破思维定式，以新的发展观念指导管理决策，制订管理计划，谋划大学生的全面发展。

（二）不断推动管理创新

通过管理促进大学生的全面发展，需要同时注重管理本身的发展，而管理的发展实际上是创新。服务于大学生全面发展的管理创新就是在遵循高校教育管理规律的基础上，与时俱进，坚持继承与创新相结合，创造性地开展工作，促进大学生全面成长和成才。目前，高校教育管理的机制、途径、方法和载体都是在过去的环境条件下，针对过去的情况产生的。但是随着社会经济的迅速发展，高校教育管理面临着新情况、新问题，大学生在思想上出现了迷惑和困扰，在观念上呈现出多元化特点。如果固守原有的管理方法必然不能较好地适应今天的需要，解决不了今天的问题。为此，创新高校教育管理工作成为时代和社会赋予高校的重任。

（三）统筹资源，形成促进学生发展的合力

一直以来，我们在高校教育管理的实践工作中都强调高校学生管理包括管理学生和服务学生两大方面，但在具体操作上管理却总是多于服务。实践证明，把职业生涯规划、生活帮扶、大学生就业指导、心理辅导等贯穿管理始终更易于发挥大学生的主观能动性、激发大学生的创造性，从而促进大学生的发展。要理顺学校各管理部门的关系，通过部门间的相互协调、相互联系，将组织内部各个要素联结成一个有机整体，使人、财、物、信息、资源等得到最佳配置，形成促进大学生发展的合力。

三、激励性原则

激励性原则，是指高校教育管理中利用一定的物质手段或精神手段，引导学生思想行为的变化，调动学生的积极性、创造性，使学生的潜能得到最大限度的开发，从而实现管理目标的基本准则。在高校教育管理中，恰当运

用激励性原则,使管理活动更易于学生接受,更好地实现管理目标。

激励效果的好坏取决于在激励过程中采取的手段、方式能否针对大学生的发展实际,能否满足大学生的需要,能否在大学生内心形成自我激励的内在动力等。因此,在高校教育管理中贯彻激励性原则,关键是做到以下三点。

(一)运用正向激励手段

高校在学生管理过程中科学、合理地运用激励机制,有助于调动大学生的能动性和创造性,改变大学生的观念、行为。正向的激励主要有两种:一种是物质上的,主要指金钱或实物,物质利益的需求和满足是人生存和发展的一个必备条件,对大学生进行一定的物质激励有助于调动大学生的积极性、主动性;另一种是精神上的,主要指通过各种形式的表扬,给予大学生一定的荣誉。正向的激励有助于大学生将外部的推动力量转化为自我奋斗的动力,充分发挥自身潜能,从而有效地激励大学生成长成才。在高校教育管理中,要协调好物质激励和精神激励的关系,依据大学生的实际情况采取相应的激励手段,以确保管理效果。

(二)树立榜样激励

榜样使人有目标、有方向。因此,要善于树立榜样、培养榜样、宣传榜样,并鼓励学生学习榜样、争做榜样、成为榜样。

(三)采取情感激发的方式

"情感,是人格发展的诱因,是青年追求美好生活的动力。"要确保管理目标的实现,一般都要有感情的催化。当管理者与大学生平等相待、敞开心扉、相处愉快时,管理活动就比较容易开展;当双方针锋相对、互不理解时,大学生往往会产生抵触情绪,管理效果就会打折扣。因此,管理者不仅要以制度约束人,而且要以真情感染人,注重沟通,消除疑虑,用欣赏的眼光去看待大学生,使每一个大学生的需求得到尊重、疑惑得到解决、特长得到发挥。

四、自主性原则

自主性原则是指高校在进行教育管理时,使大学生参与管理过程,充分调动大学生的积极性和创造性，进行民主管理，实现自我管理和自我服务。高校教育管理遵循自主性原则，是由两方面决定的：一方面有利于育人目标的实现。管理的目标是育人，这就要求将外在的行为规范转化为内在的思想观念，从而支配管理对象的行为。如果不调动大学生的主观能动性，大学生就难以接受管理，管理的实效性就难以发挥。另一方面有利于满足大学生自主管理的现实需求。随着我国社会主义市场经济体制的不断完善，高等教育逐步走向经济社会发展的前台，市场经济的自主、平等、竞争、法治精神对高校师生的影响不断深化，大学生自主意识不断增强，渴望在各项事务管理中充当主角，自己管理自己，充分发挥主观能动性，实现自我管理、自我服务。

在高校教育管理中坚持自主性原则，关键是要做到以下三点。

（一）唤醒大学生的自主管理意识

在高校教育管理过程中，要营造轻松、愉快、快乐的氛围，使大学生的自主需求得到尊重。同时，要使大学生体会到自主管理的成就感，享受自主管理收获的成果。

（二）打造大学生自主管理平台

辅导员要抓好班委会、团支部、学生会等以学生组织为载体的自主管理平台，增强凝聚力、吸引力，建立定期流动机制和激励机制，充分保证大学生广泛地参与自主管理。辅导员要敢于充分"放权"，敢于把高校教育管理工作交给学生，实现大学生的自我管理、自我服务。

（三）加强对大学生自主管理的指导

自主管理不等于放任自流，只有加强对自主管理的指导，才能保证管理的方向和实效。怎样才能保证管理的方向和实效呢？要把握四方面：明确方向，定准目标，告诉学生工作要达到的程度和要取得的效果；定好标准，明确思路，告诉学生怎样开展工作；做好监督，对学生的工作情况进行跟踪观察，时刻关注工作进展；及时反馈，帮助学生及时调整方向，确保学生工作在正确的轨道上进行。

第二章 高校教育管理基础认知

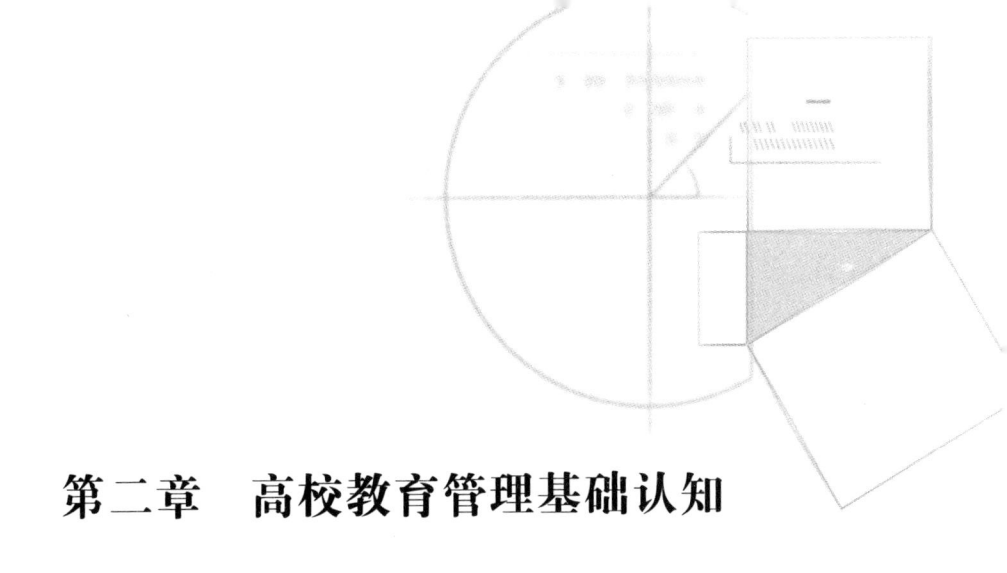

第一节 教育管理的伦理基础

一、伦理的解读

何谓伦理？对于如此熟悉和基础的词汇，相信具有一定认知水平的人可能会觉得自己已经了解了其内涵。然而，诚如奥古斯丁在《忏悔录》一书中所言："时间究竟是什么？没有人问我，我倒清楚；有人问我，我想说明，便茫然不解了。"事实上，对于那些耳熟能详的常识性的问题，我们往往无法用言语准确地表达其特定的含义，尤其是对"伦理"这一内涵非常丰富的词汇而言。即使在学术界，对伦理的理解迄今仍然是见仁见智、莫衷一是。因此，解读伦理概念也是本研究无法回避的一个问题。

（一）伦理与道德

对"伦理"与"道德"这两个概念关系的把握，是我们解读伦理内涵必须面对的一个问题。

虽然一般情况下"伦理"与"道德"这两个概念大致相同，经常可以互换使用，且本研究沿袭了惯常的用法，即在行文过程中并没有对两者做出严格的区分，但这并不意味着两者完全没有差别。如果我们在充分肯定伦理与道德紧密联系的前提下，把握两者之间的细微差别，无疑将有助于我们进一步深入和全面理解本论题所研究的对象。

从词源来看，英文"伦理"一词既来源于拉丁文，又来源于希腊文，最早出现在荷马史诗《伊利亚特》中，原意是指一群人共同居住的地方，后来引申为共居的人们所形成的性格、气质以及风俗习惯，通过这些风俗习惯，人们逐渐形成了某些品质或德行。对此，亚里士多德曾言："德性分为两类，一类是理智的，一类是伦理的。理智德性主要由教导而生成、由培养而增长，所以需要经验和时间。伦理德性则是由风俗习惯沿袭而来，因此把'习惯'一词的拼写方法略加改动，就有了'伦理'这个名称。"英文"道德"一词源于"风俗"一词，而"风俗"又是拉丁文"风俗、性格"这两个词的复数形式，所以，西文"道德"一词也起源于风俗习惯。从观察人们的风俗习惯入手，是认识伦理与道德的起点，且从历史进程的角度来看，风俗习惯确曾是伦理与道德的出处和根据。诚如亚里士多德所言："伦理德性是由风俗习惯熏陶出来的，而不是自然本性。……一切德性通过习惯而生成，通过习惯而毁灭。"根据分析可见，"道德与伦理在西方的词源含义相同，都是指外在的风俗、习惯以及内在的品性、品德，因而说到底也就是指人们应当如何的行为规范"。贝克主编的《伦理学百科全书》中明确指出"这两个词常常被相互替换地使用"。

"伦理""道德"这两个词语在汉语中出现较早。就"伦理"而言，"伦"与"理"二字连用成词，始见于秦汉之际的《礼记·乐记》"乐者，通伦理者也"。东汉郑玄注解道，"伦，犹类也；理，分也"。唐朝孔颖达疏云"阴阳万物各有伦类分理者也"，意思是把不同事物、类别分开来的原则和规范，形式上似与道德并没有多大的关联。但在中国古代，"伦理"一词多被引申用之，"'伦理'一词的含义主要还是用在人事而非物理上"。根据《说文解字》的解释，"伦，辈也，从人、从伦"，引申为人际关系。至于"理"，《说文解字》曰，"理，治玉也。……玉之未理者为璞"，引申为整治和物的纹理，继而又引申为规律和规则。例如，孟子的"五伦说"，即"圣人有忧之，使契为司徒，教以人伦：父子有亲、君臣有义、夫妇有别、长幼有序、朋友有信"。其中，"人伦"便是"人伦之理"的简称，"五伦"就是指父子、君臣、夫妇、长幼、朋友这五种人际关系，亲、义、别、序、信则是处理这五种人际关系应该遵循的"理"，即规则。根据分析可见，事实上，"伦"是"理"

产生的原因和依据，而"理"则源于人与人之间复杂的社会关系；"理"服务于"伦"，"伦"的和谐融洽有赖于"理"。"伦理"两字合用，乃是客观的人伦之理，即表示人与人之间在相互交往过程中所应遵循的道理、标准和规则。

在汉语中，"道德"中的"道"原指道路，《说文解字》曰："道，所行道也。"引申理解为必然性的法则、方法等，同时具有价值评价的标准、理想的含义。"从词源上看，'道'与'理'实为一物，同是规律和规则。""德"，古字作意。根据《说文解字》的解释，"德，外得于人，内得于己也。从直，从心"，故其通"得"。那么，"德"通"得"应该如何解释呢？据朱熹对《论语》的注解，"德者，得也，得其道于心而不失之谓也"，可见，"德"真正要"得"的是"得道"，是得到人们行为应该遵循的各种原则和规范，使其内化为个人的内在品质和德行，并持之以恒地保持下去。由此，"德"便引申为"品质""道德品质"。

可见，"道德"中的"道"侧重于一种外在的社会规范，指的是未转化为个体内在心理的社会规范；"德"则侧重于一种内在的心理规范，指的是已经转化为个体内在心理的社会规范。"道德"两字连用成词，始见于《荀子》一书"故学至乎礼而止矣，夫是之谓道德之极"，意指如果一切都能按照"礼"的规定去做，就算达到了道德的最高境界。由此可见，荀子在这里已经赋予"道德"比较确切的内涵，即人们在社会生活中，经过学习、修养和实践而逐步形成的品质、品德，以及调整人与人之间关系的行为原则和规范等。

根据对伦理与道德中、西文词源学的考察，可以看出，伦理与道德在中、西文词源上含义大致相同，均突出了行为准则在人们行为中的重要性。这也是在通常情况下，人们往往把这两个词语作为相互指称的词语来使用，有时甚至将之联结为一个概念——"伦理道德"的原因所在。[①] 尽管如此，"伦理"与"道德"这两个词语仍不断用于相异的判断，如在日常生活中，我们在评论个体的品质时，一般会说某个人"有道德"或"有道德的人"，但不会说其"有伦理"或"有伦理的人"。又如，道德有"公德"与"私德"之分，伦理也存在着"公共伦理"的说法，但却鲜见"私人伦理"之说法，等等，这说明伦理与道德还是存在一定的差别。那么，如何看待伦理与道德

---

① 朱贻庭.伦理学大辞典[M].上海：上海辞书出版社，2002：14.

之间的差别呢？根据上述词源分析，结合日常习惯用法，我们不难发现，相对而言，"'道德'更多地或更有可能用于人，更含主观、主体、个人、个体意味，而'伦理'更具客观、客体、社会、团体的意味"。

对于伦理与道德的区别，在哲学史上，黑格尔曾做了深刻的辩证分析。众所周知，在黑格尔之前，康德将道德区分为两部分，即"法权的学说"与"德性的学说"。前者涉及法权关系，大致可以归入法哲学或法的形而上学领域；后者则主要被视为伦理学的讨论对象。在这里，道德似乎具有更大的涵盖性，将法哲学与伦理学统摄于自身。黑格尔对此提出了异议，认为在康德的道德哲学体系中"道德"这个词语被高举。在康德的哲学中，人类行动的原则都被限制在这个僵死的词汇之中，在这个词语的阴影下，"伦理"的含义被遮蔽了，对"伦理"和"生命"的探讨成了愚蠢的行为，并长期被公然压制。在黑格尔看来，从词源学的角度来考察，即使承认"道德"与"伦理"的概念相同，现在它们也演变成了很不相似的两个词语，那么我们就应该承认它们是有差别的，并应该将其细致划分，界定它们各自的真实概念、含义，而不是一味地无视它们的本质差别。因此，黑格尔在《法哲学原理》一书中对"道德"与"伦理"作了区分。

恩格斯指出："黑格尔的伦理学或关于伦理的学说就是法哲学，其中包括抽象的法道德伦理，其中又包括家庭，市民社会，国家。在这里，形式是唯心的，内容是现实的。法律，经济，政治的全部领域连同道德都包括进去了。"[1] 黑格尔之所以将他的伦理学称为"法哲学"，原因在于"法"是伦理学的总纲、总题目，"道德""伦理"乃至国家利益等都是独特的法的体现。《法哲学原理》一书由三篇构成，标题分别就是"抽象法""道德""伦理"。那么这三者之间是什么关系呢？黑格尔认为，"法"是自由的外在表现，人在所有权中获得存在和自由；"道德"是"自由在内心中的实现"，它表现为良心；"伦理"是内在自由与外在自由的统一，它表现为一定的社会组织和关系。在他这里，"道德"主要强调的是人的内心自由，是人对自己的内在规范，而"伦理"则是外在自由与内在自由的统一，是内在的道德表现在与其他人的交往过程中。据此，"我们可以说，道德更多地表征着一个人的内

---

[1] 何怀宏.伦理学是什么[M].北京：北京大学出版社，2002：9.

心境界，有着个人倾向，而伦理则表达了既有的社会关系，有社会倾向"。

在黑格尔看来，"法"是一种外在的强制性规范，它欠缺主观性的环节，不是内心的自由规定，而"道德"则只具有主观性的环节，它纯粹是个人内心的设定。所以，"法"与"道德"都是抽象的东西，都缺乏现实性，它们必然过渡到"伦理"，"只有伦理才是它们的真理"。这样，在黑格尔这里就有了"伦理"与"道德"的分野："伦理"高于"道德"，"道德"是主观的，而"伦理"是在它概念中的抽象客观意志和同样抽象的个人主观意志的统一，"伦理"蕴含着"道德"，"道德"缺乏现实性，而"伦理"则具备现实的必然性。黑格尔对伦理与道德的区分，对于我们科学洞察两者的内涵、正确把握两者之间的关系具有深刻的启示意义。虽然这种区分仍然建立在伦理与道德密切联系的基础之上，也并不能说明长期以来伦理与道德在同义上的使用是错误的，但其无疑从侧面展示了人类在思维领域对社会现象或社会事实反映的精细化、深刻化。黑格尔对伦理与道德的区分给我们最大的启发就是"以伦理道德为研究对象的伦理学既要研究客观的道德法则，又要关注个体的道德修养，但后者当是以前者为基础的"。

不过，除了黑格尔等少数纯粹探讨伦理学元问题的哲学家之外，"无论在中国还是在西方，人们常常是把'伦理'、'道德'当作同义词来使用"。它们虽有微殊，但无迥异，义理基本相通，可以相互转换。"无论如何，两个概念的趋同还是主流。"正是"基于长期以来人们已经比较习惯于将道德与伦理视为大致一样的概念，因此目前我国通用的道德概念已经超出黑格尔所界定的道德范畴"，"实际上已经成为我们通常使用的'伦理道德'这个大的概念"。由于本书并非专门探讨伦理元问题的研究，因此，也大致遵循这一主导倾向，没有对伦理与道德作本质上的区分，而是将其视为同一概念，即"伦理道德"来使用。只是在表述形式上，考虑到"伦理"一词相对而言比较契合教育管理的公共性和学术研究的理性反思特征，因此，将论题确定为"教育管理的伦理基础"，而非"教育管理的道德基础"。[①]

（二）伦理的本质

所谓伦理的本质，即伦理道德的根本性质，是伦理道德区别于其他事物

---

① 高国希. 道德哲学[M]. 上海：复旦大学出版社，2005：47.

的内在规定性。虽然前文已经对伦理道德的概念做了相应的阐述，使得我们对其含义有了一定的了解，但这并不等于我们就认清了伦理道德的本质，因此，还需要做进一步探究。

对于伦理道德的本质，中外历史上很多思想家、哲学家和伦理学家曾经从不同角度进行过相应的探讨。例如，在中国历史上，孔子认为，伦理道德乃是上天赐予人的，"大生德于予"；孟子认为，伦理道德就是善，是人生来就有的，"仁义礼智，非由外烁我，我固有之也"；等等。再如，在西方历史上，柏拉图认为，伦理道德是"神"把善的理念放到人的灵魂中的结果；苏格拉底认为，伦理道德归根结底来自人对世界的真正了解，因此，其认为"美德即知识"；康德认为，伦理道德是一种实践理性的命令，而这种实践理性就是人先天固有的"善良意志"；杜威认为，伦理道德是一种用来分析情境和确定行为选择的工具，是一种"考察和筹划的特殊方法，用来考察经验事实，分析各种因素，认识客观条件，勘定困难和不幸，并设想行动方案，加以比较，作出选择，决定主观行为"；等等。总之，中外历史上对伦理道德本质的认识林林总总，众说纷纭，以至于美国哲学家怀特利发出了伦理道德"具有如此之多的含义，以至企图将它们理出头绪的决心是无用的"的感叹。可是，不解决这个难题，有关伦理道德问题的进一步探讨便无从谈起。

诚然，对于伦理道德这一纷繁复杂的人类社会现象，伦理学上的任何理论学说都试图去揭示其本质内涵。上述中外历史上的思想家、哲学家和伦理学家的种种见解，体现出不同时期人们对伦理道德本质的认识，其中有些观点也不乏可取之处，但由于认识的局限和方法论的制约，他们要么把伦理道德看作有意志的天或上帝赋予人类的规定，要么把伦理道德看作某种先于人类而存在的客观精神，如理念、天理、绝对理念等体现于人身的产物，要么把伦理道德看作人性、人心或人的理性中先天固有的东西，要么对伦理道德本质的探讨流于空泛，没有抓住最本质的特征，因而这些理论虽异彩纷呈，然实则未解伦理道德真义，最终都不能对伦理道德的本质作出科学的解释和规定。当然，我们不能要求理论比现象本身更真实，理论毕竟略去了现象世界的大量细节，其和现象自身相比已经被大大简化了，它的目的是抓住现象的最主要特征，从而更有效地解释现象。诚如马克思所言："理论只要彻底，就能说服人。所谓彻底，就是抓住事物的根本。"那么，伦理道德的本质究竟为何？中华人民共和国成立后，受苏联伦理学观点的影响，将伦理道德的本质视为一种意识形态在我国伦理学界甚为流行。其依据就是马克思、恩格斯经典著作中对伦理道德的一些相关论述。马克思、恩格斯在《德意志意识形态》中指出："人们的想象、思维、精神交往在这里还是人们物质行动的直接产物。表现在某一民族的政治、法律、道德、宗教、形而上学等的语言中的精神生产也是这样。……意识在任何时候都只能是被意识到了的存在。""因此，道德、宗教、形体而上学和其他意识形态"是"物质生活过程的必然产物"。在《反杜林论》中，恩格斯又指出："人们自觉地或不自觉地，归根到底总是从他们阶级地位所依据的实际关系中——从他们进行生产和交换的经济关系中，吸取自己的道德观念。"学者们根据马克思、恩格斯的论述推断"既然道德是由经济基础决定的，又是属于社会的第二性的思想关系和社会上层建筑，是为一定阶级的经济、政治制度服务的，那它必然是一种社会意识形态"，并由此进一步得出伦理道德的本质就是社会意识形态的结论。在笔者看来，若就此简单推论，显然失之偏颇。首先，应该指出的是，马克思的意识形态概念主要是一种社会结构的分析性概念，它只是指出伦理道德在社会结构中处于社会意识形态的地位，发挥着社会意识形态的功能，但这并不能理解为对"伦理道德是什么"这样一个实质性问题的回答，并不能说明伦理道德的本质就是社会意识形态。其次，如前所述，我们说事物的本质，就是一事物区别于其他事物的内在规定性，是一事物之所以为一事物的根本性质，若将伦理道德的本质视为社会意识形态，那么，其与政治、法律、宗教等其他社会意识形态又如何区分呢？显然，这也是无法自圆其说的。然而，长期以来，这种"偏颇"却被视为马克思主义伦理道德观的一个基本立场和观点，也被看作马克思主义观点研究伦理学的一个基本方法。在相关研究中，"价值观念，……并通过社会教化把它灌输给民众，似乎这就是伦理学的基本使命，唯有此社会的道德才能进步"，这显然是对马克思、恩格斯观点的一种曲解。

那么，马克思、恩格斯是如何认识伦理道德的本质呢？在《〈政治经济学批判〉导言》中，马克思指出："整体，当它在头脑中作为思想整体而出现时，是思维着的头脑的产物，这个头脑用它所专有的方式掌握世界，而这种方式是不同于对于世界的艺术精神的、宗教精神的、实践精神的掌握的。"我们知道，人类活动主要可以划分为两大类别：一是物质活动，即实践活动，主要是物质资料的生产活动；二是思想活动，即思维活动，包括科学理论、艺术、宗教和伦理道德。上述马克思所言的"整体"，即客观世界"专有的方式"，"这种方式"是指科学理论和哲学思维方式，而"实践精神"所指的即伦理道德。根据分析，不难看出，马克思在这里将伦理道德表述为一种"实践精神"，即伦理道德是人们用"实践精神"把握客观世界的一种方式。

马克思之所以将伦理道德表述为一种"实践精神"，其主旨在于进一步揭示伦理道德这种思想观念、社会意识和人类精神所特有的本色。也就是说，伦理道德虽然是一种思想观念、社会意识和人类精神，但又不同于科学理论、艺术以及宗教等其他的思想观念、社会意识和人类精神。科学把握世界，是在真理和谬误的对立面中运动，给人类带来真理，人们利用真理改造、控制世界，使人类成为世界的主人。艺术把握世界，是对世界形象的认识和改造，它在美和丑的矛盾对立中运动，给人类带来美感，在审美过程中，人获得象征性的自我实现。伦理道德则以评价命令的方式把握世界，在善恶的对立中运动，一方面通过评价的方式为人们确立应当寻求的善的理想，促进人性的丰富与完善；另一方面通过评价命令来判定正义与非正义、善与恶，使人们趋善避恶，协调社会关系，维护良好的社会秩序，为人的自我肯定、自我实现创造良好的社会条件。简言之，科学以真假观念来把握世界，以期如实地反映世界的真面目；艺术以美丑观念来把握世界，从而决定自己的爱憎；伦理道德则以善恶观念来把握世界，从而决定自己的取舍。它是一种以指导行为为目的、以形成正确的行为方式为内容的实践精神。既然如此，这种实践精神显然是一种价值追求，它体现着主体的需要同满足这种需要的对象之间的价值关系，以特有的价值标准将世界分为善的和恶的、正当的和不正当的、应该的和不应该的，并且弘扬前者，贬斥后者，表现出把握世界的独到的价值和意义。

从上述分析可以看出，伦理道德本质上是一种实践精神，"一种人类文化现象，一种人性化的价值观念或价值精神"，这是伦理道德区别于其他事物的内在规定性。正是基于此种理解，我们将伦理道德定义为人们运用善恶评价的方式来把握世界和把握自身的一种文化价值观念、行为规范及其实践活动，是一种实践精神。这一定义反映出伦理道德有如下几个特征：其一，文化性。伦理道德本质上是一种文化现象和文化创造，其主要体现为一种观念文化或精神文化，但可以通过制度文化和人类实践加以确证和体现。其二，价值性。伦理道德本质上是一种价值意识、价值观念和价值精神。一般价值意识在伦理道德领域体现为主体的观念和行为对他人、社会的有利或有害的善恶意识，因而，它是以善恶作为评价观念和实践标准的，善与恶的矛盾是伦理道德领域的特殊矛盾。其三，应然性。伦理道德不仅是一种文化现象、文化创造和善恶价值观念，也是一种应该和正当的规范意识与行动指令，它不仅是思想观念，而且是行为准则。应然性、正当性是伦理道德的重要特征。其四，非强制性。伦理道德是一种行为准则，但调节人们行为准则的并非仅仅是伦理道德，还有诸如法律、法令、戒律等准则和规范。但与这些制度化的准则和规范不同的是，伦理道德并不使用强制性手段为自己开辟道路，而是借善恶评价的方式，即主要借助传统习惯、内心信念和社会舆论来实现。如果说法律、法令是惩恶扬善，那么，伦理道德则是谴恶扬善。其五，实践性。马克思指出，"全部社会生活在本质上是实践的。凡是把理论引向神秘主义的神秘东西，都能在人的实践中以及对这个实践的理解中得到合理的解决"。伦理道德作为一种人类在实践中创造出来的文化价值观念和规范，必然源于实践、离不开实践并指导实践。它是实践精神，即它是寓于实践中的精神，是精神指导下的实践，是精神与实践密不可分、二位一体，知行统一甚至是知行合一。鲜明的实践性是伦理道德的重要特征。

二、教育管理伦理基础的界说

"经验告诉我们运思的严肃与措辞的精当是统一的，而只有概念的明晰和概念系统的逻辑自恰，才能保证运思的严谨。"基于前述对伦理等基本概念的理解，本部分拟从内涵、特性两个方面，对教育管理的伦理基础这一本研究最为核心的概念进行界说。

（一）教育管理伦理基础的内涵

教育管理的伦理基础应该说并非一个专门概念，因此，能否精到、周延地用文字概括出其特定的内涵，是笔者在写作过程中遇到的一个现实难题。

"然而，如果对所要论述的问题没有一个基本界定，那么，所论不免流于宽泛，让人不可捉摸。""始生之物，其形必丑"，庄子的名言给予笔者斗胆尝试的勇气。

从构词法角度而言，"教育管理的伦理基础"由"教育管理"和"伦理基础"两个词语组合而成，这两者之间是一种偏正关系，即"教育管理"为偏，"伦理基础"为正。因此，对"伦理基础"的认识乃是理解"教育管理的伦理基础"内涵的关键所在。那么，"伦理基础"这一概念又应如何理解呢？

关于"伦理基础"这一概念，王本陆教授在《教育伦理哲学刍议》一文中曾有过这样的阐述："教育的伦理基础或伦理本性，是对教育本质的一种伦理追问，是对教育基本伦理预设的审查，是对教育在长期历史发展进程中表现出来的伦理精神的概括。"在此基础之上，文章进一步指出，"在教育伦理哲学中，探讨和关注教育伦理基础或伦理本性问题，其焦点和核心在于追问构成教育合理性基础的伦理前提是什么，即教育成为教育而非其他物的伦理基础，它强调的是教育与其他物的比较以及教育的伦理预设。也就是说，教育伦理哲学的提问是：从伦理学角度看，教育为什么是可能的？教育意味着什么？"可以看出，王本陆教授在这里将"教育的伦理基础"等同于"教育的伦理性"或道德性、伦理本性以及伦理特性，并且其侧重的是从伦理性的角度来寻找教育的伦理性质和特征，也就是说，其"实质上是从伦理角度对教育本质进行的分析、把握和规定，是对教育进行伦理划界"。在笔者看来，伦理基础与伦理性乃是研究相关伦理问题的两个不同视角，两者虽密切联系，但还是存在着一定的区别。王本陆教授将伦理基础和伦理性两个概念完全等同，笔者认为是不甚合适的。对于两者之间的关系，我们可以具体到教育管理这一论域尝试作出分析，并在此基础上提出对教育管理伦理基础的理解。

教育管理既是人类社会具体领域的一种实践活动，也是人类社会一种特殊的社会伦理文化现象。将教育管理作为一种伦理文化现象来研究，考察教育管理本身具有怎样的伦理性质和伦理特征，这是教育管理的伦理性问题。广义的伦理性就是价值性。亚里士多德把伦理学规定为关于善的问题的研究，而善的问题就是价值问题。广义的伦理性其实就是把道德范畴提升到价值论的高度。据此视角审视教育管理，就需要考察教育管理作为一种教育活动的有效组织方式怎样体现人的价值和给人带来了何种价值，"体现人的价值追求则是管理得以存在的价值依据或价值前提"。具体而言，广义的伦理性乃是教育管理伦理发生的根本前提。显然，我们在这里所讨论的主要问题并非这种广义的伦理性，否则顺着这一思路去研究教育管理中的伦理问题，无疑是将伦理问题泛化，导致不能集中、典型地揭示教育管理的伦理性质与伦理特征。明确地说，我们这里使用的是狭义的伦理性概念，即特指教育管理作为一种伦理演化现象，在运作过程中所体现出来的或本身所蕴含的伦理性质和伦理特征。

与伦理性视角不同的是，伦理基础视角则主要是将教育管理视为人类社会具体领域的一种实践活动，考察这种实践活动需要什么样的伦理价值体系支撑才能得到有效运作。换言之，从教育管理的运作基础来看，它需要什么样的伦理价值体系作为支撑。很显然，这里的"基础"是从伦理作为教育管理在运作过程中的一个要素而言的。我们知道，教育管理作为一种对教育资源进行合理配置、有效利用的协调性活动，要想得到有效运作，离不开相应的条件支撑与配合，有着其不可或缺的诸种要素。"教育管理活动的要素涉及事实层面，也涉及价值层面。"教育管理活动事实层面的要素是指与教育管理实践活动直接有关的、教育管理活动中所客观存在的那些要素，如教育管理活动中人的要素、资源和管理的要素、过程的要素、环境的要素以及方法和艺术的要素等。教育管理活动价值层面的要素是指人们以自己的价值观对教育管理活动进行认识，并对这些认识进行理论概括所形成的管理理念性的要素，主要有教育管理活动的本质、教育管理活动的职能、教育管理活动的效能、教育管理活动的原理、教育管理活动的原则，以及贯穿于上述诸要素之中的对教育管理活动和人自身发展关系的认识所产生的管理理念这一价值因素等，而伦理价值体系就属于教育管理活动价值层面的要素。具体而言，就是对教育管理活动和人自身发展关系的认识所产生的一种管理伦理理念。它贯穿于教育管理活动价值层面的各要素之中，在教育管理的协调活动中发挥着重要的支撑作用，深层次、基础性地导向和规范着教育管理活动的实际运作。

当然，我们说教育管理的伦理基础与伦理性存在着区别，并不是否认它们之间内在的密切联系。它们之间的联系具体体现为教育管理伦理基础的确立并非一种主观臆想或者生硬强加的产物，而是有着其赖以存在的理论依据，这种依据就是对教育管理的基本伦理预设，即教育管理本身具有伦理性。正因为教育管理活动在其运作过程中本身就具有伦理性质和伦理特征，我们才能有意识地培植与这些伦理性质和特征相对应的教育管理伦理观，确立相应的教育管理伦理规范，以发挥伦理在教育管理活动中的重要支撑作用。建立教育管理伦理观、确立教育管理伦理规范的过程，实质上就是探寻教育管理伦理基础的过程。

毫无疑问，当我们用"伦理基础"这一概念去揭示伦理作为一个重要因素在教育管理活动中的作用时，我们使用的是结构的方法和分析的方法，即先把教育管理活动从结构要素上进行划分，显现教育管理活动各构成要素之间的关系，进而揭示伦理作为一个要素是如何同其他要素结合在一起并发挥其作用的。在此基础上，再用分析的方法对伦理本身进行结构性分析，由于这种分析是在对教育管理的伦理性有了一定认识的基础上进行的，两者之间有了某种程度的内在关联性。具体而言，伦理性视角是把教育管理作为一种伦理文化现象，其主旨在于通过对教育管理自身的本体论伦理追问，寻找教育管理本身所蕴含的伦理性质和伦理特征，这种伦理特征可以说是人们通过经验所得到的，所以，它带有描述的性质。

当我们沿着这种思路将在教育管理活动中所表现出来的伦理特征和伦理内容进行特征提炼和综合概括时，就形成了教育管理伦理基础的概念，即教育管理作为一种教育活动的有效组织方式所要求的"伦理价值取向模式"或"伦理范型"。① 这种"伦理价值取向模式"或"伦理范型"并不是作为一个客观对象摆放在那里的，而是我们对教育管理的伦理内容和伦理特征进行概括、总结以及提炼的产物，是使其实现由"自在"到"自为"转化的结果。这个结果不是被描述出来的，而是分析出来的。它并非教育管理某一方面的伦理内容或伦理特征，而是一个有机的伦理价值体系，即由一系列在伦理方面对教育管理活动起主要支撑作用的观念和规范所构成。这种伦理价值体系的实现过程就是教育管理伦理基础展开的过程，这种展开并不是一种孤立的

---

① 孙绵涛.教育管理学[M].北京：人民教育出版社，2006：145.

过程，而是与其他教育管理活动的要素有机地结合在一起，并在教育管理的协调过程中实现的。

这里必须指出的是，伦理基础与伦理性只是我们研究教育管理伦理问题的两个视角，事实上并不存在独立的伦理基础和伦理性，它们原本是统一的，一如教育管理既是实践活动又是伦理文化现象。

基于上述分析，我们尝试着给出对教育管理的伦理基础这一概念的理解，即所谓教育管理的伦理基础，是指教育管理作为一种教育活动的有效组织方式所要求的"伦理价值取向模式"或"伦理范型"，这种"伦理价值取向模式"或"伦理范型"乃是在伦理方面对教育管理活动起主要支撑作用的观念和规范所构成的一种伦理价值体系。

（二）教育管理伦理基础的特性

为了深入理解教育管理伦理基础这一概念，有必要进一步对教育管理伦理基础的特性进行分析。只有在对教育管理伦理基础特性准确把握的基础上，我们才可以深刻地认识教育管理伦理基础的特定内涵。

1. 教育性与管理性的有机统一

伦理道德作为一种应该和正当的规范意识和行动指令，可以说本身就含有教育与管理的因子。这是因为，首先，从伦理道德与教育的关系来看，伦理道德是人类完善自身及其本性的基本方式和方面，而"教育的意义本身就在于改变人性以形成那些异于朴质的人性的思维、情感、欲望和信仰的新方式"。人的本性可塑，才有道德的需要和可能，而道德对人的本性的控制方式就是教育，"它的运作本身也构成教育运作的一个有机组成部分"。道德与教育都以人及其本性和行为的完善为根本目的，两者之间存在密切的联系。正是在这个意义上，杜威提出了"道德即教育"的著名命题。其次，就伦理道德与管理的关系而言，"无论从伦理学的角度，还是从管理学的角度，伦理、道德都是人类的一种特殊的管理活动或方式"。作为人类的一种特殊管理活动或方式，伦理道德表现在主体的内在心灵活动中，体现为主体内在的精神自律，是内在的、个体的管理。

伦理道德本身含有教育与管理的因子，这只能说以伦理为基础为教育管理奠定了必要性的联结脉渊。教育管理伦理基础之所以具有教育性和管理性，从根本上讲，还是源自教育管理的基本规定性。如前所述，教育管理是一种既受教育影响又受管理影响的特殊的活动，其不仅具有教育活动的性质，也具有管理活动的性质。说它具有教育活动的性质，是因为教育管理活动是与教育活动同时产生的，初始的教育活动就有教育管理活动相伴随。而且这种教育管理活动的教育性是比较明显的，而"说它具有管理活动的性质，是因为教育管理活动是与管理活动有关联的。管理里面有教育的因素，而最为重要的是教育本身就具有一定的管理性。教育管理的教育性与管理性并不是分离的，而是有机统一的，教育中有管理，管理中有教育，它们相互渗透、相辅相成，从而使这种活动形成了一种既与教育和管理相联系，又有别于教育和管理的独特特征。教育管理伦理基础作为基于教育管理活动而形成的伦理规约，则必然受制于教育管理这一基本规定性，体现出教育性与管理性有机统一的特性。

那么，如何理解教育管理伦理基础是教育性与管理性的有机统一呢？我们知道，教育管理伦理基础作为一种"伦理价值取向模式"或"伦理范型"，本身就是教育管理活动应该遵循的伦理规范。不仅如此，其在导引、规范教育管理活动的过程中，还教育、管理人们要遵循一定的伦理规范，体现出鲜明的教育性和管理性。就教育性而言，它向教育管理者明示其所应担当的责任及其内在依据，并向其展示履行这种责任应该确立的伦理价值体系和应该遵循的行为模式。这一过程实际是教育管理者接受教育的过程，教育管理者"在其中不仅可获得对于'应该如何'去做的认识，而且还会获得，为什么'应该这样'去做的认识"。另外，它还能对教育管理对象，即被管理者产生作用，使被管理者将其中的某些精神作为指导自身行为的因素。也就是说，其还可以通过教育管理者而间接地教育被管理者，使其遵循一定的伦理规范。就管理性而言，主要体现在这种"伦理价值取向模式"或"伦理范型"不仅能规范、约束教育管理者的行为，而且能调整教育管理者与被管理者之间的关系，协调他们之间的行为，使他们的行为都建立在一定的伦理规范的基础之上，从而保证教育管理活动的有序运转。当然，如同教育管理一样，教育管理伦理基础的教育性与管理性也是相互渗透、有机统一的。

2. 相对性与绝对性的辩证统一

众所周知，人类社会总是处于不断运动和发展中，受制于社会历史条件、文化传统等方面的差异，不同历史时期、不同民族、不同国家的人们所秉持的伦理观念、善恶标准都是多种多样的，甚至有时是根本对立的。诚如恩格斯所言："善恶观念从一个民族到另一个民族、从一个时代到另一个时代变更得这样厉害，以致它们常常是互相直接矛盾的。"[1] 教育管理伦理观念或善恶标准自然也是如此。对相同的教育管理现象和行为，不同历史时期、不同国家、不同民族的人们常常会作出不同的，甚至相反的伦理评价或善恶判断。例如，对于教育管理中体罚学生的现象，不同历史时期的人们就有不同的看法。在古代乃至近代，教师体罚学生往往被认为是天经地义的，甚至被看作一种行之有效的教育管理方式。然而，进入现代社会以后，体罚则一般被人们"视为教育系统中野蛮、丑陋的行为而给予否定"。即使那些在立法上仍允许或默许对学生进行体罚的国家，也备受舆论的道德谴责和伦理批判。既然不同历史时期、不同民族、不同国家的人们所秉持的教育管理伦理观念、善恶标准常常是大相径庭的，那么，教育管理活动还存在共同的伦理基础吗？这一问题的实质就是如何认识教育管理伦理基础所具有的一个重要特性，即相对性与绝对性的辩证统一。

的确，不同历史时期、不同民族、不同国家的人们所秉持的教育管理伦理观念、善恶标准常常是多种多样的，甚至是截然相反的，但这并不意味着教育管理活动背后没有相同的东西。我们知道，教育管理从本质上来说就是教育管理者按照一定社会的要求和教育自身的规律，为促进人类自身再生产，从而使教育更好地为一定社会服务的一种协调活动。这一本质属性决定了教育管理要发挥两个方面的作用：一方面，要使教育管理更好地促进人的发展；另一方面，要使教育管理更好地为社会服务。这两个方面作用的发挥，体现着教育管理的基本价值，这种基本价值乃是教育管理之所以为教育管理的根本所在，也是教育管理伦理预设的出发点。无论不同历史时期、不同民族、不同国家教育管理活动的内容与形式有多么大的差异，它们总要以自己的形式体现教育管理的基本规定性，总要面对共同的基本问题来提出伦理要求，从而也就必然含有一些共同的东西。教育管理伦理基础正是基于教育管理基本问题而形成的伦理规约，是开展教育管理活动的基本道义和精神前提。我们不能因教育管理伦理观念或善恶标准具有变化性而否认教育管

---

[1] 孙绵涛. 教育管理学[M]. 北京：人民教育出版社，2006：144.

活动共同伦理规约的存在。反之，我们也不能机械地看待教育管理伦理基础，将其视为抽象不变的绝对理念。科学的认识应该是教育管理伦理基础是相对性与绝对性的辩证统一。

具体而言，承认教育管理伦理基础的相对性，并非意味着我们持"公说公有理，婆说婆有理"的无善无恶、亦善亦恶的伦理相对主义观点。因为教育管理伦理基础的这种相对性总是和绝对性相联系而存在的，在其背后有绝对性和客观性的依据。承认教育管理伦理基础的绝对性，也并不是说其具体内容亘古不变，而是超越时空的"绝对命令"和"永恒法则"，这"恰恰表现为各种各样包括对立和分歧的富有个人的伦理要求的多样性存在，表现为伦理要求的变化与发展。变化、对立、分歧中存在着共同性，共同性包含和表现为变化、对立和分歧"，体现着同一性与斗争性的辩证联系的伦理精神。这就是我们对教育管理伦理基础相对性与绝对性辩证统一特性的科学理解。

3. 现实性与理想性的辩证统一

教育管理从根本上说是人的一种实践活动。教育管理伦理基础作为基于教育管理实践活动而形成的伦理规约，也必然源于现实的教育管理实践，受教育管理实践制约，并适应着教育管理实践发展的实际需要，与教育管理实践密不可分。因此，现实性是教育管理伦理基础的一个显著特征，其表征着教育管理活动的"实然"状态。但是，教育管理伦理基础作为一种伦理规约，毕竟是一种伦理，而伦理作为一种价值形态，其内在精神是对社会理想和人生价值的崇高追求，理想性与超越性是它的灵魂，也是其基本特性。伦理的追求是人类对自身自由发展和自我实现的理想性或超越性，一旦失去理想性或超越性，伦理也就失去了它应有的价值。伦理的这种内在精神恰是教育管理所蕴含的伦理追求和道德价值理想，因而教育管理伦理基础也具有提升教育管理者境界的理想性或超越性作用。其具体表现是它为现实的教育管理活动树立伦理道德价值理想，揭示教育管理活动的"应然"世界，激励人们在教育管理活动中趋善避恶，推动着现实的教育管理活动不断从"实然"走向"应然"。[①]

教育管理伦理基础的现实性与理想性是辩证统一的。一方面，承认教育

---

① 唐凯麟，龚天平. 管理伦理学纲要[M]. 长沙：湖南人民出版社，2004：36.

管理伦理基础的理想性，并不意味着教育管理伦理基础远离现实的教育管理实践。教育管理伦理基础的理想性是寓于现实性之中的理想性，是对现实性的一种反映，离开了现实性，教育管理伦理基础的理想性就失去了根基，而成为虚无缥缈的东西。另一方面，承认教育管理伦理基础的现实性，并不是说教育管理伦理基础就拘泥于现实，完全被动地受制于现实的教育管理实践。教育管理伦理基础的这种现实性是蕴含理想性的现实性，它内部潜藏着理想的因子，并以理想为目标，提升、超迈，以趋向理想性，理想性保证着现实性不至于裹足不前、与流俗相同。现实性与理想性相辅相成、互为依托、相互促进，不能截然分离。

综上所述，教育管理伦理基础从本质上来说，就是教育性与管理性的有机统一、相对性与绝对性的辩证统一、现实性与理想性的辩证统一，这些本质特性反映着教育管理伦理基础中所存在着的复杂多样的联系。因此，对于教育管理伦理这一概念，我们要辩证、全面地理解和把握，避免简单化、片面化的认识。

第二节 教育管理的人性逻辑

管理作为人类所独有的，起源于人类的生存和生产实践活动。管理活动的历史，同人类本身的存在一样漫长。在西方，语言学家一般认为"管理"一词的原意为"训练和驾驭马匹"。经过长期的演变，管理逐渐具有了"处理""经营""安排""办理""设法对付"等多种含义。后来，"管理"一词被美国学者最早用于管理学中，成为管理学、经济学、政治学等学科中最基本的概念。在中国，古代汉语中没有"管理"一词，现代汉语中的"管理"来自外语的意译。中国古代，人们将空中贯通的长条物称为"管"，后来引申为规范、准则、法规等义。"管"字动词化又含有主宰、主管、包揽、管辖、管制、约束、控制等义。"理"字古时为整治土地、雕琢玉器、治疗疾病等义，后来进一步引申为道理、整理、治理和处理事务等义。在我国古代，与"管理"一词意义相近的有：管理国家事务叫作"治理"、管理"三军"叫作"统帅"、管理商店叫作"经营"、管理事务叫作

"操持"等。这说明我国一向把"管理"看成是依据某种道理、思想、意志、法则、规范、准则对人对事进行管辖、治理，以协调各方面的关系，从而实现某种目的的活动。管理作为人类的一种自主的实践活动，人既是管理的主体，又是管理的客体。所以，"人"是研究人类、组织和管理的基本分析单位。人在管理理论抑或活动中的核心地位，决定了任何管理理论体系的建设和管理实践活动的展开都离不开对"什么是人""人有何特性"和"人如何发展"等关于"人"的最基本、最本质问题的思考与回答。纵观中西管理思想发展史，关于"人"的研究和探讨始终作为一条逻辑主线贯穿其中，不同时期、不同理论流派的人正是基于不同的人性假设而构建了不同的管理思想和管理理论体系，指引着人们的管理实践。管理学的理论发展和人类管理实践的历程都充分证明了这一论断，可以说，人类的管理思想史就是人类对自身不断深入认识和研究的人学史。

所以说，"人"既是哲学研究的对象，更是管理学研究的对象，对人的根本问题，即人性与人的本质、人的价值与人的发展等的阐释，是古今中外管理理论研究的一个永恒主题。翻开人类历史的长卷，从远古走来的人类管理思想始终伴随着人类文明的进步而不断向前发展，经过无数次成功与失败的考验，最终成为人类社会前进的灯塔。人类管理思想演进的历史轨迹，向我们展示着人类自觉意识发展的步伐。

人类管理思想史中所有的管理理论，都是以人的社会和心理问题以及物的组织和技术问题为主线，相互交织，不断向前推进的。"人"的问题将永恒地成为人类管理思想发展中的重要理论议题。正如北原贞辅所言："所有的管理系统，都是以人为主体构成要素，由人来运营并为人服务的系统。因此，研究管理系统要从对人的考察开始，并以此为基础来阐明其本质。"同样，人是教育管理系统中的生命主体，人在教育管理系统中占有绝对核心地位，教育管理思想的研究，管理理论体系的建构和管理实践活动的开展等，都无法回避对"人"的根本问题的回应。

人性假设最早由道格拉斯·麦格雷戈在《企业中人性的方面》中率先提出。

沙因在《组织心理学》一书中，明确使用了"人性假设"这一概念，并对其进行了系统的考察。人性论，又称为人性假设、人性观，是指人们在科学理论研究或实践认识活动中关于人的本质特性和行为模式的预先设定。管理本质上是人对人的活动,而人性则是人在现实生活和活动中所特有的本质规定性。管理中的人性假设是指管理中对于人性问题的一种判定,以及据此判定而提出的相应的管理方针和策略。具体地讲,管理实际中的人性假设,是指出管理者对被管理者人性的一种判定,在管理理论中,则是指管理学研究工作者对于管理实际中有关人性判定的归纳、概括和提炼,以及在此基础上提出的相应的管理思想和策略。任何管理活动都离不开对"人"的认识,任何管理思想、管理理论的产生都必须基于相应的人性假设。因此,"人性问题"是所有管理理论体系和管理思想在哲学和文化观念层面上的最高指导,"人性假设"更是管理思想演进和管理理论发展的"硬核"。

一、人性释义

人性和人的本质问题是人学的核心问题,也是研究管理理论和管理思想无法回避的重要理论问题,是认识管理和管理实践活动的基本前提。

人性问题如同哲学史上关于物质和精神的问题一样,是中外思想家一直以来争论不休且至今尚无定论的一个极为重要的理论问题。欧洲关于人性的论述最早产生于古希腊,到了文艺复兴时期,关于人性的论述随着资产阶级反封建、反神学的斗争而日益系统化、理论化。这一时期的人文主义者把自由、平等、追求物质和精神上的享受看成人的自然本性。继文艺复兴之后,18世纪上半叶,法国资产阶级发动了反封建的启蒙运动,资产阶级为了自己的切身利益,更响亮地提出了"自由""平等""博爱""理性"等是人的本性或天性。傅立叶认为人性就是"情欲",圣西门认为人性本来"心地善良",欧文认为,人性是"知慈善爱诚"。所以,19世纪初期三大空想社会主义者圣西门、傅立叶、欧文所说的人性,也没有超出人的自然本性和伦理道德的范畴。由此可知,一般所言的人性是指有别于人的本质的人的各种属性。

在中国,据现存文献资料记载,"人性"的观念萌发于殷周之际。《尚书·周书·召诰》中的"节性惟日其迈。王敬所作,不可不敬德"和《诗经·大雅·卷阿》中的"俾尔弥尔性"都被历代注家认为是西周初年所写,因而可以说此两篇作品中关于人性思想的论述是中国现存文献中关于人性思想的最早记载。

在中国哲学史上,第一个提出"性"的界说的是告子。《孟子》中记载告子的言论说"生之谓性",又说"食色,性也"。(《孟子·告子上》)另外还有庄子的"性者,生之质也"。荀子提出"生之所以然者谓之性"(《荀子·正名》)。孟子提出"人之所以异于禽兽者"的人性观,程颐提出天地万物本原的"极本穷源之性",朱熹认为"性者,人生所察之天理也",告子认为"性者,人之所得于天之理也",王夫之在"性即理"的基础上提出了"性者生之理也",等等。我国著名学者张岱年先生把中国古典哲学中的性及人性观归纳为四种:一是告子、荀子的"生之谓性",以生而具有、不学而能的为性;二是孟子、戴震的"人之异于禽兽者"为性,虽也讲"不学而能",但主要集中在人与禽兽不同的特点上;三是程朱学派以作为世界本原的"理"为性,即所谓"极本穷源之性";四是王夫之提出的"性者生之理",以人类生活必须遵循的规律为性,这规律既包含道德的准则,也包含物质生活的规律。傅云龙先生把中国哲学史上关于人性问题的界说主要归纳为如下几种:"人性是指人的自然属性或者自然资质;人性是指人的自然属性和人的社会属性的统一;人性是指人先天具有的伦理道德观念,即先验道德的人性说;人性是指构成人的形体的物质性的'气'之根本属性或者作用;人性问题属于人的认识范畴,是指人的认识、心理活动或知觉运动的过程;人性是不断变化和发展的,并没有什么固定不可更改的性善说或者性恶说,这就是王夫之从进化论的观点出发而提出的'命日受,性日生'的思想;人性是指人的绝对的自由意志;人性是属于社会存在的范畴。①

  人是目前世界已知所有事物中最复杂的物质运动系统。马克思说:"正像人的本质规定和活动是多种多样的一样,人的现实性也是多种多样的。""人性"作为对客观实在的最复杂的物质运动系统——人的完整的、正确的反映,应该是一个系统概念,它可以包含人的属性、人的特性和人的本质三个层次。人的属性包括组成人的一切要素,是最广泛、最基础层次的人性;人的特性是人的属性中有别于动物的独特特征,如劳动实践、语言、思维、德行等社会属性,是人性的中间层次,是作为现实的、社会的人才具有的特殊的人性;人的本质就是人的社会实践,是人性的内核,是人性的最高层次,

---

① 傅云龙.中国哲学史上的人性问题[M].北京:求实出版社,1982:63.

人的其他各种特性都是人的本质的展开和表现。①

人性,在《现代高级英汉双解词典》中解释为 "the qualities by man (in contrast with animals)",即人性是与动物相比较而言唯人所独有的属性。"qualities"为复数,说明人性不是抽象的、单一的,而是具体的、多方面的。人性作为一个系统范畴,一般意义上常常分为自然属性、社会属性和意识属性。

人的自然属性是人作为人而存在的物质条件性,包括生理要素和心理要素,是人性结构中最基础性的因素。恩格斯曾说过:"人来源于动物界这一事实已经决定人永远不能完全摆脱兽性,所以问题永远只能在于摆脱得多些或少些,在于兽性或人性的程度上的差异。"人的自然属性表明人来自自然,不管人的社会文化本质如何,归根到底仍然是自然的、肉体的、感性的、对象性的存在物,和动植物一样,是受制约的和受限制的存在物。人作为生命的实体,必须遵循生命运动的基本规律,在自然界中展开自己的肉体和精神活动,与人之外的外部自然界进行物质、能量、信息的交换,以此获得作为其存在所必需的基本生活资料。

人的社会属性是人性的核心要素,包括物质性要素和精神性要素。人的社会性表现为人类共生关系中的相互依存性、人际关系中的相互交往性和伦理关系中的道德性。这说明人不仅是自然界长期发展的产物,而且是社会的产物,人不仅离不开自然界,而且离不开社会。"任何个人都是社会的人,无论是生活还是生产,以及从事其他各种实践活动,都不可能完全脱离社会和群体而单人孤立地进行。"说明社会属性是人的最重要的本质性特征。

人还是有主体自觉性的社会存在物,"人的类特性就是自由的自觉的活动""人是有意识的类存在物,……一个种的整体特性、种的类特性就在于生命活动的性质,而自由的有意识的活动恰恰就是人的类特性"。马克思说:"蜘蛛的活动与织工的活动相似,蜜蜂建造蜂房的本领使人间的许多建筑师感到惭愧,但是,最蹩脚的建筑师从一开始就比最灵巧的蜜蜂高明的地方,是他在用蜂蜡建造蜂房前,已经在自己的头脑中把它建成了。"毛泽东也曾指出:"做就必须先有人根据客观事实,引出思想、道理、意见,提出

---

① 马克思,恩格斯. 马克思恩格斯全集(第42卷)[M].北京:人民出版社,1979:270.

计划、方针、政策、策略、战术，方能做得好。思想等等是主观的东西，做或行动是主观见之于客观的东西，都是人类特殊的能动性，这种能动性，我们名之曰'自觉的能动性'，是人之所以区别于动物的特点。"正是因为人能进行高级思维活动，在各种实践活动中参与了只有人才具有的主体意识，人的社会属性才能够成为人区别于其他动物的根本特性。

人性与人的本质原理是马克思主义哲学的基础，更是管理理论体系建构的逻辑起点和管理实践活动展开的前提。研究人性，必须把握人性范畴中最核心的问题——人的本质。人的本质是由人的具体的社会实践和具体的社会关系总和所决定的。恩格斯提出，"人同其他动物的最后的本质区别是劳动"，从人与动物相区别的角度揭示了人的一般本质或类本质，高度概括了人类区别于动物的根本特征，深刻揭示了人类所独具的特殊矛盾和唯人所具有的类特性——劳动，既包含了人与自然界的关系，又包含了人与人的关系，这两对关系就构成了人类独有的生产力和生产关系的矛盾。马克思提出，"人的本质并不是单个人所固有的抽象物，实际上，它是一切社会关系的总和"，从人与人相区别的角度揭示了人的个别本质或特殊本质，深刻指出了各个时代、同一时代、同一社会形态中各种人相互区别的根本原因。任何现实的人都既具有与动物相区别的根本特征，又具有与他人相区别的根本特征，所以人的本质也是一般本质和个别本质两方面的统一，即人的本质是劳动，是一切社会关系的总和。

总之，人性和人的本质是两个既密切联系又有所区别的范畴，人性是人的本质的外部表现，是主体与客体、主体与主体相联系时表现出来的各种属性。它从不同层面表现、揭示了人的本质，而人的本质是人性的根据、基础，决定着人的各种属性。人的属性归根到底依赖于人的本质，但又反作用于人的本质，对人的本质的发展起促进或阻碍作用。正如迪丽娜尔·阿布里孜所言："'人性'是人作为类存在物所具有的共同属性，而'人的本质'是人与动物相互区别的根本特征，它最终划分了人和动物的本质区别，是人的其他一切特性存在的基础。"

二、管理人类的"种类特性"

管理，作为人类特有的自主性活动，是伴随人类自身的产生发展和社会的文明进步而不断发展演变的。早在原始社会，原始人为弥补个体自卫能力的不足而以群的联合力量和集体行动来适应外部的恶劣环境，在早期的活动中就已出现了组织和管理，组成了氏族、部落等。原始人在采摘、捕猎等群体性活动中已开始意识到，在有多人共同劳动的情况下，成员之间需要信息传递和反馈，需要统一的指挥和协调，即需要管理。正是通过最简单、最原始状态下的自我组织和自我管理，人类开始了征服自然的劳动，使人从"最初动物式的本能劳动"过渡到"专属人的劳动"。因此，才有了马克思"劳动创造了人，创造了人类历史社会"的科学论断。同时，人类形成这一科学推论意味着"劳动创造了管理"，又因为"劳动是人类特有的实践活动"，所以，管理也同劳动一样，是人的"能动的、类的生活"，是"种的类特性"。

人与其他自然物的本质区别不在于人的生物本能，而在于人能够通过管理这一"种的类特性"，使人类的生产生活成为自由、自觉的实践活动。当人们开始生产他们所必需的生活资料时，这一步是由他们的肉体组织所决定的，就开始把自己和动物区别开来，人们生产所必需的生活资料，也就间接地生产着他们的物质生活本身。人们用于生产自己必需的生活资料的方式，首先取决于他们得到的现成的和需要再生产的生活资料本身的特性。这种生产方式不应当从个人肉体存在的再生产方面来考察，它在更大程度上是这些个人的一定的活动方式。这些个人怎样表现自己的生活，他们自己也就怎样。因此，他们是什么样的，这同他们的生产是一致的——既和他们生产什么一致，又和他们怎样生产一致。马克思认为每个具体的个人作为人类活动的参与者，其"生产活动方式"本身就是其"生命活动的方式"，且每个具体个人的生产活动从一开始就存在某种"共同活动方式"。这种"共同活动方式"就是人类的"管理"，管理"这种规则和秩序，正好是一种生产方式的社会固定的形式，因而是它相对地摆脱了单纯偶然性和单纯任意性的形式"。

管理是人类"生产方式的社会固定形式"的精辟论断可从几方面理解：其一，管理是人类的一种目的性活动。人作为一个有生命的自然存在物，除了具有先天遗传所获得的求生存、求安全的生物本能之外，作为与其他自然物的本质区别，人还有主体意识支配的目的性活动—管理活动。

所以，管理活动是人类的一种目的性活动，目的性是管理的第一重本质属性。判断人类某种活动是否属于管理活动或有无管理属性，首先要看活动本身有无自觉的意识和明确的目的。其二，管理是人类实现目的的对象化活动，是主观见之于客观的实践活动。人类的活动既有由外到内、由客观到主观的主体对客体的反映活动——客观见之于主观的认识活动，又有从内到外的，将主体自身的需要、意志和追求等变为实现主体对客体的能动改造活动——主观见之于客观的实践活动。显然，人类的这两种活动只是指向相反，但都有明确的目的性和计划性。管理活动作为主观见之于客观的人类对象化活动，黑格尔认为是绝对理念的对象化过程，马克思则认为是人类实现自由的自觉本质的实践活动。无论是管理实践中的决策、计划等思维活动，还是组织、指挥、协调、控制等管理过程，都是人类为实现某种特定目的而展开的对象化活动。其三，管理是人类的一种自觉的组织活动。人类不像其他自然系统那样由物理的、化学的、生物的各种组织机制来发挥组织功能，人类有自身特有的组织机制——管理，它按照自觉的目的和复杂的方式将人类社会高度组织起来。所以，管理活动不仅以其明确自觉的目的性与动物的本能活动区别开来，还以其自觉的组织性与自然系统自发的组织性区别开来，即自然系统无须管理便能自成系统，而人类社会及其组织离开了管理就不可能产生。其四，管理是人类的一种特殊的实践活动。从时间上说，管理是伴随着人类社会而产生和发展的。没有管理，就不会出现人类有组织的生产劳动，也就没有秩序、规范、伦理和禁忌等，更不会有后来的文明与发展。从空间上说，管理活动渗透于人类所有生产性活动中，而且管理一定是以某一具体的、特定的活动为"载体"，指向某一特定的精神性活动或物质性活动。

考察人类社会演进的过程，我们可以清楚地看到，人类正是运用自己的类特性——管理，在实践活动中构建出不同于"自然序"的新的有序性活动，使管理成为人类体现自身本质力量、追求满足自身需要的动力系统和控制系统，使人类的实践活动最终能够"合理调节他们和自然之间的物质交换，把它置于他们的共同控制之下，而不让它作为盲目的力量来统治自己，靠消耗最小的力量，在最无愧于和最适合于他们的人类本性的条件下来进行这种物质交换"。所以，人类发展的历史既是一部文明史、生产史，也是一部管理史。在任何关于"人是什么"和"社会是什么"的回答中，一定暗含着管理的问题。管理的本质属性表明，管理作为一种"生产方式的社会固定的形式"，是以人同外部世界的对象性关系为基础的，是人类的"种的类特性"。

三、人性假设管理理论的"硬核"

著名科学哲学家伊姆雷·拉卡托斯认为，科学研究纲领是一组具有严密的内在结构的科学理论系统，这一科学理论系统是一个有机联系的整体，它构成一个连续性的纲领。科学研究纲领由两部分组成："硬核"和"保护带"。中心是"硬核"，周围是"保护带"。所谓"硬核"，就是这个科学研究纲领的核心部分或本质特征，它决定着研究纲领发展的方向；而"保护带"是许多辅助性假设，它保卫"硬核"并竭尽所能不让"硬核"遭受经验事实的反驳。同时，拉卡托斯指出，研究纲领还有两种方法论上的规定：反面启示法和正面启示法。反面启示法是一种反面的禁止性规定，它本质上是一种禁令，禁止科学家把反驳的矛头指向"硬核"，而要科学家竭尽全力把它们从"硬核"转向"保护带"并以修改、调整保护带的办法保护"硬核"，免使它遭到经验的反驳。正面启示法是一种积极的鼓励性规则，它提供并鼓励科学家通过增加、精简、修改或完善辅助性假设，以发展整个科学研究纲领。如果说科学研究纲领的"硬核"是基础理论，那么"保护带"的辅助性假设则是它的具体理论。科学研究纲领的辅助性假设构成一个完整的理论系统或理论链条，每个后继的具体理论都更充分地表达"硬核"，更好地保护"硬核"。反过来，科学研究纲领又可以促进更复杂、更完善的具体理论的发展。

人性问题是人文社会科学的生长点，所有人类自觉的认识与实践活动中，都包含着对人、人的本质属性的理解和诠释。人们总是"希望通过对'人是什么'——人性、人的本质的解剖，通过对人的理解，来寻求一种核心的价值观念，并通过这种核心价值观念的确立，为实践活动确定合理的方式"。英国哲学家休谟曾指出："一切科学对于人性总是或多或少地有些关系，任何学科不论似乎与人性离得多远，它们总是会通过这样或那样的途径回到人性……因此，任何重要问题的解决关键，无不包括在关于人的科学中间，在我们没有熟悉这门科学之前，任何问题都不能得到确实的解决。"正如美国管理哲学家道格拉斯·麦格雷戈所言："在每一个管理决策或每一项管理措施的背后，都必须有某些关于人性本质及人性行为的假定。"意大利哲学家马基雅弗利根据"人是卑劣的"的人性预设，设计了"权术"管理模式；英国哲学家霍布斯则认为"人像狼一样，都是彼此相争的"，所以建构了一套弱肉强食、适者生存的管理结构。就连马克思在《资本论》中分析价值规律、资本积累规律、货币流动规律、平均利润下降规律等，都是建立在"经济人"假设的基础上的。所以，主观见之于客观的、人类实现目的的对象化活动——管理，以及对这一活动经验的升华——管理思想的形成和管理理论的建构，都是建立在人性假设的基础之上。

管理是人类的类特性。管理是以人为主体、依靠人而进行、为满足人的需要而开展的实践活动。人在管理系统中既是管理主体，也是管理客体，管理系统中的其他要素必须通过人的要素才能参与其中并发挥作用。作为人对人的活动，管理者和被管理者之间是双向互动的，采取什么样的管理方法、为什么要实施这样的管理措施、怎样才能实现管理效益的最大化等，所有管理问题的解决都离不开对人的本质特性、人的心理、人性需求和行为模式的认识与理解。由此看来，人性假设构成了管理的理论前提，在一定程度上，人性假设预制、作用于管理思想和管理模式，"人"的问题尤其是"人性"问题是所有管理理论体系和管理思想在哲学和文化观念层面上最核心的基础理论，人性观既是管理实践活动的内在理念，更是管理思想演进和管理理论建设的"硬核"。

第三节 高校教育管理权与学生权利

一、高校教育管理权的概念与内容

（一）高校教育管理权的概念

管理，亦称为行政，是指社会组织对其成员的活动进行有效的组织、协调，以保证该组织正常、有序、高效运转。高校为了实现高等教育这个根本任务，一方面要对在校接受高等教育的学生进行组织协调，另一方面要对高校教职员工等进行管理。

高校教育管理权就是高校在其日常管理中依法所享有的组织、协调的权力。由于我国的法律通过授权的方式赋予高校行使教育管理权，所以高校管理权具有强制性、支配性等特点，它区别于一般学校管理权，也区别于行政管理权。具体来说，高校的行政管理权利主要体现在学籍管理、教学管理、秩序管理和学位授予管理等事项上。

（二）高校教育管理权的内容

从我国法律法规中总结出的高校教育管理权主要有如下内容。

1. 学籍管理

学籍原指登记学生姓名的花名册，但在现代教育管理理念中一般是指学生与学校的隶属关系及学生在校学习的资格条件。学籍是学生与学校在校期间关系的记载，这种记载具有内部性，一般不对外发生效力。

2. 教学管理

高校的首要任务就是对学生进行教育教学，因此，高校一般都会根据不同学科、不同专业制定不同的教学计划和教学大纲。当然，在具体教学方案上，只要不违背法律强制性规定，高校可以自行制定。

3. 秩序管理

高校规模庞大、人数众多，因此，必须制定相应的校纪校规才能保证校园生活和教学依序进行。学生在校学习生活期间，必须遵守高校制定的校纪校规，如果违反则会受到相应的惩罚。当然，高校因地制宜制定校纪校规的前提应是不违反国家相应的法律法规。

4. 学位授予

在学生完成各科学业且经考核合格后向学生授予学位，是高校行使教育管理权的一项重要内容，相关法律法规对此也进行了明确的规定。

二、学生权利的概念与内容

（一）学生权利的概念

学生权利就是学生在接受教育的过程中依法享有的，并为法律所认可和保护的，不可剥夺的利益。要减少高校与学生之间的冲突，高校在管理过程中就应当对学生权利予以尊重。

（二）学生权利的内容

任何社会主体所享有的权利都是法律赋予的，高校学生亦不例外。根据相关法律规定，我国高校学生在校期间普遍享有实体和程序方面的权利。[①]

1. 实体权利

高校学生在接受教育的过程中享有的实体权利主要包括以下四个方面：

第一，受教育平等权。每个学生都有依法接受教育的平等权利，高校不得歧视对待。在录取方面，高校必须同等录取，在学校接受的教育方式必须同等，在对学生进行评价时，其评价的标准也应当同等。

第二，知情权。在接受教育的过程中，学生虽然是被教育的对象，但对高校制定的有关学生切身利益的校纪校规，学生都享有知情权，高校不得对其隐瞒。

第三，参与管理权。《普通高等学校学生管理规定》规定："学校应当建立和完善学生参与管理的组织形式，支持和保障学生依法、依章程参与学校管理。"可见，学生参与学校管理是有明文规定的，高校应当为学生参与管理创造相应的条件。

第四，获得公正评价权。根据《普通高等学校学生管理规定》第六条第四款的规定，学生"在思想品德、学业成绩等方面获得科学、公正评价，完成学校规定学业后获得相应的学历证书、学位证书"。据此，学校对学生德智体方面的评价必须以此为依据，公正评价，不能歧视对待。

2. 程序权利

学生在接受高等教育的过程中所享有的程序方面的权利主要包括以下两个方面：

第一，申诉、申辩、诉讼、复议权。《普通高等学校学生管理规定》明确规定，对高校侵犯学生合法权利的行为，学生有权向有关部门进行申诉、申辩，在申诉、申辩得不到救济时，有权向法院提起诉讼，或者不经申诉、

[①] 余涌. 边沁论权利[J]. 道德与文明, 2002（2）: 30-34.

申辩直接向法院起诉。此外，高校在行使教育管理权的过程中所实施的行为大都比较具体，而法律又明确赋予了高校一定的行政权力，因此，对高校侵犯其合法权益的行为，学生还享有参照行政复议法申请复议的权利。

第二，被告知权、被送达权。《普通高等学校学生管理规定》规定，对学生作出处罚规定，特别是影响学生前途的处罚决定，如退学、开除学籍等，应当书面告知学生本人，学生依法享有被告知、被送达的权利。

三、高校教育管理权与高校学生权利协调的构建

（一）高校学生权利保障应当遵循的原则

1. 尊重学生权利原则

尊重学生权利原则强调学生的个体性地位，注重对学生的权利保障，当然，这也是现代社会法治和文明的一个重要标志。

尊重学生权利原则就是希望高校在行使教育管理权的过程中能够尊重学生的权利。第一，在校规制定方面，高校应当在权利本位原则的指导下，以尊重学生权利为出发点，制定出具体的日常管理制度，从制度上对学生权利予以尊重和保护。第二，在日常管理方面，高校教育管理工作者应当依据教育法律法规及校内规范依法对学生实施管理，以尊重学生权利。第三，在学生权利救济方面，高校应当依据教育法律法规及校内规范对学生受到损害的权利予以救济。

2. 法律优先原则

法律优先原则是指高校管理者只能在法律法规规定的范围内行使管理权。法律赋予高校一定的行政权力，高校可在法律授权的范围内根据自身条件制定校纪校规，对学生进行有序管理，保证高校的教育教学活动能够顺利进行。但目前有很多高校在行使教育管理权的过程中超越法律授权的范围实施管理，有的甚至与法律相抵触，这不仅侵犯了学生的合法权利，也有损高校形象。因此，高校在行使法律赋予的行政权力的过程中应当遵循法律优先原则，这既是维护法律尊严，也是保护学生合法权利的有效途径。

3. 正当程序原则

正当程序原则是指行政主体在实施行政行为时，应当遵照法律规定的

程序进行，以保护相对人的合法权益。高校在行使教育管理权的过程中应当遵循的程序包括告知程序、送达程序、申辩程序、救济程序等。高校在日常管理活动中应当贯彻正当程序原则，在对学生进行处分时应告知学生，耐心听取学生的申辩，并保证学生依法获得救济的权利。此外，正当程序原则还要求"一个人不能做自己案件中的法官"，如学生在进行毕业论文答辩时，质疑某个答辩委员的公正性，可以要求该委员进行说明。

目前我国很多高校在实施管理时没有更好地遵循正当程序原则，如刘××诉××大学案中，法院就认为××大学的处罚程序存在问题，从而裁定××大学败诉。由此可见，正当程序原则不仅能保护学生权利，也是完善高校教育管理的一种有效途径，高校在实施管理时应当遵循正当程序原则。

4.比例原则

比例原则原本是行政法的概念。比例原则是指行政主体在行政行为可能对相对人权利造成影响时，将对相对人权益的不利影响控制在最小的范围内，使之处于适度的比例。在高校管理中，我们也可以借用这个原则，管理者在行使管理权时要考虑把对学生的影响控制在最小范围。高校在行使教育管理权的过程中对学生实施的处分也应当遵循比例原则。

（二）改变高校教育管理模式

1.转变管理本位为学生本位

随着我国高校体制改革的不断推进，高校的行政主体的功能不断弱化，其本质上更多的是以培养人才为己任，管理手段也相应地区别于一般的行政机关。高校应该将学生作为相对管理方，高校学生由于其特有的阶段性和群体性，在心理上表现出人格塑造成型期和价值观念成型期。这就要求高校管理不仅注重知识传授，也注重人格塑造和价值观念的培养。高校管理者要更多尊重、启发、引导学生，循循善诱，避免用粗暴、简单的方式来管理。切实将过去一味地管理、治理学生转变为为学生服务、以学生为本的教育理念，关心和尊重学生，更多地去行政化色彩，坚持服务型高校理念。

2.提高高校教职工的法治观念

提高我国教育工作者的法治观念与意识，一直是社会各阶层的强烈意愿。然而，一旦落实到高校的教育，直面管理权和学生权的冲突时，高校管理层表现得更多的还是沿用过去的行政化管理理念，强化了权力意识。实现真正的依法治校要走的路还很漫长。我们首先要在观念上转变，树立法治观念，依法治校。

高校的管理人员需要提高自身法律素质，真正实现依法治校。我国的高校管理层多由一些业务能力强、专业素质好的专家、学者组成，他们在自己的学术领域有着独到的见解和精深的造诣，但是作为管理者，其法治的意识并不一定强。我国在高校管理法治化方面的探索起步较晚，这样一来，就要求高校管理者打破陈规，努力转变观念，通过实践和创新来实现高校管理的法治化。在提高管理层法治意识的同时，我们也要注重提高高校教职工的法律素质，可以通过法制培训、交流经验、举办法律讲座等方式来提高他们的法治意识。教职工直接面对学生，除了传授学生知识，也要对学生进行教育管理，保障学生的权益、树立学生的维权意识、提高学生的法律素养也应是每一名教职工的工作职责，教职工要依法履行职责，维护学生权益，做到依法治教、依法管理。

（三）完善学生参与制度

在美国，学生可以参与学校校规制定以及涉及学生利益的事项，高校通过发表声明的形式来确保学生参与和学生享有参与权，这是为了保障学生成员权和参与权而发表的联合声明。在我国也有类似的保障学生成员权和参与权的法律条款，我国的相关法律也在一定程度反映了参与权。例如，新修订的《中华人民共和国高等教育法》中就加上了学生参与权的表述，但是比较抽象。其他的法律也应该就学生参与的事项、方式作出规定。

1.学生有权参与校规制定

法律的条款相对比较概括，具体落实和可操作性的条款则应该是高校制定的学校规章制度，在高校校规中体现学校成员的权利在许多高校也有规定，但是许多高校只是规定了学生的建议权，对于事关学生利益的制度却多是回避，学生没有能够真正享受到对自己切身利益事项的决策权。在国外一些发达国家，高校建立了一种由学校校长和校务委员会共同决策、共同管理的新模式，学生通过选举学生代表的方式参与校务委员会，学生代表享有制定学校规章制度等重大事项的决策权。也有许多高校对于制定学校规章这一事项做出特别规定，如在制定学校规章时要求各个利益体选出代表协商，以求得利益均衡，也在一定程度反映出对学生参与权的尊重和体现，学生代表通过发表意见参与表决，使学生群体的正当利益充分体现。

2.学生有权参与处分决定

关于处分决定的学生参与也是学生参与权的重要体现。我国高校在学生处分制度中依旧保持比较浓重的行政色彩，学校管理层对处分决定起到绝对作用，学生一般处于被管理的隶属关系下，学生的参与权在处分决策上表现微弱，甚至连申诉的权利都没有。这与国外的同行评议原则相距甚远，国外的许多高校都设有学生处分纪律委员会，在处分纪律委员会，学生代表不仅占较大比例，而且有同等表决权。法国在学生处分参与权方面制度比较健全，不仅在学校设立纪律处分的委员会，使学生代表可以参与针对学生的处分决定，而且国家高等教育和研究委员会也包括学生代表，该委员会负责对学生的处分进行复议，在程序设置上增加复议机关，使得制度更加完善。我国台湾的高校也有类似的专门委员会，只不过台湾高校的专门委员会还增加了奖励的部分。同样，这类专门委员会也有学生代表的名额，充分体现了学校对学生参与权的尊重。

（四）逐步完善教育立法

现阶段，我国社会主义法制体系基本建成。但是，我国的教育立法存在许多不足之处，教育立法受重视程度不够，在技术上缺乏系统性，内容滞后。根据我国教育法律法规的立法现状，应当从以下几个方面完善我国的教育立法：

（1）由于我国目前的教育立法尚未建立完善的体系，因此，完善教育立法应当符合协调性、衔接性的要求，既要确保教育法规之间的协调性、衔接性，也要确保教育法规与整个法律体系的协调性、衔接性。因此，对那些已经与现实生活严重脱节或者与新的法律法规发生冲突的旧法，应当坚决予以废止。

（2）完善教育立法，还应当对现有的教育法律法规的层级结构进行梳理。目前，我国教育法律法规主要包括三个层级：第一层级，法律，如《中华人民共和国教育法》；第二层级，教育行政法规，如《普通高等学校设置暂行条例》等；第三层级，地方性教育法规、自治条例、单行条例和规章，如《普通高等学校学生管理规定》《普通高等教育学历证书管理暂行规定》

等。教育法律法规的不同层级具有不同的法律效力，因此，应当对教育法律法规之间的层级结构进行梳理，以明确各层级的效力，当下层级的法律与上层级的法律发生冲突时，下层级的法律归于无效。

（3）完善教育立法，应在现有教育法律法规的基础上查漏补缺，把近些年高校与学生之间出现的重要法律问题纳入法制规范，并对现有的比较原则的法律法规出台比较详尽的子法，以便于实际操作。同时，高校的法律地位、性质及其与学生之间的关系，也应在立法中进行明确规定，这既有利于规范高校管理，也有利于学生在权利受到损害时更好地维权。

（4）要完善我国的教育立法，还必须从可操作性层面入手。现行教育法律法规，尤其是有关高校教育管理权的规定比较笼统，因此应对我国现有的教育法律法规进行检视，尽量对模糊的规定予以细化，加强其在现实生活中的可操作性，这既是对高校教育管理权的监督，也能促使高校教育管理更加规范。

（五）疏通救济渠道

1. 完善教育系统内部的申诉制度

为了完善教育系统内部的申诉制度，《普通高等学校学生管理规定》要求各高校成立学生申诉机构——学生申诉处理委员会，并制定相关规范，以便学生申诉处理委员会顺利开展工作。但对申诉处理委员会的工作程序尚欠缺规定，其组成人员中高校教师、学生代表的人数，投票权处理，是否进行公开听证，以及申诉处理期限等问题都还需要具体明确。因此，为了更加完善学生申诉制度，使高校与学生之间的纠纷在教育系统内部得到妥善解决，应在相关法律法规中对学生申诉制度进行系统规定，让学生的申诉有法可依。

此外，应在相关法律法规中健全申诉程序。在现代法治社会，程序不仅是现代法治理念的核心，更是法治的保障，因此，要健全学生申诉制度，其程序建设方面的细节问题不容小觑，如规定学校申诉委员会办公室应当充分听取学生或者其代理人的陈述和申辩，学校对学生申诉应当出具申诉决定书，送交其本人或其代理人，申诉决定书应包括处分的事实和理由，真正做到程序正当、证据充分、依据明确、定性准确、处分恰当，保障学生的申诉权利。

2. 扩大行政复议范围

行政复议的目的是纠正行政主体做出的违法或不当的具体行政行为，以保护行政相对人的合法权益。如果高校针对学生的违法违纪行为作出的处分决定侵犯了学生的合法权利，学生可以在法律规定的期限内向上一级教育行政主管部门申请行政复议。

行政复议能在教育系统内部解决高校与学生之间的纠纷，既能节约国家的诉讼成本，又能简化纠纷解决程序，是减少高校与学生之间纠纷的有效途径。我国高校虽然不是一个行政机关，但其行使了一定的行政职权，因此，《中华人民共和国行政复议法》也应对教育系统的行政复议制度作出相应的规定。

3. 建立教育仲裁制度

建立教育仲裁制度，由教育仲裁委员会对教育纠纷进行裁决，可以弥补现行法律救济制度的缺陷，维护学生的合法权益。当高校教育管理权与学生权利发生冲突时，学生可以申请由教育仲裁委员会对纠纷依法进行仲裁。

目前，我国的教育仲裁兼具行政性和司法性。一方面，教育仲裁委员会具有官方属性，履行行政职能，可以说教育仲裁具有行政性；另一方面，教育仲裁委员会对教育纠纷又具有一定的裁决权，裁决结果对双方当事人都具有法律效力，因而教育仲裁又具有司法性。学生没能在教育系统内部通过申诉解决纠纷，又不愿意诉诸法院时，就可以申请教育仲裁委员会进行仲裁。虽然仲裁实行的是一次裁决制，但学生对仲裁结果不满意时，仍然可以向法院提起诉讼。

要建立完善的教育仲裁制度，仲裁员的组成是很关键的一个环节，要体现其公正性和专业性，因此，仲裁员的组成应包括各个部门具有专业背景的人。教育仲裁委员会受理的案件范围应具体且广泛，只要涉及高校与学生之间的纠纷，就可以纳入仲裁的范围。

4. 健全教育司法救济制度

高校对学生违法违纪所采取的开除学籍、勒令退学等改变学生身份的处分，"使学生痛失了学历文凭，痛失了优越的就业条件和收入的机会"，影响着学生一生的命运。

作为高校教育管理的对象，学生显然处于弱势地位，因此，教育立法必须充分考虑高校学生的这种劣势地位，赋予其权利受到损害后充分的救济手段。

高校与学生之间的纠纷不同于民事、刑事纠纷，有其自身的特殊性，因此，在教育纠纷出现之后，学生应充分行使申诉的权利，若申诉得不到满足，可再提起教育行政司法救济。至于司法如何介入教育纠纷，笔者认为，由于教育管理的特殊性及繁杂性，且高校拥有一定的学术自主权，因此法院在处理教育纠纷时所遵循的基本应原则是："法院审的就是法律规定、法律程序。法院判决不能涉及学术领域，学者有自己的自由。"只要是法律中有明文规定的，法院就可以对其进行审查。例如，刘××诉××大学案中，法院就判定××大学拒绝向刘××颁发毕业证的行为违法，因为按照法律规定，学生只要按照要求完成了全部课程且考核合格，高校就应该向其颁发毕业证书。

此外，法院对教育纠纷的审查应该只限于程序性审查，这样既能保证高校的学术自由，又不至于将高校的非法行为排除在法治之外。

第四节　高校教育管理干部素质发展策略

一、高校教育管理干部素质发展的内涵和作用

（一）高校教育管理干部素质发展的内涵

1. 素质概念的界定及其基本特征

经过多年的理论探讨和实践，目前大多数学者倾向于把素质界定为人在先天生理基础上，受后天环境和教育的影响，通过自我修养和社会实践所形成的相对稳定的内在品质和素养，是主体从事实践活动和认识活动的各种内部条件的总和。一般来说，素质应具有以下基本特征：

第一，内在性和理性的统一。素质是知识积淀、内化和升华的结果，知识是素质形成或提高的基础，所以它也具有理性的特征，并通过人的言行等外在形态来体现。第二，相对稳定性和发展变化性的统一。构成素质的元素和结构一旦形成，会在相当长的时间内处于自我强化的状态，并持续地发挥

作用，并相对持久地影响和左右着人对待外界和自身的态度。素质同时会在外界环境的影响和冲击下发生变化，有时可能是量的积累，有时会是质的飞跃，因此，素质是相对稳定性与发展变化性的有机统一。承认素质是源于先天的，是教化和人的社会实践的结果，是可以培养、造就和发展的，也就有了素质发展研究的前提条件。[1]

2.高校教育管理干部素质的内涵

高校教育管理干部的素质是指高校教育管理干部把从外部获得的知识、技能内化并升华为从事大学生教育必须具备的各方面内在品质和条件的总和。著名的发展学家西纳索说过，发展是指发展的活动过程，又意味着结果的状态。所谓发展，是指事物由小到大、由简到繁、由低级到高级、由旧质到新质的运动变化过程，事物的发展是事物内部矛盾运动的结果，是量变与质变的统一。作为哲学概念的"发展"，在中国古代是兴起、兴旺的意思，在西方则是成长的意思。其实"发展"一词本身随着社会的发展也在不断地丰富其内涵。在当代社会，发展已经成为一种普遍性的追求，是一种现代价值取向，也是一种不断的超越。高校教育管理干部素质发展是指在原有素质的基础上，通过教育与环境等外界影响和自我修养，在大学教育实践中形成的内在品质提高的活动与状态。它在大学教育中可以产生较大的教育价值，是一个连续性的、动态变化的，并将贯穿于自己整个职业生涯的过程。

（二）高校教育管理干部素质发展的作用

1.确保党的路线、方针、政策全面正确地贯彻执行

政治路线确定以后，干部就是决定的因素。现在，我国正处于社会主义现代化建设的关键时期，我们党提出并确立了"一个中心，两个基本点"的基本路线，要坚持"基本路线一百年不动摇"并实现根据这条路线提出的奋斗目标，就要有一支能坚定不移地、创造性地、全面正确地贯彻执行这条路线的，具有良好素质的领导和管理者队伍。在高校，要确保党的教育路线、方针、政策全面正确地贯彻执行，就必须依靠高素质的教育管理干部队伍，否则党的基本路线就不能得到全面正确地贯彻执行，建设有中国特色社会主

---

[1] 徐涌金.明确中层管理干部要求促进转型期高校管理工作[J].国家教育行政学院学报，2005（5）：85-88.

义的伟大事业和实现中华民族的伟大复兴就会成为空中楼阁。

2.确保中国特色社会主义事业后继有人

随着改革开放的不断深入，特别是对外交流的不断扩大，西方的文化价值观念不断地进入高校校园，对传统的大学教育产生了极大的冲击。面对这种形势，必须坚定社会主义高等教育的办学方向和培养目标。同时，我们正处在领导和管理队伍新老交替的历史关键时期，在大批老同志退下来之后，顶替上来的年轻同志能否把中国特色社会主义事业继承和发展下去，他们的素质极为重要。高校是社会主义事业人才的培养摇篮，也是我们同西方国家在思想、文化领域争夺的重点。因此，提高高校教育管理干部的综合素质，有利于他们顺利地接好班，确保他们在日益复杂的政治斗争中不迷失方向，始终坚持走中国特色社会主义道路，担负起科教兴国、人才强国发展战略的历史使命，确保中国特色社会主义事业后继有人，实现中华民族的伟大复兴。

3.确保大学生思想政治教育落到实处

新时代经济全球化逐步加快，信息网络化逐步形成，社会主义市场经济体制逐步确立与完善，高等教育教学改革逐步深化，这些都使得大学教育面临着前所未有的机遇与严峻挑战。现在的大学生处在一个多元化的社会，他们本身也日趋多样化，在文化素质、品德素质、心理素质、智力素质和经济状况上的差距越来越大。除了在学习上需要帮助和指导外，适应大学生活，开展人际交往，处理个人与集体、社会的关系，也需要高校教育管理干部对大学生进行正确的教育和引导。

特别是现在的大学生在面临树立什么样的世界观、人生观、价值观，如何克服各种心理障碍，如何在网络中获取、分析信息等问题时，高素质的教育管理干部才能有针对性地做好工作，成为大学生健康成长的指导者和引路人。高素质的教育管理干部队伍都要对大学生进行思想政治教育，促进大学生思想政治品德、科学精神、创新意识和实践能力的形成与发展。只有高素质的教育管理干部队伍才能遵循马克思主义认识论，运用马克思主义的立场、原则和方法，不断地结合思想政治教育变化发展的新情况、新问题，科学地总结思想政治教育经验，揭示大学教育规律，探索解决问题的新途径、新方法，促进大学教育活动朝规范化、科学化的方向发展。因此，新时期加强和改进大学生教育的关键就是要不断提高高校教育管理干部的素质，加强高校教育管理干部队伍的建设。实现高校教育管理干部素质发展就是加强和改进大学教育内在的、必然的要求。[①]

二、高校教育管理干部素质发展的组织行为学策略

对于新时代高校教育管理干部素质发展的途径和方法，从客观上讲，需要全党和全社会，尤其是高校教育管理工作主管部门对他们加强管理，进行业务知识的继续教育和培训，加强职业道德教育和师德建设工作，营造积极、宽松的良好环境。从主观上讲，高校教育管理部门应运用组织行为学中的相关理论制定具体措施，促使广大教育管理干部重现自身素质的发展。

（一）坚持德才兼备，突出以德为先

用什么样的人，不用什么样的人，对广大干部和干部队伍建设具有重要的导向作用。只有选准、用好干部，才能凝聚党心、鼓舞人心、推动工作、构建和谐校园。

我们党的干部政策一个很重要的方面是坚持德才兼备、以德为先。体现在高校教育管理干部身上，就是要坚持党的教育方针，坚持社会主义办学方向，讲政治，重品行，具有较高的政治理论素质和理论水平，并且具有良好的作风，真正做到"学高为师，身正为范"。因此，在选拔、培养高校教育管理干部时，一定要不折不扣地贯彻党的干部政策，以此为标尺，配好配强院系、处室领导班子。

树立好的选人用人导向，让好的选人用人导向真正发挥作用，不仅要积极推进选人用人理论创新、实践创新，还要做好制度跟进，用好的制度做保障。当前，树立好的选人用人导向，重要的是如何推进制度创新，以制度创新来破解选人用人难题，确保好的导向真正发挥作用。高校教育管理干部选拔要坚持德才兼备，突出以德为先，需要从以下三个方面做好工作：

一要严把考察关，不断完善干部考察机制。在时间上注重过程性，把干部考察从阶段性考察转变为全程性考察，防止某些干部平时不努力，在选拔任用的关键时候蒙混过关。在主体上注重群众性，把干部考察从以组织部门

---

① 刘铁芳.当前教育理论研究若干问题的思考[J].教育研究，2002（6）：19-23.

和领导考察为主转变为以群众评议和公论为主，增强考察的客观性。在标准上注重以德为先，把干部的考察从重才轻德转变为德才兼备、以德为先。

二要严把民主关，广泛征求干部群众的意见。让更多的人选拔人，把最合适的人选到最合适的位置，是体现选人用人民主、增强选人用人公信度的基本要求和根本途径。通过探索实行群众推荐、任前公示等制度，让被提名的干部首先接受群众评议，过"群众关"，提高干部在群众中的认可度。让干部真正明白一个道理：没有朴朴实实的道德品质，没有实实在在的工作成绩，就很难被人民群众认可，要想在众多干部中脱颖而出，自身素质必须过硬。[①]

三要严把责任关，建立健全责任追究制度。第一，要健全完善选人用人失误失察责任追究制度，实行谁推荐、谁把关、谁负责，规范推荐考察，降低人为造成的不客观、偏颇，遏制不正之风，杜绝干部"带病提拔""带病上岗"，一旦推荐对象出现问题，就要严肃追究推荐把关人的失察责任。第二，要全面强化选人用人监督机制，实现阳光选人，选德才兼备的人。第三，要探索建立干部问责机制，在对干部德、能、勤、绩、廉等方面进行定期考察的基础上，突出以德为先，建立德行档案，促进干部老实做人、务实干事、求实奋进。

从以上三个方面做好干部选拔工作，坚决防止和克服重知识素质轻思想品德，重学术造诣轻管理能力，重学历资格轻工作实绩的倾向，把那些真正讲政治、讲正气，善于办学治校的优秀干部选拔上来。同时，要经常性地加强政治理论学习和师德师风教育，筑牢思想道德的防线，不断提高高校教育管理干部的政治思想素质，规范高校教育管理干部的道德品行，使广大高校教育管理干部成为最讲政治、最重品行、最作表率的团体。

（二）建立激励机制，强化责任意识

高校教育管理干部在年龄结构、知识结构、政治信仰等方面存在较大的差异，因而每个人的人生态度、人生目标、责任意识也有较大的不同。高校要充分运用组织行为的激励理论，制定切实有效的措施，激发全体高校教育管理干部的工作热情，促进学校又好又快地发展。

---

① 简大钧.积极推进中层管理干部任期目标责任制[J].中国高等教育，2005（8）：19-20.

一要根据个性差异制定不同团体的激励措施，如对行政管理干部的措施，对高职称、高学历者的措施，对后勤管理干部的措施，等等。

二要多管齐下，多方并举，把培训、晋升、获奖、福利等措施有机结合起来，实现综合激励成效的最大化。

三要高度重视培养高校教育管理干部的光荣感、成就感，使之自觉地投身工作之中。

四要细化责任，落实到人，使每一位高校教育管理干部恪尽职守、勤勉尽责。

五要开展形式多样的争先创优、评比表彰活动，培养和树立典型，形成良好的导向。

（三）实行目标管理，完善考核机制

不少人认为，高校教育管理教育工作无法量化，大都是"软指标"，实行目标管理比较困难。这个认识的结果使一些高校工作落实不到位，成效不明显。我们要根据组织行为学的目标管理理论来推行高校教育管理干部目标管理。

一要根据不同的岗位、不同的工作性质制定具体的工作目标。高校党委、行政部门要明确高校教育管理干部的年度工作任务和任期目标，签订目标任务责任书，使教育管理干部的考核主体内容具体化。

二要规范高校教育管理干部的届期制、任期制，实行届中考核和换届考核，完不成工作目标者不予续聘。

三要科学制定考核的方式方法，做到定性与定量相结合、奖惩相结合。

在制订目标管理方案时，我们一定要牢记组织行为学中的"员工卷入方案"，充分听取方方面面的意见，使目标管理符合本校实际、符合工作实际，能为广大教育管理干部所接受，使之成为其自觉行动。高校党委、行政部门要明确高校教育管理干部的岗位职责，并把其履行岗位职责的勤勉程度、团结协作的诚信程度、学习进取的精神状态、廉洁自律的情况进行量化、细化，从而使高校教育管理干部的考核内容具体、明确，便于操作。高校要通过严格的考核程序和科学的考核方法，使考核结果客观公正地反映高校教育管理干部的德、能、勤、绩、廉；要充分发挥干部考核工作的导向、激励和

教育的功能，把客观公正的考核结果运用到高校教育管理干部的培养、教育、奖惩和使用中。[1] 那种脱离实际、好高骛远的目标管理方案肯定不会收到实实在在的效果。在目标管理过程中，要经常性地检查目标是否符合实际，管理机制是否健全，考核标准是否公平，使目标管理不断完善、发展，取得良好效果。

（四）健全干部政策，推进绩效管理

多年来，高校教育管理干部的选拔任用、培养教育、提职晋级、交流换岗、辞职退休等方面形成了一套比较完善的政策办法。但这些政策办法有的落后于时代发展，有的缺少具体措施，有的手段单一，需要健全、完善。我们要根据组织行为学中的人力资源政策理论，改善、改进高校干部管理，提高其综合素质。

一要把好准入关，通过多种手段选好人、选准人。

二要利用多元化的培训方式加强干部培训，如政治理论培训、业务技能培训以及举办专门性的学习班、培训班、研讨班，还要选送优秀干部到国内外高校研读进修、挂职锻炼等。

三要特别重视推进绩效管理，搞好高校教育管理干部的绩效评估，把绩效评价与干部奖惩有机结合，使绩效管理真正发挥作用，可从以下几个方面入手。

1. 设定易于量化的考核指标

在对干部的考核中，单靠定性考核或定量考核对干部作出考核结果的评价，可能有偏差。应建立科学的绩效考核指标体系和标准，在定性考核的同时，重视定量考核，将两者有机结合起来，综合分析。首先是制定并按照考核标准或体系，广泛地听取群众的意见，通过深入基层调查研究，进行定性分析评价。然后在定性分析的基础上进行综合量化考核，以弥补定性考核误差较大的缺点。实行民主综合测评定量分析，让参加测评的人员按测评标准对被测评的干部以无记名投票的方式进行测评，既可以消除参加考核人员面谈不敢反映真实情况的顾虑，弥补考核工作的失真性，又可以从概率统计角度提高考核工作的科学性。在操作时应将干部的德、能、勤、绩、廉等方面

---

[1] 张颖春.高校管理干部考核体系浅议[J].中国高等教育，2007（20）：34.

的内容分解成若干子项，如政治素质、思想素质、政策水平、工作能力、管理水平、单位业绩和协作能力等，对每项及总评分若干个档次进行细化，并按一定的机制进行定量评价转换。

2. 注重考核的过程效应

干部的考核是对干部工作行为和工作过程的检测，可以在明确的岗位职责和任职目标框架内，在追求科学考核结果的前提下，从以下三个环节去精心设计：

第一，干部考核要与部署工作同步。年度或每个阶段部署的工作任务应是对干部进行考核的主要依据，考核指标体系的建立、修正及完善应尽量做到与工作任务的部署同步。

第二，干部考核要与检查工作统一。任何一次大规模或小规模的工作检查，都是对一个单位或某一个岗位干部的考核。其作用主要是通过检查，掌握情况、把握进度、找出问题、发现典型、指导工作。

第三，干部考核要与总结工作同步。总结工作既是上一个考核周期的结束，又是下一个考核周期的开始。通过总结，检查工作任务和目标的完成情况，总结成绩，发现问题并归纳出经验教训，厘清今后的工作思路，确定新的岗位职责和调整任期目标。因此，在年度末或学期末进行的工作总结是对干部进行集中考核的最佳时机，一般是校级领导借此机会听取述职，掌握民意，全面分析，对干部作出科学评价。

3. 根据岗位性质赋予不同的考核内容

从岗位类别看，高校教育管理干部可分为党群管理干部、行政管理干部、技术管理干部等，对不同性质的干部考核要点应有所侧重。

4. 及时反馈考核结果

干部的考核结果将直接关系到干部个人的切身利益和政治前途，为了加强对考核结果的应用，更好地促进干部队伍建设，在操作中不仅要做到及时反馈，以利于干部的成长，还要采取一些保障措施，以增强干部考核工作的实效性。

（五）实行竞争上岗，促进优胜劣汰

引入竞争机制已成为绝大多数高校加强干部队伍建设的重要举措。在这方面，国家制定了一系列政策规定，各高校也进行了有益的探索和尝试，积累了一些比较成熟的做法和经验。但是从组织行为学的角度来看，我们做得还远远不够。

一是竞争上岗要常态化，不能想起来就组织一下，或者几年才组织一次，不能把竞争上岗变为新任领导的"形象工程"。

二是竞争上岗的职位要进一步放开，过去往往只把副职及一些不是特别重要的岗位拿出来竞争上岗，影响了竞争上岗的整体效果。我们要进一步解放思想，大胆创新，扩大竞争上岗的范围。

三是竞争上岗的办法要进一步细化、量化，特别是要把笔试、演讲答辩、科研成果和学历职称等以不同权重加分，全面衡量每一个竞争者的整体素质，做到优中选优。

竞争是社会永恒的主题，引入竞争机制，促进优胜劣汰，是促进广大高校教育管理干部勤于学习、扎实工作、砥砺品格、提高素质的重要措施，我们要常抓不懈。

（六）建设校园文化，营造良好氛围

高校是传播知识、培养人才的重要阵地，理应把校园文化建设放到突出位置，切实抓出特色、抓出品牌。

一要根据本校的历史沿革和办学传统概括出自己的校训、校风、校歌，使之成为激励师生的强大动力。

二要根据本校专业设置和学科特色凝练出自身的办学方向、发展目标，使广大师生心向往之，躬身行之。

三要进一步建立健全规章制度，以制度管人、管事、管物，并严格管理，使之成为师生的行为规范。

高校教育管理干部是学校管理的中坚力量，更应该在遵章守纪、扬善抑恶方面作出表率。根据组织行为学的观点，组织的目标、宗旨、价值观、道德标准构成文化软件，规章制度、行为规范是文化硬件，我们要软件硬件都重视、一齐抓，形成良好的管理理念，成为师生员工的共同精神支柱，努力营造高校团结和谐、风清气正的氛围，为教学、科研、管理创造良好的条件。

（七）完善组织体系，不断改革创新

我国现行的高校教育管理干部组织体系大都是计划经济时代沿袭下来的，带有明显的行政化倾向，既不利于高校自身的发展，也不利于高校教育管理干部素质的提高。要积极借鉴、吸纳组织行为学的理论，对高校教育管理干部组织体系进行改革创新。

一要摒弃行政化倾向，不要过分地强调高校干部的行政级别、职称，要更多地强调教学、科研、管理水平。

二要根据专业设置科学地设置党群机构、行政机构、教学科研机构、教辅机构。特别要注意支持鼓励学术性研究机构的建设，形成不同的团队组织。

三要鼓励支持高校教育管理干部敢于创新、勇于创新、不断尝试、不怕失败，增强他们的创造、开拓意识。

四要进一步"简政放权"，大力推动校、院、系三级管理体制，给院、系更多的自主权，使教育管理干部有权、有责。

五要在院、系大力推行党政共同负责制，规范院、系工作程序，提高向心力、凝聚力。[①] 组织行为学理论对高校教育管理干部的素质发展有许多可取之处，综合运用组织行为学的新思想、新观点，认真探索、研究高校教育管理干部素质发展的策略，并大胆实践、勇于创新，一定能够取得良好效果。

---

① 肖燕娜.浅论高校人事干部素质的培养与提高[J].福建教育学院学报，2008（1）：28-30.

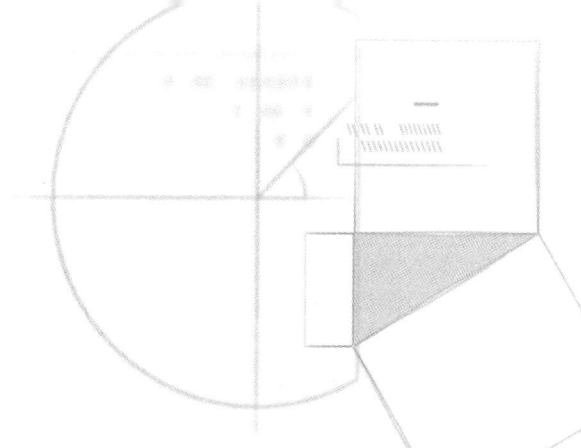

第三章　高校教育管理发展的多元化

第一节　教育管理学科建设的国际化

一、概念的界定

（一）学科

学科是主体为了教育或发展的需要通过自身认知结构与客体结构，包括原结构和次级结构的互动而形成的一种既有利于知识传授，又有利于知识创新的组织体系。

（二）学科建设

高校学科建设是指高校为了提高教学、科研及服务社会的水平与质量，按照特定的学科方向，围绕着学科的知识形态、组织形态、活动形态所进行的基础性工作与发展性工作。

（三）高等教育国际化

高等教育国际化是指将国际的、跨文化的以及全球层面的内容与高等教育的目标、职能（教学、学习、研究、服务）相互结合的过程。

（四）教育管理学科建设国际化

教育管理学科建设国际化是指将跨国的、跨文化的、全球化的教育管理学科的发展目标、趋势、理念、规划、方法以及运行实施机制与管理模式等众多维度相结合，通过学科建设国际化计划、课程体系、教学方式、师资队伍、人才培养、国际交流与合作等要素，融入、渗透到我国教育管理学科建设中的相互协调、共生互助、协同发展的过程。

二、教育管理学科建设国际化的方法和途径

（一）制订明确的学科建设国际化计划

虽然国际化是当代高等教育组织发展的普遍目标，但其进行体制化仍存在重大障碍，而且国际化是一个体制转型的过程，它需要进行范式转变，以将组织利益相关者的假设、价值观和实践转向更广泛的国际视角。

高校本身的正常结构决定高等教育国际化既不适用于大规模改革，也不适合集中协调。因为高等教育组织由不同的组织结构组成，各个学科和社团单位在组织机构下独立运作，这对制定统一的国际化计划提出了挑战。因此，高等教育组织的复杂性决定了高校在国际化过程中不能单单依靠宏观的国际化计划，制订明确的学科建设国际化计划也是必不可少的。

国际化计划是高等教育机构对国际化的书面承诺，这些计划包括目标陈述、使命陈述、愿景陈述、实施举措、分配资源、时间表和绩效指标。制订具体的、全面的国际化计划非常重要，这一过程有利于激发利益相关方参与国际化进程。

学科建设国际化计划有助于为学科建设国际化提供方向，表达制度承诺，并为学科建设国际化制订具体的目标。鉴于国际化的复杂性，学科建设国际化计划通过集中内外资源来克服制度变革的内在障碍，此外，制订国际化计划的过程有助于整个组织的利益相关者参与，这是实施的关键因素。因此，这些计划通过表达国际化承诺来界定国际化目标，以及鼓励和刺激利益相关者参与国际化进程，有利于推动国际化走向体制化。迄今为止的学术和实践者文献表明，国际化计划为校园国际化以及学科国际化提供了有价值的制度支持。

为了有效地推动学科建设国际化，制订明确、详细的学科建设国际化计划乃教育管理学科的当务之急。

首先，应积极获得高层领导的支持。在高层的支持下，可以为执行学科建设国际化计划提供资金、制度支持，以及增加国际化计划的可行性、执行性。为了提高处理学科国际化业务的效率和针对性，可以通过设立全球计划办公室或者海外服务中心等组织机构，负责相关的国际化业务，同时学校领导应将国际化的相关权利下放到各个学院，赋予其学科负责人在制订学科建设国际化计划方面一定的自主权。

其次，应广泛吸纳教师参与教育管理学科建设国际化计划的制订。不仅仅要鼓励教育管理学科的教师为计划的制订建言献策，还应积极地吸纳其他学科教师的建议，以增强计划的跨学科性和包容性。该计划可以作为发展国际化跨学科合作的媒介，有利于不同学科之间的思想和方法的融合，使其具备一定合作的基础。

在制订计划的过程中，相关部门应加大监督力度，并积极完善国际化评估机制，评估过程中重视定性与定量相结合，借鉴国际上成功的国际化评估经验，引入第三方组织和国际认证机制，对教育管理学科建设国际化计划的成果进行相应的评估和鉴定。

最后，教育管理学科建设国际化计划在制订的过程中，应加强与校友以及相关的基金会、国际非营利机构、大学治理机构的联系合作。以具体的书面文件呈现国际化目标，不仅可以扩大影响力，提高知名度，也可以为教育管理学科建设国际化提供多元的资金支持。

（二）构建与国际接轨的课程体系

尽管参加海外学术课程的学生人数大幅增加，但绝大多数中国学生并没有真正走出国门，也很少参加校园国际课外活动，教室仍然是学生接触国际问题、知识和文化的主要途径。对此，应从以下几方面进行改善：

首先，应提高学生的外语学习能力。外语能力对于发展全球能力至关重要，外语的学习应作为学生入学或毕业考核的一部分。外语教学通过结合跨文化学科问题提升学生跨文化应用技能，招收国际学生和增加学生交流计划，为国内学生提供更多感受多元文化、开阔视野的机会。在学习过程中，学生至少能够阅读外文版的教育管理学科的课本和文章，包括教育管理国际学术期刊、报纸以及网站和数据库外文内容，能在线观看国际教育管理专家学者的讲座，结合课堂辩论会、研讨会，通过非正式对话将自己的看法、反思带入课堂学习中。

其次，课程应当设置 25%~30% 的内容来介绍国际教育管理学科研究热点、文化差异和全球社会等重要问题，使课程具有更多的全球视野。将国际目标纳入每门课程的设计，把国际学生作为课堂资源。每位教育管理学科的学生在掌握中国教育管理学科知识的同时，还应积极主动地学习其他文化，开放思维模式。将国际课程纳入普通教育的要求，并向教师提供支持和激励措施，推动课程国际化。此外，需要在各学术和行政单位之间加强有关国际化机会和信息的沟通，促进国际化跨学科合作，与国际合作交流中心进行积极的对话，以便更好地利用资源，更新数据库，满足学生的学术需要。

区域学习课程应作为特色课程纳入教育管理学科课程体系。区域研究是一种专注于世界特定地区的研究，一般来说，区域学习课程使用跨学科的格式而不是单一学科的研究方法。对区域研究课程内容，如欧洲教育法、美国基础教育改革史等的研究，不仅需要跨学科知识（法律、政治、历史），而且要了解其他国家的文化。区域学习课程也许最接近国际或全球教育，应通过国际案例研究来帮助学生了解教育管理在国际上的研究热点。

依靠传统的国际化模式往往并不是可持续发展的道路，确保所有学生在整个学术生涯中拥有全球学习经验才是当务之急。应该通过全球学习在普通教育和专业提供多种学习方式，使用不同的教育模式，并用全球学习成果评估来衡量这些成果。将全球学习纳入教育管理教育课程，能为学生和教师提供更广泛的全球视野，如设置国际双学位课程、跨文化培训等。

最后，课程由国际化走向制度化，也是学科课程国际化能够得到更有效的贯彻实施的保障。此外，在指定的高校领导下设立课程国际化委员会，其中包括教育委员会成员和国际交流与教育专家。国际教育的目标和成果需要在制度层面上予以阐述，并应引导学院和部门层面的课程国际化。为了促进课程国际化，需要另外一个具有不同类型边界的委员会统筹负责，这也是整体国际化战略的重要议程之一。

芭芭拉·希尔（Dr.Barbara Hill）博士在美国教育委员会的国际化实验室计划中提出了四级课程国际化的连续模式。学校可以使用以下模式来评估学科课程国际化的水平，进而构建有针对性的国际化课程体系。

Level 1 : Course contains occasional international elements.

Level 2 : One unit of courses is international oriented.

Level 3 : International or internal elements are integrated through out the course.

Level 4 : The entire course has an international focus（such as an International Business）.

这个四级连续模式的构想，可以给我们教育管理学科的课程国际化提供借鉴。

（三）采用国际化的教学方式

在教育管理学科的教学过程中，以学生为中心的教学方法，不仅是向他们传授知识，还要试图让他们进行更多的思考和提问，这能推动学生从被动接受者转变为主动学习者。增加教育管理教学过程中案例研究的多样性，如可以通过联合国示范的方法，扮演不同的国家角色，共同探讨国际教育管理问题。组成一个小组进行讨论和研究，其主题涵盖教育领域和世界热点政治、经济、文化事务，把国际组成部分纳入学生的日常学习，最终通过小组 PPT 进行统一汇报和讲演，帮助学生了解不同文化，学习解决问题的方法。通过指定阅读、课堂活动和讲座相结合，发展学生的比较思维技能，其中包括在课程中加入跨文化因素，采用比较教育方式，积极引导学生进行思考学习。积极鼓励学生进行自我反思。通过撰写课堂学习心得，既能够巩固已有的学习内容，也是知识进一步内化的过程。

思想的独立性已经是当代社会越来越看重的方面。教师在上课前给学生布置阅读任务，这些阅读任务包含外文文献（专著），基于甚至超出课程内容，学生必须根据教师布置的学习任务，参考自己手中的相关资源独立思考并深入学习。因此，课前的准备有助于学生在课堂上更好地理解知识，并在自主学习中培养学生的独立思考能力。

远程教育是高等教育快速发展的一种趋势，是一种新型的国际化教学方式，有助于区域方面的高度一体化合作，鼓励新形式的知识流动。例如，学生通过虚拟大学、离岸教育和远程学习，观看国际教育管理公开课以及线下教育管理国际专家讲座，有利于开阔国际化视野，增加国际化的教育管理学科知识储备。

课外活动及体验式学习，可以成为国内外学生进行交流、互相学习的有效途径，并帮助他们把比较视角带到教室。这些活动包括与外国学生俱乐部和协会进行沟通交流，参与国际或跨文化活动互动等。对于国内学生来说，具有国际或跨文化的社会和课外体验有助于其更好地了解其他文化。而国际学生的课外活动同样重要，因为这是了解更多关于东道国文化和拉近与当地团体联系的主要途径，并能与不同国家的人进行交流。

通过给予教师奖励，鼓励教师用英文教授专业课程。教育国际化意味着教师要具备跨文化的能力，能注意到学生之间的差异，能参与国际教育争论。在教学过程中，教师应注意采用形成性评估，以有效地了解学生的学习情况，并改善学生的学习方式。

（四）建设国际水准的师资队伍

教师是改变制度文化的关键，也是整个学术机构及国际化的关键推动力。他们负责教学和研究、提供课程设计并全面贯彻教师的使命。他们在教学中提供国际知识，让学生参与课堂教学，并建议学生参加课外的国际活动。毫无疑问，学生通过与教师的互动，有助于增加学生的教育管理国际知识。建设具有国际水准的教育管理学科师资队伍，除了对现有教师进行国际化培训学习外，雇用国际教师或具有国际专长的教师也是对师资队伍的有力补充。要吸引具有国际背景的教师，鼓励现有教师寻求进一步的国际化发展，如果教师没有将全球视野融入教学，他们帮助学生提升国际竞争力的能力就比较有限。

高校需要创造国际化校园环境，为教师提供发展机会，包括专业、教学、课程的发展。交流计划往往是教师在教学、研究、学习和咨询方面获得国际教育前沿的核心方法。例如，提供年度资金支持海外访学，发布国际课程开发时间，与学校国际访问学者进行互动和协作，定期举办教育管理讲习班、座谈会和研讨会，促进国际交流。教育管理学科教师通过国际交流获得更多的国际化教育管理视角，使他们的教学和研究进一步刺激学校的国际化，进而服务社会的教育事业。在校园内，国际化教师的国际视野可以进一步影响学校对新教师的聘用，并推动学校的制度国际化。当教师向社会提供服务时，无论是何领域，他们的国际经验都会影响当地居民和地方政府，尤其为当地社会提供智力支持时，能有效缩短地方之间的差距。

跨学科教育能够将国际教育融入教师发展。近年来，跨学科引起了广泛的关注，提高了教师的专业发展水平。更多的跨学科研究有助于打破高等教育学科的集中化，并能为教师国际化作出贡献。然而，要把国际化转化为最佳实践，每所高校都要分析自己的情况，发展适合自己独特特征的模式，在国际教育中为教师创造发展机会。为了发挥教师的优势，高校必须出台有利于国际化的政策，创造机会，最大限度地发挥教师国际化的能力。同时，教师也须通过学科、部门、机构的资金和交换计划寻求内部机会，并通过国家国际化计划和外界组织寻求外部支持。适当的人事政策将有助于教师参与国际化。如前所述，当前对教师的评估标准可能会在一定程度上降低教师参与国际化活动的积极性。高校应通过改进现有的教师和项目评估体系，构建一个积极的人力资源管理系统，进而促进教师成长为国际化人才。

（五）建立国际化的人才培养模式

尽管一所高校进行国际化的出发点有很多，如提高学校声誉、增加财政收入、扩大对外开放、合作办学等，但是其应以培养具有国际竞争力和跨文化领导力的创新型人才为根本出发点。如今，随着全球化深入发展，合作与竞争并存，创新型人才的培养则是提高国家核心竞争力的关键。经济全球化以及跨国公司的迅速发展需要大量既熟悉国际经济运作，又了解各国国情、法律、文化，而且能熟练掌握外语、科技的国际化优秀人才。高校需要适应社会发展的需要，培养具有国际竞争能力和国际战略眼光的高质量人才。教育管理学科国际化同样应该以培养与国际接轨、与实践相匹配的创新型国际化教育管理人才为出发点与落脚点。

为何在国际化人才中突出强调创新能力？因为创新是推动社会进步和经济发展的原动力，而大学在国家创新战略中又起主导作用。世界各国纷纷出台相关的教育政策以推动本国科学、技术和经济的发展。实际上，德国于 2005 年就推出了高等院校"杰出计划"和科研机构《研究与创新公约》。2010 年，中共中央、国务院发布《国家中长期教育改革和发展规划纲要（2010—2020 年）》，指出要充分发挥高校在国家创新体系中的重要作用，鼓励高校在知识创新、技术创新、国防科技创新和区域创新中作出贡献。当然，这些创新并非封闭的、囿于本土的创新，而是更加开放的、国际化的创新。

批判性思维的培养是培养创新型人才的当务之急。批判性思维有三种技能：分析和分类，辩论和解释，解决问题和追踪因果关系。

第一，分析和分类的技能是批判性思维技能的核心部分。分析问题意味着将信息分解成较小的部分，检查每个部分，并了解每部分的信息是如何集成在一起的，通过分类手段识别信息的类别或组，并确定每个类别或组与其他类别或组的区别。分析和分类技能应在日常课程学习中潜移默化地培养。为了更好地分析问题，学生通过在课堂上绘制概念图来分析他们学到的重要信息，或者要求学生用一两句话来总结要点，以表达他们对主题的理解。要完成这些任务，学生需要掌握分析和分类的技巧。他们需要了解内容的联系以及逻辑关系，将内容分成几部分，并将这些部分重新组合成主要类别。学生通过在所有关键和相关概念之间找到联系，并将其融入应用过程，建立相应的知识体系。

第二，辩论和解释的技能是批判性思维的重要组成部分，是提升批判性思维的重要策略。辩论是使用一系列逻辑连接和证据支持的陈述得出结论。解释是讲明某事的含义或它是如何工作的，以便别人可以理解它。教师通过给学生一个具有争议性的教育管理学科话题，在基于已有研究的基础上鼓励学生表达自己的看法和理由。例如，有关特许学校的设立问题，学生被问及是否支持或反对，必须用相应的理由证明自己的观点。因此，教育管理学科的教师可以通过鼓励学生在有争议的教育管理问题上表达自己的观点来培养自身的批判性思维。

第三，解决问题和跟踪因果关系的技能是批判性思维的重要因素。在学习中需要掌握解决问题的技能，通过分析问题的原因和影响，找到相应的方法来解决问题。同样，跟踪因果关系是为了确定问题发生的原因以及结果。比如，在教育管理学科的课堂上，通过测试学生在课堂上学到的教育管理理论来解释日常生活中的常见教育现象，解决实际问题。事件是相互关联的，每个问题的背后都有其原因，学习跟踪因果关系有助于充分理解相应的问题。

在课程方面，通过国际交流合作引入国际化教育管理学科课程体系，并结合学生的实际学习能力进行本土化发展，基于教育管理学科的特点提高学生的实践及应用能力。设置社会实践课程，积极联络本地院校，如国际学校、国际学院等，建立多元化的实习基地，通过定期反思、总结，提高学生的实践能力。此外，学校应搭建平台，帮助师生加强国际交流与合作，开阔师生的国际视野。在学位论文撰写与准备环节，应在日常的学习中有意识地培养学生检索及阅读外文文献的能力，扩大其研究视野，并为论文的撰写打下理论基础。在各课程的日常作业及小论文的撰写中，使用国际化的论文标准严格要求，培养学生严谨、踏实的学术态度。

（六）推进国际化学术交流与合作

教育管理学科建设国际化的战略目标之一便是推进教育管理学科的国际理解，加强教育管理学科的国际学术交流与合作。学术交流与合作能够有效促进学科研究的深入发展，并加深对各国的经济、社会、文化等问题的学习。为了实现这一战略目标，学术交流、课程开发、联合课程、研究合作等往往是国际合作中常见的形式。知识的流动是国际合作中最重要的方面，研究合作是最广泛的学术合作形式。协同研究被视为一种可以有效地发展学科、提高学科学术水平的途径，能够进一步深化教师和学生的培训与交流。在协同研究的过程中，国内外教育管理学科建立合作关系，以确保所有的合作者获得相应的培训。通过面授或网络授课等形式提供相应的培训计划，从而让合作的教师均能受益于合作者的专业知识，提高教师的国际化学术水平。此外，国际合作对于高等教育组织而言也是一个巨大的市场，是高校多元化办学经费的重要来源之一。

合作教学也是实现学术交流的重要途径。高校应以全球学术视野为基础，建立相应的合作协议和学生交流计划，通过交换学术资料、共享学术资源、共同开发和推广课程设计等方式促进学生更好地学习。虚拟讲座、视频学习、网络在线学习平台的广泛使用，使合作大学的国际教师能够更有效地与学生沟通交流。合作教学从部分课程的合作到全面的项目协作，形成联合或双学位的培养方针。

随着"一带一路"倡议的实施，我国与其他国家紧密地连在了一起，在此背景下，构建一个高效的国际化学术交流平台就显得尤为重要。各学术和行政单位之间应该加强有关国际化机会和活动的沟通，促进教育管理国际化跨学科合作，以便更好地利用资源，更新数据库。高校在政府的支持下通过选择合作伙伴和建立学分互认制度，加强学校之间的教育管理人员交流学习。国际会议是交流知识、促进不同国家学者和专家学术发展的平台，一方面可以提升高校的国际声誉，另一方面可以有效地向国际社会介绍我国教育管理学科的研究成果，这均有助于增加我国的教育管理学科国际话语权，树立我国教育管理学科的国际形象。

（七）加强国际化的条件建设

当前，我国教育管理学科建设国际化中仍然存在许多问题，如缺乏系统规划及国际认证、缺少必要的制度及资源的支持、学科的核心竞争力亟待提高等。因此，加强教育管理学科国际化的条件建设乃是当务之急。

首先，提高我国教育管理学科的教育质量以及核心竞争力乃是发展的根本。一方面，引入国外知名学者；另一方面，培养本土化的学科带头人，提高教育管理学科的师资力量。注重学科的应用性与理论性的有机结合，培养学生的创新能力与批判性思维。

其次，在高校国际化发展纲要的前提下，结合本校教育管理学科的实际情况，制定教育管理学科建设国际化系统规划。高校应积极引入学科的第三方认证制度，帮助我国教育管理学科进一步与国际接轨，通过国际认证制度树立我国教育管理学科形象。为保证教育管理学科建设国际化的有序发展，提高学校的国际化自主权，学校应加大优惠性的制度倾斜以及财政支持。学校应搭建国际化发展平台，为教师专业的发展提供机会，提高教师相关的国际化能力，并帮助建立国外教育管理学科人脉联系，以支持教师的发展。

最后，高校要强化国际化办学理念的宣传力度，潜移默化地影响师生对国际化的观念和态度。同时，高校要加大各种类型的国际合作，鼓励、支持学科教师参加有影响力的国际性会议，并为国内外教师进行联合研究搭建平台。一个良好的学科国际化发展平台不仅可以提高教师学术研究的积极性，也可以为教师与时俱进、贯彻终身学习的理念提供便利。对于学生来说，定期的国际学术交流能够使其在多元文化碰撞中不断发展自身各方面的能力。

第二节　善治视阈下的大学新生教育管理

一、相关概念

（一）善治

善治理念源于治理思想，善治即良好的治理。善治与治理密不可分，探析善治的内涵，应首先剖析治理的内涵。"治理"一词古已有之，但随着政治经济的发展，西方管理学家赋予"治理"新的内涵。随着治理思想的不断完善，为规避治理表述可能带来的理解偏差，"善治"一词应势而生。

1.善治的内涵

在古代，英文词汇中的"governance"初始含义为引导、操控，而非治理，与"government"词义相近，二者均用于国家公共事务管理或政治活动的语境中。中国历史典籍中也曾出现"治理"一词，其含义多指处理事务，如《荀子·君道》中的"明分职，序事业，材技官能，莫不治理，则公道达而私门塞矣，公义明而私事息矣"，《汉书·董仲舒传》中的"当更化而不更化，虽有大贤不能善治也"等，这些古文虽提及了"治理""善治"，但其语义并未拓展出多元主体平等协商、共同参与的内涵，与当代社会所倡导的"治理"内涵相差甚远。

在现代，关于治理的概念的界定，影响最为深远的观点出自全球治理委员会在《我们的全球之家》中的解释：治理是公共或私人机构及个人管理共同事物的多种方式的总和，是一个调节冲突或协调不同利益的过程。关于善治的概念界定，国内善治研究的领军人物——俞可平教授的诠释较具公信力，他认为：善治是使公共利益最大化的治理过程和治理活动，其本质特征是政府和公民对公共生活的合作管理；善治是政治国家与公民社会间的新关系，是两者的最佳状态。善治的实现需要政府与公民的共同努力，并且随着社会发展和政治进步，公民在公共事务中的作用将日益突出。

本书认为：善治是良好的治理，善治是治理的理想状态和最终目标。其一，善治的本质是一个动态发展的过程，由一系列实践活动有机组成；其二，善治的实现离不开多元主体的共同参与，包括公共部门、私人机构，甚至包括公民个体；其三，参与治理的主体是相对独立的，不同主体间地位平等，通过协调解决问题，实现公共利益的最大化，而非权力控制；其四，新生教育所倡导的善治是指多元主体共同参与新生教育、提高新生培养质量的治理过程和治理活动，既包括政府、高校，也包括社会组织和新生家庭。

2.善治的原则

（1）协同性原则。协同性原则强调多元主体以平等协作的方式共同参与到治理活动中。多元协同是善治理念的核心思想之一。新生教育的根本目的是服务新生成长。从学生成长的影响因素来看，新生初入大学，需要实现由高中生到大学生再到社会人的角色转变，其成长转变并非仅受高校教育单方面的影响，还受到家庭教育、社会价值、同辈观点的影响，新生的成长与发展，离不开新生家庭、社会、同辈的共同参与。因此，新生培养需要多元主体协同参与，携手育人。①

（2）法制性原则。法制性原则是有序开展治理活动的必要前提。法制有两层含义：一是指以组织成员的共同利益、公众意志为基础，形成的法规制度体系；二是指组织成员以法规制度体系为价值标准，依法办事的实践过程。开展新生教育治理，完善的法规制度是明确多元主体权责、确保组织正常运转、规制成员行为的必要条件。只有遵循法制原则，才能构建合理的、具有公信力的治理结构，才能保证新生教育治理活动的规范有序。

（3）效率性原则。效率性原则是开展治理实践的行动准则。在新生教育的治理实践中，新生教育的育人成效和工作质量应以追求效率为导向。践行效率性原则要求治理工作必须卓有成效地提升大学新生教育的育人质量，引导学生系好第一粒扣子。大学教育作为公共产品，具有一定的竞争性，这种竞争性要求大学治理必须践行效率性原则。

（4）可持续性原则。新生教育管理的目标是促进学生的可持续发展。从学生需求的视角来看，新生的成长需求是多元化的，新生既需要认知自我、认知他人、认知大学、认知社会，也需要培养学习能力、专业能力、实践技

---

① 俞可平.论国家治理现代化[M].北京：社会科学文献出版社，2014：28.

能、公民意识、从业素养等，仅凭高校单方面拥有的教育资源，难以满足不同类型新生群体多元化的发展需求。新生教育应本着"谁专业，谁指导"的原则开展，多元主体共同参与，为新生提供个性化的教育服务方案，促进新生的可持续发展，实现新生教育效果的最大化。

（二）大学新生

1. 定义

大学新生，年龄介于18岁至21岁之间，从身心发育角度来看，其生理机能已基本成熟，心理人格正逐步完善，处于价值观养成的关键时期。由埃里克森人格发展八阶段理论可知，这一时期的大学生主要面临自我同一性与角色混乱之间的矛盾，其主要挑战是克服孤独感、获得亲密感。在第一学年，新生处于特殊的转型过渡时期，面临着从高中生到大学生的角色转变，其思想观念易受外界干扰，价值取向易被外界左右。

2. 新生困境

在陌生的地域环境和全新的文化环境中，种种变化和未知的挑战容易给新生的内心带来动荡、慌乱和焦虑，从而引发生活不适应、人际不适应、专业学习不适应和心理情绪不适应等问题。新生困境主要体现为以下四个方面：

一是理想化的大学预期带来心理落差。在基础教育阶段，面对持续性的高强度学业压力，家长和教师通常会以各种方式调动学生的主观能动性。据不完全统计，超过一半的新生都曾被灌输过"大学意味着解放、自由""大学是美好的象牙塔""读了大学就不愁未来"等观念，教师和家长的出发点是激发学生的内在动力，以美好愿景激励其成长，但这些存在认知偏差的价值观在无形中传递给学生一种"大学即自由""大学即天堂""读了大学就不愁工作"的思想。这类观点在潜移默化中影响着新生的价值取向，使新生对大学充满着乌托邦式的幻想产生过于理想化的大学预期。学生进入大学后，就可能发现眼前的大学教育设施与教学资源未必能满足自身的成长需求，大学管理服务也有可能存在不尽如人意之处，大学也有纪律严明的管教约束和高强度的学业任务，从而产生强烈的心理落差。

二是差异化的地域环境带来生活挑战。受办学性质、财政拨款、地域经济、社会赞助等诸多因素的影响，不同地区的大学办学水平参差不一。尽管扩招政策出台之后，高校纷纷建立新校区，但交通不便的远郊校区、夏季炎热难耐的学生宿舍、拥挤喧闹的公共洗漱间、毫无隐私且限时开放的公共澡堂等客观因素都可能会让部分从小养尊处优的新生产生沮丧的情绪。此外，不同地区的气候环境、风俗文化、饮食习惯等不尽相同，对于外地新生而言，自身对环境的适应能力和心理调适能力的强弱也影响着自己能否顺利融入新生活。

三是灵活性的教育模式带来学习迷茫。首先，在教育内容上，基础教育阶段的每堂课都有定量且具体的教学内容，学生通过教材预习和教师引导就能找准学习方向；而大学教育的课程内容则相对抽象广泛，教师可能一堂课讲一章，也可能一堂课讲一页，甚至抛开课本自主授课，新生往往纠结于"这堂课的重点是什么""学这些有什么意义"等问题，一时难以适应。其次，在教学方式上，基础教育阶段的教学实践通常按照"教师提出目标、学生小组探讨、教师精讲重点内容、学生巩固练习"的逻辑去传授知识；而大学教育则践行"引导式""启发式"的教育，更注重以开放性的探究培养学生的思维逻辑和自学能力，授课方式灵活多样，教师不再三令五申学习目标，不再布置大量作业巩固重点知识，教师监管压力的减弱往往给新生带来学习目标上的困惑，不知该"学什么"和"怎么学"。简言之，对于习惯了高中"保姆式"教育的新生而言，这种灵活自主的大学学习模式充满了挑战。

四是松散化的班群结构带来社交困惑。在师生关系上，高中阶段通常采取封闭式管理，教师长期住校陪伴式的教育，为师生交流提供了良好保障；而大学阶段，由于授课教师大都不住校，下课后教师往往急于离校，师生因接触机会少而缺乏交流、关系疏远，这与新生预期中"谈笑有鸿儒"式的师生交往状态相去甚远。在同学关系上，从舒适自在的家庭生活到相对局促的集体生活，大部分"00后"都是独生子女，并未做好充分的心理准备去接纳其他不同家庭背景、不同生活习惯、不同价值取向的室友，彼此从试探到熟悉的过程中，难免需要磨合，如何包容他人缺点、管理自我情绪、消除内心孤独等诸多问题，都需要专业的新生教育教师去辅导。

（三）新生教育管理

1. 定义

学界主流观点认为，新生教育管理是高校为帮助新生熟悉大学环境、适应大学生活、完成角色过渡、培养综合素质而开展的阶段性教育管理工作。通常，国内高校在开学初都会部署新生工作，如组织新生开学报到、策划开学典礼、开展校纪校风教育、组织校园参观等，这些新生工作均属于学生教育管理工作的范畴，是学生管理工作在开学初这一特殊阶段的具体表现。

笔者认为，新生教育管理是高校教育管理的首要环节和重要组成部分，其工作重心应逐步由教育管理转向新生成长服务。新生教育管理的形式既包括集体报告与讲座、主题班会与座谈会，又包括辅导员助理制、朋辈导师制、班级议会制等新兴工作方式，引导学生自我教育、自我管理、自我服务。高校新生教育管理应与时俱进、不断完善。

2. 目标

新生教育管理的根本目标是促进新生的全面成长和个性发展。高等教育强调以人为本、以生为本，其首要任务是育人，为国家培养创新型高素质人才。新生教育管理作为高等教育管理的重要组成部分，其根本目标也应是培养人才，即促进新生的全面成长和个性化发展。

新生教育管理的直接目标是帮助新生摆脱和解决学习、生活、思想中的困境和问题，引导其适应大学生活。对于新生而言，从进入大学校园的那一刻起，就意味着生活环境由熟悉自在变为陌生局促，社交环境由亲友陪伴变为孤身相处，学习方式由教师掌控变为自主探究，种种变化和未知的挑战容易带来内心的动荡、慌乱和焦虑，从而引发生活不适应、人际不适应、专业不适应、学习不适应和情绪不适应等问题。新生教育的间接目标是为后续教育管理工作的顺利开展奠定基础，为提高教育管理成效走好第一步棋。好的开端是成功的一半，科学系统的新生教育管理活动有助于引导新生认知自我，使其学会自我管理、自我规划；有助于新生认知他人，使其接纳多元价值、学会与人合作；有助于新生认知大学，使其了解大学文化、信守大学公约，为后续教育管理工作的顺利开展打好基础。

3. 功能

一是熟悉大学环境，了解大学文化。开展新生教育管理工作，有助于通过形式多样的新生体验活动引导新生初步了解校园自然环境，熟悉教学设施和生活设施的分布，了解校训校风和校史校情，感受大学学术氛围和人文精神。

二是实现角色过渡，建立个人社交。开展新生教育管理工作，有助于通过入学教育专题讲座、新生心理健康团体辅导和迎新团日活动等教育管理活动，引导新生正确认知"大学生"的角色概念和角色期待，缓解因环境骤变而带来的内心动荡，努力调试理想与现实之间的心理落差，逐步以平和的心态去面对新生活，以开放的心态去接纳新朋友，建立自己的人际交往圈，尽快融入大学生活，顺利实现由高中生到大学生的角色过渡。

三是认知专业行业，掌握学习方法。开展新生教育管理工作，有助于通过专业教育和学长帮扶计划，帮助新生准确认知专业定位与培养目标，了解课程设置与学业要求，明晰行业需求与就业前景，引导新生逐步认同专业，掌握学习方法，提升专业技能。

四是发展核心素质，学会自我管理。开展新生教育管理工作，有助于通过新生研讨课、社团科创活动、应用型实践等形式，引导新生结合自身兴趣，找到学术探索方向，发展个人特长，在实践中学会自我管理，如学习内容的安排、课余时间的规划等。

二、我国新生教育的善治对策

（一）建立系统化的政策制度

当前我国的新生教育还处于高校自主探索的阶段，新生教育的实施质量与高校自身的重视程度成正比。从调研结果来看，新生教育虽已广泛推行，但实施质量参差不一。新生教育要实现内涵式发展，离不开政府政策的宏观引导和高校内部制度体系的微观约束，加强新生教育制度体系建设是推进新生教育改革、提升新生培养质量的必然选择。

1. 教育部门出台宏观政策

一是教育部门应尽快出台新生教育的相关政策文件。围绕新生教育的计划、执行、评估、完善等环节，出台配套政策制度，起草《新生教育实施纲领》《新生教育实施指导意见》《新生教育工作指南》《新生教育质量评估制度》《新生教育工作监督制度》等制度文件，加强政策引导，以系统化的宏观政策制度提升高校对新生教育的关注度和重视度，将新生教育工作落到实处。

二是教育部门应修订完善相关法律。当前,《中华人民共和国高等教育法》《高等学校章程制定暂行办法》等法律制度已颁布实施,在这些法律的基础上,可进一步细化内容,将新生教育参与主体的权利与义务明确纳入法律制度,为多元主体参与新生教育提供政策依据和理论支持。在修订新生教育的相关政策文件时,需强调政府、高校、社会、家庭共同参与大学治理中的职责分担,规定不同主体的权力边界,明确划分多元主体可参与新生教育的哪些环节、享有哪些权利、承担哪些职责、如何申诉自己的利益等。

2. 高校内部完善制度体系

系统和科学的制度是新生教育的统筹者、策划者、执行者和参与者应共同遵循的行为准则,是新生教育顺利开展的行动依据。高校内部的新生教育制度体系应根据本校实际情况和育人目标,制定一系列的新生教育实施方案、新生教育执行管理制度、新生教育监督检查制度、新生教育绩效评估制度等,确保制度体系全方位地覆盖到新生教育的每一个环节。

高校在建立健全新生教育制度的过程中,应树立"多元参与、民主治理、协同育人"的理念,在外部结构上协调好与政府、社会的关系,在内部结构上协调好与行政人员、教师、学生之间的关系,明确界定不同主体的职能与分工,清晰阐释多元主体的权利与义务,关注不同主体的价值取向和利益诉求,通过翔实可行的制度来保障不同主体的参与权、表达权和申诉权。此外,高校还应建立起新生教育的工作联动机制,对于如何设置新生教育部门职能,如何产生团队成员,教授专家、社会行业导师、学生导师等主体各占多少名额,在新生教育的哪些事务中享有参与决策、咨询、评议等权利的一系列问题,都应明确界定。

(二)吸纳多元化的参与主体

当前,我国新生教育的参与主体结构单一,高校是新生教育的唯一主体。高校教育模式是否科学、教育质量是否合格,其自身难以考核,而通过民主治理吸纳政府、社会、家庭等主体的参与,有助于激活新生教育的组织生态,聚集多方资源,推动新生教育改革,实现教育治理。

1. 政府是新生教育的引导者和监管者

新生教育的系统推进和科学实施离不开政府的政策引导和财政支持。政府作为新生教育的引导者和监管者，在新生教育工作中居于重要地位，其监管、引导职能主要借助政策手段和财政手段来实现。

其一，政府是新生教育的引导者。一方面，政府教育部门要发挥政策引导功能，出台新生教育相关的政策文件，如《新生教育实施纲领》《新生教育实施意见》《新生教育试行办法》等，引导高校强化新生教育管理；另一方面，政府要发挥财政的引导功能，设立新生教育专项资金，扶持专项课题研究，鼓励高校引进专业师资，设计专项教育活动，加紧建设现代化校园，完善新生教育的配套设施。

其二，政府是新生教育的监管者。政府依据"管办评"分离的原则，应担当起监督管理的职责，宏观监督各地新生教育的开展情况，引导高校切实开展好新生教育工作，推进新生教育改革，提升工作成效，落实全员、全过程、全方位育人，为学生的全面可持续发展提供成长服务。

2.高校是新生教育的统筹者和执行者

新生教育的顺利开展离不开高校的统筹实施，高校在新生教育工作中居于核心地位。作为新生教育的统筹者和执行者，高校既要统筹各方资金资源和教育资源，又要承担任务繁杂的执行工作。

其一，作为新生教育的统筹者，高校对外应主动争取资源，积极申请政府财政支持，充分吸引社会赞助，深入挖掘校友资源，多渠道筹措办学资金，保障办学经费，有步骤地增加新生教育的资金比重，丰富新生教育资源。

其二，作为新生教育的执行者，高校应完善社会、家庭的参与机制，疏通社会、家庭的参与渠道，拓展新生素质拓展基地，引导新生开展应用型实践，组织社区调研服务，加强家校联系，有意识地吸纳社会行业精英、新生教育专业人才和家长，共同参与新生教育。

其三，加强高校内部建设。一要建立校内新生教育委员会，以高校领导为核心，建立工作小组，依据学校新生教育现状开展顶层设计，完善制度体系，制订新生教育方案，统筹人力、财力、物力资源，协调各部门院系工作，在校内开展新生成长需求调研和新生教育质量评估，了解师生诉求、意见建议，优化新生教育思路，将以往各部门"零散作战"变为有规划、有格局的工作，为新生提供有价值且有吸引力的教育内容。二要将教师群体和学生代表纳入新生教育的校内治理体系，将学生参与治理和教师参与治理写入《大学章程》，落实教师代表大会和学生代表大会制度，增设新生教育工作的反馈和建议环节，赋予师生监督权和评议权。此外，在具体工作中，高校应践行民主治理的理念，引导不同主体平等发声、民主协商，以开放包容的心态接纳彼此，以民主商议的方式解决问题。

3. 社会是新生教育的辅助者和参与者

高校物资环境的改善离不开企业的赞助与支持，新生教育的专业化发展离不开社会第三方组织的有序参与。社会在新生教育中居于重要地位，是新生教育的辅助者和参与者。

在人力资源上，高校新生教育质量的改善，除了政府的政策引导和财政支持外，社会团体的参与也发挥了不可替代的作用，可以把行业专家、职场精英等专业型人才引进高校，担任社会导师，作为行业认知教育、专业技能教育的储备师资。

在物力上，社会组织和企业单位可以立足自身资源优势，为新生提供科研平台、创新实践基地、素质拓展基地，在帮助新生树立行业意识、拓展综合素质的同时，也为自身培养后备人才。

在财力上，企业单位可通过校企合作办学、爱心捐赠、资金赞助等多种形式，承担起社会责任，为高校分担新生教育的部分经费压力，用于改善校园设施、拓展教育空间、引进教学设备。

4. 家庭是新生教育的协助者

新生的成长发展受到多方面因素的影响，家庭教育对学生人生观、价值观和世界观的养成有着潜移默化的影响。家庭教育是持续且积极的，贯穿于学生成长的全过程。学生进入大学，并不意味着"家长终于解放"，相反，大学教育的开展离不开家庭教育的协助。

尤其是新生教育的开展，更是离不开家庭教育的积极配合。学生在高中毕业后就已经面临着角色转换的任务，但"转换什么角色""如何转换角色"都离不开家长有意识的引导，高中毕业生在无人引路的情况下，往往会以打游戏、睡懒觉、玩手机、同学聚会等形式度过暑假。作为新生教育的协助者，家庭要肩负起引导新生正确对待自由、合理规划时间、制定大学规划等职责。在学生处于预录取状态的暑假，家庭教育要引导学生认知大学，引导准新生科学合理地安排暑期生活，调试好健康的心态，积极为大学生活做准备，这是新生家庭应承担的责任与义务。

简言之，家庭是新生教育的协助者，新生教育的开展离不开家庭教育的配合。在引导新生如何规划暑期生活、如何为大学做准备等方面，家庭发挥着不可替代的作用。

（三）培育专业化的组织机构

1. 培育新生教育学术研究组织

我国新生教育领域的研究成果逐年增多，但现阶段暂未形成新生教育的专门学术组织。培育新生教育学术研究组织有助于进一步丰富我国新生教育的学术研究成果，以学术研究带动实践发展。

政府部门可以引导部分高校牵头开展新生教育研讨会，广泛邀请高校新生教育管理专家、学工部教师、校团委教师、心理健康辅导教师、新生辅导员等人员参与新生教育学术研讨，借助学术研讨会，为不同院校搭建经验分享、案例交流的平台，并逐步形成新生教育研讨年会，依托学术年会，进一步推动新生教育的学术交流，推动理论与实践的协调发展。

2. 成立新生教育实践指导中心

当前，我国新生教育的专门学术组织暂未兴起，师资队伍专业性不强，这是新生教育实践中不可回避的问题。新生教育的主力军是辅导员，但并非所有的辅导员都是新生教育管理的专家，因此，提升新生教育者的专业水平是十分必要的。目前国内的新生教育领域还未搭建起专业师资的培训平台，在此背景下，成立新生教育实践指导中心是出于实际需求的必然选择。

成立新生教育实践指导中心，可以由新生教育理念相对领先、实践管理相对成熟的高校共同牵头筹建，如清华大学、南京大学、长安大学等。通过成立新生教育实践指导中心，推广"开展新生教育，服务新生成长"的理念，为其他新生教育工作相对滞后的高校提供新生教育案例咨询、新生教育实践指导、专项调查研究、专业师资培训等服务。

3. 成立新生教育质量评估中心

第一，细化国家级评估中心职能。我国在高等教育质量评估领域已成立国家级评估中心，但并未将工作范围延伸至新生教育领域。可以拓展职能，将新生教育的质量考核纳入高等教育的质量考核，对高校新生教育的评估范围、考察对象、评估内容、评估程序、评估周期予以说明。

第二，培育社会评估机构。为落实国家教育"管办评"分离的原则，构建公共治理格局，政府要积极培育新生教育领域的第三方大学评价机构，充分发挥创新力，开展新生教育政策研究、大学新生成长发展咨询、大学新生教育评价等工作，培育一批影响广泛、公信度高、权威性高的新生教育评价咨询服务机构。

第三，建立高校内部评估体系。高校可以建立学校内部的新生教育评估工作组，负责校内调研评估，具体包括新生的成长需求调研、新生教育的满意度调研、新生教育工作者的工作绩效考核等，以立足实际，开展调研评估，优化本校新生的教育工作。

（四）施行个性化的工作方案

1. 拓展互联网工作渠道

网络信息技术的发展和自媒体平台的普及，拓展了新生教育的工作渠道。当前众多高校已经开通了微信、微博平台，还有一部分高校针对新生建立了迎新工作网站，以多元化的网络渠道帮助新生获取大学资讯。新生教育工作者借助微信、微博、网站留言等沟通方式，有效加强了与新生的非正式接触和互动，有利于创造沟通机会，增进师生感情。这些工作方式可以说是我国新生教育工作的优势特色。

除此以外，高校还可以继续拓展互联网工作渠道，开通网络直播间，邀请学校的新生教育专家、心理专家、资助专家、教授学者、杰出校友、优秀学长等走进直播间，定期为新生答疑解惑；高校还可以录制新生教育的慕课，通过环环相扣的短视频介绍学校的校史校情、学科专业设置、科研实践成果、学生社团组织概况等内容，引导新生在暑期认知大学文化、了解大学生活，将新生教育的时间前置，为他们开学后的心理适应奠定良好的基础。

2. 提供个性化的工作内容

其一要考虑学生的成长发展需求，有针对性地为新生设计服务内容。新生的成长需求随着时代的发展而变化，传统的新生入学教育、新生适应教育已难以满足当代新生的个性发展需求，因此，高校应与时俱进，通过调研了解新生的需求，为新生提供"有趣、有料、有需求"的教育内容，如学业辅导咨询、出国考研咨询、恋爱辅导、新媒体网络技术培训、创新创业指导等与当代新生成长密切相关的内容。

其二要结合时代需求，有意识地培养新生的个性品质。要培养新时代中国特色社会主义事业的合格建设者和可靠接班人，高校就要注重学生主人翁精神的培育和社会责任感的培养。高校可以围绕主人翁意识和社会责任意识，通过主题研讨课、新生辩论赛、班会等形式多样的活动，倡导新生树立主人翁意识和社会责任意识；通过鼓励新生加入学生社团、参与社会实践，引导新生关注自我成长、关注学校大事、关心时政热点、关心民生经济，从而实现新生的自我管理、自我服务、自我成长，引导新生践行主人翁精神，增进社会责任感，做新时代的合格公民。

3. 倡导人性化的工作形式

其一是创新课程育人工作。高校可以通过开设新生研讨课或人文社科类的通识课程，引导新生关注自我与他人、自我与自然、自我与社会的关系，以时政热点、社会事件、生活现象、学术话题等作为切入点，引导新生以小见大、透过现象见本质，有意识地培养新生的发散思维和思辨思维，增强新生的信息甄别能力、资料筛查能力、语言表达能力、文字写作技能等，帮助其掌握大学学习的基础技能，为后续学习、科研的顺利进行奠定良好的基础。

其二是推广同辈帮扶形式。高校可推广同辈导师制，选拔高年级优秀学生担任新生导师，新生导师需参加专业化的培训，考核合格后上岗，学校对新生导师给予一定的精神鼓励或物质激励。推广同辈帮扶是学校引导新生"自我管理、自我服务、自我成长"的有效形式。一方面，作为学校新生教育工作队伍的得力助手，新生导师将以"一对一"帮扶的形式为每一名新生提供持续的个性化服务，为新生解答学业困惑、提供生活帮助，引导新生尽快适应大学生活；另一方面，高年级学生参与新生教育，在为新生提供帮助和服务的过程中，也有助于增强自身的时间规划能力、人际交往能力、沟通表达能力和其他实践技能。

其三是提供丰富的体验性活动。随着教育理念的更新，传统的灌输式教育和说教式教育饱受诟病，虽然组织起来简易可行，但却忽视了学生的体验和教育的成效。一方面，高校可以组织丰富多彩的体验性文化活动，如新生读书交流会、专业交流茶话会、辩论演讲赛、电影赏评、音乐鉴赏等，为朋辈交往提供契机，鼓励新生独立表达。另一方面，高校还可以组织新生进行企业参观、社区服务、社会调研等实践活动，引导学生走进企业、社区、敬老院、福利院、乡镇基层，在实践中发现问题、解决问题，树立知行合一的思想观念，学以致用，回馈社会。

第三节　完全学分制条件下大学生教育管理

一、完全学分制条件下大学生教育管理的基本内容

（一）学分制的产生与发展

学分制是以学分作为学习的计量单位（以取得规定最低学分作为毕业和获得学位的标准）、以选课制为基础的一种教学管理制度，区别于规定学习年限和以统一的必修课来衡量学习总量的学年制。本节主要讲的是完全学分制。所谓完全学分制，就是由学生自主选择专业、课程、上课时间和任课教师，自己安排学习计划，自己决定毕业时间，按课程累计学分，不受学习年限的限制，只要修满教学计划所要求的总学分即可毕业。[1]

选课制是允许学生在一定条件、一定范围内自主选择所学专业、课程、上课时间、任课教师的一种教学管理制度。19世纪初，德国著名教育家威廉·冯·洪堡创办了柏林大学，他的办学方针是实施选课制，这就是选课制的萌芽。1819年，美国总统托马斯·杰斐逊创建了弗吉尼亚大学，允许学生在多个不同种类的课程中选学一组，这是选课制的雏形。1869年，美国哈佛大学校长艾略特引入弗吉尼亚大学的选课制并在全校推广完善。[2] 19世纪下半叶，美国首先建立了学分制，并将其作为同选课制相适应的学校教学

---

[1] 潘秀珍.中国高校学分制的历史、现状和未来[J].广西师范大学学报，2001（4）：9.
[2] 周清明.中国高校学分制研究：弹性学分制的理论与实践[M].北京：人民出版社，2008：45.

和学生学习量的计量、管理的一种方式。一般认为，学分制产生于艾略特任校长的哈佛大学，此后的二三十年中，学分制仅在少数高校实行，之后逐步改进，同时借鉴和参考英国学分制中的导师制、绩点制等做法，学分制由此得到不断完善。现今，美国绝大多数高校都实施了完全学分制的教学管理制度。受美国影响，19世纪末，西欧、北美地区和日本等国的大学也逐步实施了学分制改革。

我国学分制的雏形是1918年蔡元培在北京大学实行的选课制。中华人民共和国刚成立，国家教育主管部门就明确了学分制选课的相关规定。1950年，国家教育主管部门又印发了《高等学校文法两学院各系课程草案》，该草案对如何选课、如何计入学分都做了详细的规定。大体来说，中华人民共和国成立后至改革开放前，南京大学等少数大学率先尝试实行学分制，其他重点高校逐步跟进，到了20世纪80年代中期，有200多所高校实行了学分制，接近当时高校总数的1/5，大多数国家部委属重点院校实行了学分制。1993年，国家教委、国务院学位委员会出台了《关于进一步深化普通高等学校教学改革的意见》，要求高校为培养优秀人才，要探索实施学分制、主辅修制。到1996年底，全国近1/3的高校已实行了学分制。

20世纪90年代末，国家实施扩大招生政策，高校的招生规模大幅度增加，学分制在更多的高校得到了实施。2001年，教育部发布文件要求实行弹性修业年限和更加灵活的学分制，进一步完善学分制。2007年，教育部下发的《关于进一步深化本科教学改革 全面提高教学质量的若干意见》，对进一步深化学分制改革提出具体要求。2010年，中共中央、国务院印发的《国家中长期教育改革和发展规划纲要（2010—2020年》中指出，高校要推进和完善学分制，实行弹性学制，再次为高校学分制改革提供了政策保障，并提出了明确要求。

（二）学分制及其相关概念

1. 学分

"学分"一词来源于英文"Credit"，Rowntree将其解释为"the certification that a student has done acceptably well in a particular course"，Carter V.Gourd将其解释为"official certification of the completion of a course of study"。1986年7月，国家教委召开部分高校试行学分制的工作座谈会，我国教育界逐步形成对学分的共识，即学分是"测量课程教学量的计算单位，是课程内容深浅难易的量化表示，也是学生修读课程所需的社会必要劳动时间的反映"。

2. 学分制

对于学分制的概念，虽然国内学术界有着不同的观点，但大家普遍认为学分制在本质上是一种教学管理制度。《国际高等教育百科全书》将学分制解释为"衡量某一教学过程（通常指一门课程）对完成学业所作贡献（作用、地位）的一种管理方法"。《中国大百科全书·教育》将学分制解释为"是高等学校的一种教学管理制度。它以学分作为计量学生学习分量的单位"。《教育大辞典》认为"学分制是高校以学分来计算学生学习分量的一种教学管理制度，一般以每一学期的授课时数、实验和实习时数以及课外指定的自习时数为学分的计算依据，根据各门课程的不同要求给予不同学分，并规定各专业课程的不同学分总数，作为学生毕业的总学分"。《教育管理辞典》将学分制解释为"高等学校的一种教育管理制度。以学生取得的学分作为衡量其学习完成情况的基本依据，并据以进行有关管理工作"。

3. 学年制

学年制也称学年学时制，按照《中国大百科全书·教育》的定义，它是"高等学校以读满规定的学习时数和学年、考试合格为毕业标准的一种教学管理制度"。实行学年制的高校，其学年和学时根据不同专业的培养目标各有不同的规定，它既规定一定的修业年限，又规定一定的教学时数，一般是学生统一入学，按照统一的教学计划和统一的教材，在统一的时间里学习统一的内容，考试不及格则统一补考、统一升级，最后统一毕业。

4. 学年学分制

学年学分制是一种集学年制和学分制主要特征于一体的高校教学管理制度，也是传统的学年制与完全学分制的一种折中形式。学年学分制尽管对每门课程都规定了相应的学分，但是它对修业年限有明确的规定，既不能提前毕业，也不能推迟毕业，仍然以自然班为教学单位，因而从本质上讲，学年学分制仍属于学年制。现在实行学分制的各国高校基本上都采纳过这种教学管理制度，学年学分制仍然是目前世界上大多数高校，尤其是日本、东欧和中国的一些高校的主要教学管理制度。

5.完全学分制

在学分制发展完善的过程中，先有选课制和导师制，后有主辅修制、双学位制、重修制、弹性学制等，它们是学分制的重要组成部分，学分制逐步发展成一种比较完善的教学管理制度。因此，笔者认为，所谓完全学分制，就是由学生自主选择专业、课程、上课时间和任课教师，自己安排学习计划、自己决定毕业时间，按课程累计学分，不受学习年限的限制，只要修满教学计划所要求的总学分即可毕业。完全学分制是以选课制为基础，以学分作为衡量学生学习量和学习进度的一种弹性教学管理制度。本节研究的学分制主要指的是完全学分制，有时简称学分制。

（三）完全学分制的主要内容

1.弹性学制

完全学分制的特点是以学生为主体，极大地尊重学生的个性差异。完全学分制条件下，每个学生都有自己的学习计划、学习方案，允许学生自主选择课程和学习方式，因为个人能力和想法有差异，必然会带来学习进度的不同。学有余力的学生可以提前毕业，学习能力差一些的学生可以根据自己的情况放慢学习进度，延迟毕业。现在高等教育实行交费上学，家庭经济比较困难的学生可以选择一边学习一边勤工助学，根据自己的学习情况和经济状况自主决定毕业时间。弹性学制一般以四年为基准，在一定条件下，上下浮动1~3年不等。

2.自由学制

（1）学生自主选择所学课程。学生可以根据自己的兴趣爱好、能力及需要，按照教学计划的要求，在一定范围内选修课程，也可以跨专业、跨学科选修其他专业的课程。这样就充分贯彻了因材施教的原则，打破了一律采用同一教学模式培养学生的弊端。

（2）学生自主选择专业。根据自己的兴趣爱好和将来择业的需要，学生可在一定范围内选择专业，大学期间可通过辅修第二专业、第二学历、双学位等形式来完善自己的知识和能力结构，拿到自己需要的相关专业的毕业证书和学位证书，这样就尊重了学生个人意愿，体现了以学生为本的教育理念，有利于调动学生学习的积极性。

（3）学生自主选择上课时间。学分制使学生有了很大的学习自主权，学生可以按照自己的学习计划，根据自己的学习习惯、学习方式选择上课时间。对一些勤工助学的学生来说，灵活安排上课和工作时间，可以半工半读，做到学习、工作两不误。

（4）学生自主选择授课教师。在完全学分制模式下，教学水平高的教师自然有大批的"粉丝"，特别是一些公共课和基础课，难免会出现学生很难选上教学水平高的教师的课的现象，而且教学水平高的教师的教室挤满了学生，教学水平低一些的教师的课程，学生不愿意选择，教室也坐不满。这样就给教师带来了压力，可以促进教师提高自己的教学质量。

3. 导师制

实行导师制是完全学分制的重要保证。实行完全学分制之后，由于学生自主选择学习时间，且学生的自由度加大，自律性差的学生在学习、生活等方面出现了许多问题，迫切需要教师的指导。高校应选择道德品质好、教学水平高、热爱关心学生的专业教师担任学生导师，对学生答惑解疑、辅导功课、规划学业、确立目标，督促学生学习、指导学生学习及全面发展是导师的职责，导师应加强与学生的联系和交流，针对学生出现的问题及时给予指导和帮助。

4. 学分绩点制

学分绩点制是用学习的量和质双重量化指标监控整个教学过程，以此来确保教学质量。学分是衡量学生学习量的单位，体现了对学习量的要求；绩点是反映学生学习课程的水平，体现了对学习质的要求。平均学分绩点是学生在专业或班级中学习成绩排名的依据，是给予学生表彰奖励的依据，也是授予学生学位的重要依据。

5. 重修制

必修课考核两次考试仍不合格或旷考未取得学分者，必须参加课程重修。对考试违纪、作弊的学生按学籍管理规定做相应处理后，其也应参加重修。重修采用参加重修班、随课程重修和学生自学重修三种方式。学生可根据本学期教学计划自主选择课程进行重修。重修课程必须与原修课程编码相同、学时相同。重修后再进行课程考核，这样才能保证教学质量，使学生达到教学计划的要求。

二、完全学分制条件下大学生教育管理的意义

《国家中长期教育改革和发展规划纲要（2010—2020年）》中指出，高校要推进和完善完全学分制，实行弹性学制，这再次为高校学分制改革提供了政策保障，目前大力实施完全学分制具有重要意义。

一是形成以学生为本的培养机制。科学发展观的实质和核心是以人为本，高校落实科学发展观就要坚持以学生为本，尊重学生在学习过程中的主体地位。实行完全学分制改革，学生可以自主选择课程和任课教师，这就充分尊重了学生的意愿，尊重了学生的兴趣和爱好，有利于学生张扬个性、自觉自立、全面发展。赋予学生选择权，提倡学生的自主设计和自由选择，这是完全学分制改革的重要内容，也是以学生为本的教育理念的重要体现。

二是形成学生学习的动力机制。高等教育进入普及化阶段，学生对于大学学习普遍存在困惑，如对高校设置的众多专业了解不多，自身的专业兴趣尚不明确，缺乏专业选择自主权，被硬性分入不感兴趣的专业，导致不接受、不喜欢，学习积极性不高。针对这些问题，学校应大力推进改革，赋予学生选择权，允许一、二年级普通本科学生在校期间转一次专业，提倡学生的自主设计和自由选择，充分调动学生学习的积极性，形成学生学习的动力机制。

三是形成专业建设的优化机制。教学措施的改革对学校专业建设起到了直接的推动作用，也为专业结构的调整和优化提供了契机，促进了学校整体专业建设和教学管理水平的提高。各学院、各专业应加大建设力度，突出专业和学科特色，提升教学质量，形成良性竞争，产生主动进行学科专业建设的内部动力。学校要认真分析，因势利导，结合社会需求论证，适当增加热门专业的招生数量，对一些学生选择较少的专业适时调整，使专业结构进一步得到优化。

四是形成教师教学的竞争激励机制。学生自主选修课程和选择任课教师，对教师教学产生了内在竞争激励作用。部分学校规定，选课人数低于20人的不得开课，教师的教学工作量按选课人数折合计算，这客观上要求教师的教学更具有吸引力。因此，教师教学责任大为增强，投入更多的教学精力，更新教学内容，在改革教学方法方面比过去更为主动和自觉，启发

式、讨论式、案例式、研讨式教学方法被广泛使用，多媒体教学因其教学容量大、形式活泼、生动直观，成为教师最愿意使用的教学方式。

完全学分制是我国高校适应经济和社会发展对高素质人才的需求，深化教育教学改革和提高办学水平的发展趋势，建立与完全学分制相适应的学生教育管理服务模式是完全学分制改革的初衷，是实现学校培养目标的重要条件，因此，在完全学分制条件下做好大学生教育管理工作具有重要的价值与意义，具体如下。

（一）有利于确保完全学分制改革的实施原则

长期以来，学生教育管理服务体系与完全学分制改革不相适应，出现了一系列问题。例如，学生片面追求学分，会导致功利性增强；尊重学生个性发展，会造成个人主义抬头；等等。为了适应完全学分制改革的新形势，针对出现的一系列问题，必须积极采取应对措施，对现有的学生教育管理服务体系进行改革和调整，以保证完全学分制的顺利实施。学生是学校的主体，因此只有做好大学生教育管理工作才能确保完全学分制改革的顺利实施。

（二）有利于进一步提高人才培养质量

完全学分制体现了以人为本的教育理念，完全学分制的核心和灵魂是选课制，实质是以学生的需求为核心，尊重学生的个性发展，体现以学生为本的教育思想。与此相对应，教育教学也要以学生的需求、"立德树人"为根本任务，以生为本，以爱为源，建立新型师生关系，相互尊重、理解、关爱，正确引导学生张扬个性，鼓励学生自觉自立、全面发展。完全学分制的本质就是建立一个内容丰富的"课程超市"，以一种服务的姿态来接受学生的选择，在学生的选择中实现优胜劣汰、教学相长，让学生在选择中学会自我发展和自我完善。

（三）有利于增强大学生教育管理的科学性与实效性

完全学分制下的大学生教育管理突破了大学教育以"管"为中心的传统理念。传统的学生工作理念是学校"包下来，管到底"，学校对学生实行直接的、有形的、甚至是强制性的纪律约束和行为规范。完全学分制条件下的学生工作应改变传统的学生工作模式中学生始终是被管理者、受教育者的局面，承认并充分发挥学生在管理工作中的主体地位，发挥学生的主观能动性，逐步培养学生"自我管理、自我教育、自我服务"的能力和意识。传统的学生教育管理模式是与学年制教学体制相对应的，是计划经济时代的产物。完全学分制是一种全新的教学体制，与此相对应，完全学分制条件下需要重新构建一套新的、符合形势需要的学生教育管理服务模式，进一步提高大学生教育管理的科学性，面对完全学分制的现实，增强大学生教育管理的实效性。

（四）有利于提高大学生教育管理队伍的素质和水平

完全学分制实施后，学生自主选择课程必然导致"同学不同班，同班不同学"，传统的班集体观念受到前所未有的挑战，对于负责学生日常教育和管理的工作者来说，也面临许多新的问题：学生的活动轨迹难掌握、学生的学习情况不了解、学生评优标准难统一等，尤其是实行文理大类招生的学校，从大学一年级的通识基础教育到大学二年级的专业基础教育，如何顺利过渡成为一个突出的问题。当前教育的背景和环境都发生了深刻变化，高等教育进入偶记化时代，越来越多的高校实施了完全学分制改革，学生教育管理的难度越来越大，对学生管理工作者提出了更高的要求。

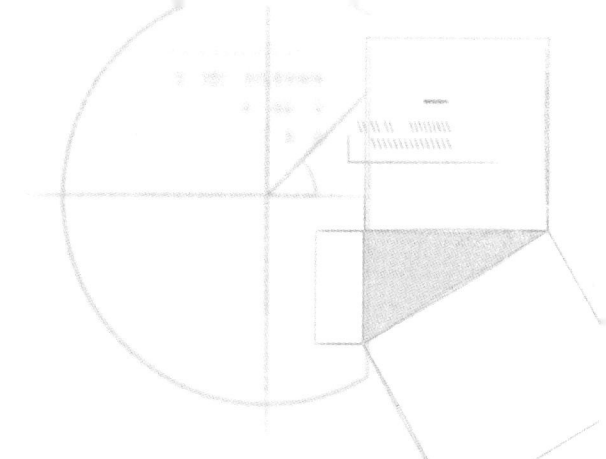

第四章　中国传统文化视域下的教育管理

第一节　唐代国子监的教育管理制度

国子监，是中国古代最高的学府和教育管理机构，其必然对全国教学管理起着领导和示范作用。唐代国子监在吸收之前各朝代教学管理经验的基础上逐渐完善、成熟，形成了一套完备的教学管理制度，它涵盖释奠与视学制度、考试制度、休假制度等方方面面，为后世教学管理制度的进一步发展奠定了坚实的基础。

一、唐代国子监的释奠与视学制度

释奠制度在中国有着悠久的历史，视学制度从东汉光武帝时期也已经开始形成。释奠与视学制度作为国子监的职能并逐渐制度化是自唐代开始的。唐代的释奠与视学制度在规程上存在诸多交叉之处，下面对二者进行综合论述。

（一）唐代国子监的释奠制度

释奠制度最早可追溯至西周时期。根据周朝的礼制，"凡始立学者"和天子出征回朝，或者天子视学均要实行释奠礼，可见对释奠礼有明确的制度规定。就时间来说，"凡学，春官释奠于先师，秋冬亦如之"，可见春、秋、冬都需举行释奠礼。就释奠对象来说，各诸侯国根据自身内部的具体情况分别选取本国的释奠对象。如果本国有可担任先圣先师的对象，如虞国的夔和伯夷、周国的周公，则可直接将其作为释奠对象；如果本国内无可担任先圣先师的对象，则需选取邻国的对象作为本国的释奠对象。总的来说，西周时期主要以周公为先圣。就释奠祭器来说，有衅器、币帛等，可见这一时期释奠制度已成雏形。汉代的释奠礼由掌管祭祀礼乐的太常负责，受"罢黜百家，独尊儒术"政策的影响，将孔子列入祭祀对象，至此，以周公为先圣、孔子为先师的祭祀格局开始形成。曹魏时期，将颜回作为孔子的配享，并以太牢来祭祀孔子。两晋时期的释奠礼大多在太学或辟雍中进行，释奠礼结束后召见六品以上官员。南朝宋文帝采纳裴松之的提议，对释奠的礼仪规程进行了一些改革，规定"应舞六佾，宜设轩悬之乐，牲牢器用"①，释奠结束设学宴会。

梁武帝时期规定举行释奠和宴会时，太子升堂由东阶，举驾幸学由中阶，会见宾客由西阶。北齐时期，为天子讲经以及皇太子学成一经均要举行释奠礼，每年的仲春、仲秋各举行一次。每月初一，祭酒带领国子博士、太学博士、四门博士以及国子学生入堂，向孔子行跪拜礼，向颜回行揖礼，助教及太学生在阶下行礼。地方郡学也建孔子、颜回庙，博士以下每月朝拜。隋朝，国学在每年的二、五、八、十一月上旬的丁日均要行释奠礼，州县学在每年的二月和八月行释奠礼。可见，唐以前的释奠制度已经有了一定的发展，形成了一定的制度和规程。

唐代对国子监的释奠制度进行了很大的改制，尤其是太宗、玄宗在位期间停止祭拜周公，将孔子上升为至圣先师，并将孔门弟子作为配享，对以后宋元明清的释奠制度产生了深远影响。唐武德年间，高祖下诏令国子监设立周公庙和孔子庙各一座，四季都行祭礼，在太学中，以周公为先圣，孔子为配享。贞观二年（628年），据尚书省左仆射房玄龄和国子博士朱子奢提议，庠序释奠之礼应该源自孔子，因此太宗下诏"停祭周公，升夫子为先圣，以颜回配享"。贞观十一年（637年），追封孔子为"宣父"，在兖州设立孔庙，并拨给20户专供祭祀。贞观二十一年（647年），许敬宗上奏释奠既为中祀，应秉承皇帝的诏命，承担初献的国子祭酒应在祝词中说明为皇帝派遣，亚献为国子司业，终献为国子博士。县学初献为县令，亚献为县丞，终

---

① 陈澔注，金晓东. 礼记[M]. 上海：上海古籍出版社，2016：73.

献为主簿。释奠礼制规定以太牢祭祀，用轩悬、六佾之舞，州县学用少牢。贞观二十一年（647年）二月十五，进一步对释奠祭祀方式进行改革，孔庙配享由颜回一人增至22人，分别是左丘明、卜子夏、公羊高、穀梁赤、伏胜、高堂生、戴圣、毛苌、孔安国、刘向、郑众、杜子春、马融、卢植、郑玄、服虔、何休、王肃、王弼、杜元凯、范甯、贾逵，规定孔子为先圣，此22人为先师。唐高宗显庆二年（657年），据长孙无忌等的提议，周公制定礼乐制度，功及后世，遂应依照其他礼制配享于周武王。武则天于天授元年（690年）追封孔子为"隆道公"。武则天在位期间，将孔庙的堂碑上增国号"大周"二字。开元八年（720年），国子司业李元瓘提议将颜回由立侍改为坐侍。开元十一年（723年），规定春、秋两季举行释奠礼，州府停用少牢，只用酒和干肉。开元二十六年（738年），各地乡贡按照规定需到国子监祭拜孔子，自此成为定制。开元二十七年（739年），由于孔子为隆道公，不符合南面坐的规矩，因此玄宗下诏追谥孔子为文宣王，其后嗣封为嗣文宣王，故改"周公南面，夫子西坐"的格局，规定在两京国子监和天下各州孔子南向坐，十哲分别列侍于两侧。[①] 同时，十哲也被追封为公爵、侯爵，分别追封颜回为兖国公，闵子骞为费侯，冉伯牛为郓侯，仲弓为薛侯，冉有为徐侯，子路为卫侯，宰我为齐侯，端木子贡为黎侯，子游为吴侯，卜子夏为魏侯。开元二十八年（740年），规定百官需到国子监观礼并为定式。宣宗大中五年（851年），采纳国子祭酒冯审的建议将孔子庙堂碑的"大周"二字去掉。释奠制度在唐代已经形成一套成熟而完备的制度，宋元明清几乎都一直延续下来，在此就唐代国子监的释奠规程做一说明。

由于《大唐开元礼》对孔庙以及皇太子释奠礼的规程有详细规定，故此主要对《大唐开元礼》中的释奠规程进行论说。释奠礼作为五礼中的吉礼之一，在国学按照中祀的规格举行，州县学和皇太子祭礼按照小祀规格举办。第一，国子监中的释奠场所为设立于长安城国子监中的孔庙。庙内设位按《大唐开元礼》规定，孔子东向坐，22位弟子南向坐，一字排开，若人数过多可沿墙壁西向坐。第二，就祭品祭器来说，《大唐开元礼》只对需要准备的祭品、祭器进行说明，对国学释奠礼中祭品、祭器的摆放方位未作详细说

[①] 董喜宁. 孔庙祭祀研究[M]. 北京：中国社会科学出版社，2014：55.

明，此后的宋元明清时期对陈设情况进行了极为详细的论述。就唐代的国学释奠制度来说，主祀孔子和从祀颜回的祭品都包含太牢、酒醴、币帛以及粢盛等。太牢指的是猪、牛、羊三牲，且取"右胖十一体"，规定用腥。除太牢外，还有酒醴，唐代主要采用牺尊、象尊、山罍盛酒，且制作方面需特别酿制。一般来说，国子祭酒为初献，用牺尊盛酿制时间较短且浑浊的"醴齐"；国子司业为亚献，用象尊盛酿制时间较长且为葱白色的"盎齐"；国子博士为终献，用山罍盛酿制很长时间的清酒。醴齐、盎齐和清酒都属于酒的一种，只是酿制时间上有差异，一般以物之原始为尊。皇太子释奠时，皇太子为初献，用牺尊；国子祭酒为亚献，用象尊；国子司业为终献，用山罍。币帛主要选取一丈八尺长的白色绫绢，有两种用途：一种是献官行礼时所用，礼毕需焚烧；一种是充当祭品的一种，需提前摆放在祭台上。粢盛指的是将谷物放入簠、簋（容器）中以供祭祀，笾豆不需要盖幂，而簠、簋所盛的谷物需要盖幂，主要目的是便于区分。第三，就乐舞规格来说，国子监释奠采用的乐主要有《肃和》《雍和》《舒和》等，皇太子专用《永和》。舞主要有文舞、武舞。第四，就国子监中的释奠流程来说，需经过斋戒、祭品准备、馈享、讲学等环节，其中馈享是主体环节。

斋戒指的是在释奠举行之前，参与释奠的官员、学官、学生、守卫官以及乐师都需沐浴更衣、戒除嗜欲，只是时日不等。祭品准备太牢、笾豆之类的。馈享包括候位、跪奠迎神、三献、百官及学生拜神等环节。候位即主司部门、祭官、学官、学生等人员就位，然后由祭酒于先圣先师座前授币跪奠迎神，皇太子释奠则由皇太子跪奠。随后由祭酒、司业和博士分别盥洗后进行初献、亚献和终献，各献的礼节大致相同，一般是先至先圣酒樽位奠爵，后至先圣神位奠爵，祭酒初献时太祝需在祝文中专门提到"维某年岁次月朔日，开元神武皇帝谨遣祭酒某封姓名，敢昭告于先圣孔宣父……"，三献之后即其余的官员、学官和学生的拜神过程。最后的讲学环节会在后面的视学章节详细论述。唐代的诸位皇帝和皇太子曾数次亲临国子监释奠，可见统治者对儒学弘扬的重视之高。除此之外，地方官学也有释奠制度，只是规模较小。

唐代国子监的孔庙还承担着科举考试中"谒先师"的职能。"谒先师"制度最早始于唐玄宗开元五年（717年），为弘扬"重学尊师"和"美风俗、成教化"的风气，下诏规定各州的乡贡、明经和进士应至国子监"谒先师"，同时学官开讲儒经，可以答疑解问，还要求学生观礼，后来逐渐形成每年定期举办的制度。

（二）唐代国子监的视学制度

视学制度源自东汉时期的皇帝幸学，是为了表达对文教的重视并鼓励学生积极向学。唐代在汉朝的基础上，将皇帝视学的流程更加规范化，在此以《大唐开元礼》中制定的规程加以论述。

据《大唐开元礼》记载，皇帝和皇太子视学分出宫、视学、车驾还宫三个环节，其中视学是主体（图4-1）。参与人员除皇帝、皇太子外，还有三品以上的文武官、三馆学官、学生、礼官以及部分陪侍人员等。视学前一天要进行洒扫、物品陈设等准备，这些准备工作由尚舍、守宫、监司和典仪负责。尚舍主要负责布置皇帝临时休息的场所以及学堂中各类人员的席位安排，如御座、皇太子座、三品以上文武官座等。守宫主要负责布置皇太子临时休息的场所。监司主要负责讲榻以及执读座的设置。典仪负责东西两阶的版位设立，如皇太子的版位侍讲、执读、执如意者的版位、赞者的版位等。

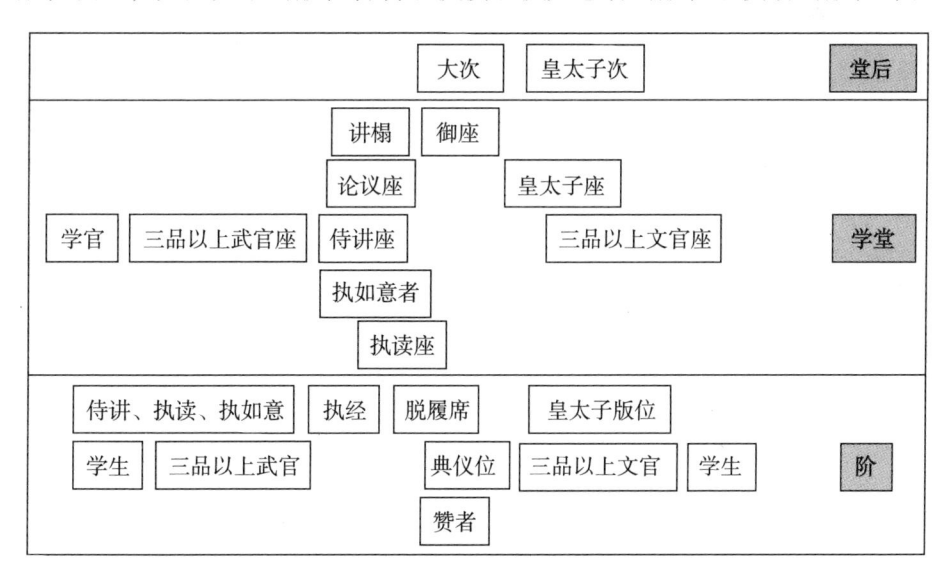

图4-1 《大唐开元礼》皇帝、皇太子视学礼

具体排布方式为大次、皇太子次置于学堂后，学堂中设置讲榻、御座、

论议座、皇太子座、三品以上文武官座、侍讲座、学官座、执如意者和执读座。东西两阶设侍讲、执读、执如意座、执经座、脱履席、皇太子版位、学生、三品以上文武官版位、典仪位、赞者等。就视学规程来说，前三日相关部门开始进行准备工作，视学当天，从驾的三品以上文武官员在朝堂候驾，出行时如往常一样乘马，有侍卫随从。国子祭酒领国子司业等监官、博士等学官以及学生在路的左边迎驾。皇帝刚至入大次短暂休息，皇太子于学堂门外等候，其余官员和学生就位等候。

视学正式开始，皇帝自北阶至御座，皇太子至皇太子版位，行礼之后皇太子与三品以上文武官及其他人员落座。首先由执读者读经讲义，主要是朗读经文并阐释其含义，继而由侍讲者执如意针对执读者的观点进行辩论。其间，皇帝、皇太子、群臣和学生等人员观礼。讲学结束后群臣如开始前列位行礼。有时皇帝还会下诏赐会、设食案等。皇太子释奠时的讲学仪程与视学大体相同，只是规模不如皇帝视学这般宏大。

唐朝的视学制度充分体现了统治者对文教事业的重视。从皇帝、皇太子到文武百官、学生均需严守礼制规范，并且各主管部门职责明确、流程清晰，促使唐代视学制度更加成熟与完善。讲学与论辩这一环节也孕育了当代学术讲座与论坛的萌芽。

二、唐代国子监的考试制度

唐代国子监的考试制度上承前朝，又推陈出新，发展成为独具时代特色的学校考试制度，并对后世产生了深远影响。

（一）唐以前学校考试制度沿革

有明确历史记载的西周时期，已经形成了完备的学校教育制度。据《礼记·学记》所载，西周的大学考试分两段、五级、九年，每一、三、五、七、九年都有明确的测试要求。秦朝的学校教育以法律为主，考试形式主要有考核和实习两种，但与西周相比，形式明显简单化。汉代可以说是官学教育考试的开始，太学每年都会举行一次考试，称为"岁试"，东汉时改为两年一次。考试形式主要有射策、策试、口试等，目的是扩大儒学影响和选拔国家官吏。汉代太学的课试直接与官吏选拔挂钩，分甲、乙两科，能通一经以上的可以充任文学掌故，成绩优异的可以充任郎中，永寿二年（156年）以后改为最低层次必须通二经。到曹魏时期，太学的考试方式更加成熟，形成了"五经课试法"，从通一经到通五经，分别授予不同的称谓或官职，分别是弟子、文学掌故、太子舍人、郎中以及随才任用等，可见这一时期考试层次和等级更加多样化。西晋时太学的考试方法几乎沿用了曹魏时期的课试制度。西晋武帝时期，3为了提升世家大族的地位，特设国子学，招收国胄子弟。

魏晋南北朝时期在选拔人才方面主要采用等级性明显的"九品中正制"，主要针对的群体是门阀大族，因此，可推测此时国子学中的学生不需要考试也可入仕。到隋朝，国子学处于频繁改革和变动的时期，隋炀帝时期规定"其国子等学，亦宜申明旧制，教习生徒，具为课试之法，以尽砥砺之道"，可见隋朝的国子学考试未作更多更改。综上所述，自西周至隋代，学校的考试形式逐渐趋于多元化和复杂化，考试内容从博习亲师逐渐限制在儒家经典之中。

（二）唐代国子监的考试方式

唐代国子监下统"六学"，各学的考试内容、考试形式各不相同。总的说来，唐代国子监系统内的考试与当时统治者重视的科举考试，无论在形式上还是内容上都极其相似，可以说是监试难以逃脱科举考试的圈子。国子监系统内部的考试方式大体上可以划分为5种类型：入学考试、旬试、岁试、升格试和监试，每种考试类型的作用也各不相同。

就国子监的入学考试来说，有正常入学考试和补充入学考试两种。唐代国子监的国子学、太学以及四门学的部分学生在招生时采取的是等级入学制度，因此，这部分学生不需参加入学考试，只需凭借其家族亲属的官职品级即可按等级就学。国子学的学生等级要求最高，招收"文武三品以上子孙、若从二品以上曾孙及勋官二品、县公、京官四品带三品勋封之子为之"，太学、四门学的学生等级要求稍有降低。正常入学考试指的是四门学的部分学生以及书学、算学、律学的学生在进入国子监时的测试。由于国子监招收的是庶民中的优秀子弟，因此需要通过考试选拔出才能相对突出的学生进入国家高等学府。补充入学考试指的是赛后期出现的一些学生为了参加科举考试或为了在国学修业而参加的特设考试。《唐会要》和《唐摭言》中大致提及四种类型的"补学生"。第一种是玄宗开元年间，将中央官学和地方官学衔接起来，州县学的学生经过有司简试，可以酌量充当四门学生，说明这类学生是需要参加补学考试的。第二种是参加尚书省考试未及第的各州人员，欲入学校学习者可以通过尚书省和州县长官补充为国子监学生和地方学校学生。第三种是在天宝年间，学生主要来自京兆（今陕西西安）、同州（今陕西渭南市大荔县）、华洲（今陕西渭南市华州区），不重视修习学业。对此现象，玄宗规定所有学生都必须补为国子学生和郡国学生，以督促他们精修经学、求本务实。第四种是针对代宗永泰二年（766年）出现的"大学空设，诸生盖寡"的现象，提出"诸道节度、观察、都督、防御使""宰相朝官及神策六军军将子弟欲习业者"以及担任官职欲入学者可以根据实际情况量人录用，对"补学生"的选取应该是需要经过补学考试的。以上四种人员都是唐代国子监发展到后期，为了适应国子监发展的需要和满足学生的需求而特别进行的补充入学考试。除此之外，国子监中还存在一类特殊的学生，称为"大成"。"大成"是指科举及第人员附监读书，他们身带散官，通过参加考试成为国子监学生，考试形式包括口试、策问等。

旬试、岁试、升格试、监试是国子监内部的例行考试，会定期举行。旬试是在唐代国子监内部每旬举行一次的考试。古代每月分三旬，以一旬为一个周期，前八天学习，第九天考试，第十天放假。因此，旬试的性质类似于现在的周测。旬试当天，博士为主考官，主要测试形式有帖经、口试等。每千言帖一经，共试三次。每两千言口试一次，主要是释经讲义，共试三次，通过两条以上者为合格，通过一条者以及未通过者会有相应的惩罚。岁试是指每年年底进行的考试，考试形式类似于旬试，但考试内容比旬试复杂得多，尤其是口试。口试需就一年所习之业进行测试，就经义内容进行解读，十条之内通过，八条为上等，六条为中等，五条为下等。凡是在岁试中三次为下等、学习时间超过九年（律学超过六年）仍不能通二经的学生必须强制退学。升格试是指国子监内部的升学考试，即四门学生补太学生，太学生补国子学生，主要是通过学业考试决定的。在学业考试中，学生两经考试合格、俊士三经考试合格并且愿意继续学习者就可以升格。监试主要针对的是中央六学中每年通过学业考试并由博士上报于国子监的学生，国子祭酒和国子司业为主持者，考试形式和科举考试接轨，主要有明经、进士、秀才、明法、明书和明算六科，各科都有具体的考试内容。监试的目的是为科举考试提供生源。因此，监试及第者需要由国子祭酒上报至尚书礼部，与诸州乡贡和州县学生一样参与科举考试，明法上报至刑部。国子监只负责中央六学的学生考试，地方学生由州县长官进行测试。"大成"学生的考试由吏部负责，学制三年，三年期满后进行简试，主要是口试和策试两种形式。国子监其他学生一般年满九年学业未修成者强制退学，但其身份仍是省试及第者。

除此之外，东西两都国子监自唐文宗太和元年（827年）起实行分都制举，东都国子监上报之人只需在东都参加科举考试即可，不需赶赴西京考试。例如，《唐摭言》中提到一则趣事，侍郎崔郾在东都试举人，太学博士吴武陵无意中发现太学生群聚读进士杜牧的《阿房宫赋》，然而杜牧却不在榜上，因此吴武陵亲自向崔郾推荐，使杜牧成为科举考试的第五名。

（三）唐代国子监的休假制度

唐代国子监的休假制度是根据官员的休假制度制定的。唐代官员的休假主要有例行休假、节日假（中元、中秋、寒食）、特殊庆典假（皇帝、皇后的生辰、忌日）以及其他事假（病假、事故假、探亲假）。国子监学生的假期总的来说主要有三种：旬假、田假和授衣假。旬假是从唐代开始的例行休假。汉朝实行的是五天一休沐的轮休制度，至唐代休假时间开始严苛，由五天延长为九天，变成旬假，其性质类似于今天的星期天。唐代国子监规定外地学生旬假不得回家，但有两个长假，无论在京学生还是外地学生均可享受，那就是田假和授衣假。岑参在《田假归白阁西草堂》中说"幸有数亩田，得延二仲踪"，描述了他中进士为官后的田假情形。李峤在《田假限疾不获还庄载想田园兼思亲友率成短韵——赠杜幽素》中记录了他田假因疾病不能还乡的抑郁之情。[1] 唐代是中国封建社会的繁盛时期，以土地这一生产要素为基础的人身依附关系，进而相互错杂交织形成的阶级分层成为这一时期的显著特征。封建官僚同时是封建地主，国子监的学生也大多是地主阶级的后代，因此官吏及其后代就拥有相当比例的土地，故每年五月麦子丰收的季节有专门的田假。授衣假是指每年九月天气由暖转凉的时候，为度过寒冬准备

---

[1] 岑参. 岑嘉州诗笺注（上）[M]. 廖立笺，注. 北京：中华书局，2004：68.

衣物而特设的假期。张籍有诗"初当授衣假，无吏挽门铃"，李颀也说"归来授衣假，莫使故园芜"，这都是唐代授衣假的真实写照。唐代田假和授衣假各有15天的假期，路程远者可适当增加路途时间，但不计入假期。

《新唐书》提到事假超过百天、亲人病假超过二百天都会被开除学籍，可见国子监学生除了上述旬假、田假和授衣假此类例行休假外，还和在职官员一样享有事假。除此之外，唐代官员所享有的节日假和特殊庆典假虽然在国子监的相关古籍中并没有涉及，但是像中元节、中秋节、寒食节以及皇帝、皇后的生辰这类节日，国子监的学官、学生是没有理由不去参加的。总的看来，国子监学官和学生的休假类型与官吏基本一致，主要有例行休假、节日假、特殊庆典假以及其他事假。相对其他朝代来说，唐代国子监的休假制度还是十分人性化的。

综上所述，唐代国子监的休假制度具有以下特点：

第一，以土地为基础的人身依附。封建王朝是建立在土地关系基础上的政权，封建制度是在占有土地和农民基础上形成的层层分封的等级制度。这一等级制度形成了占有不同比例土地的社会阶层，而这一阶层的主要成分是地主阶级。皇帝就是金字塔顶端的封建主，也是这一阶级关系中的最大受益者。封建官僚也属于封建地主阶级，但根据土地占有情况分为不同层次。一方面，国子监六学学生除极少数庶民优秀子弟外，几乎都是有一定品级官吏的子孙，都属于封建地主阶层。这些学生及他们的父辈占有土地，需要投入时间和精力对土地进行管理，但平时在国子监内有非常紧张的学习和考试，无暇顾及管理。这在农闲时无伤大雅，但一旦到农忙时期，尤其是农历五月，麦子成熟，需要投入大量劳动力收割或管理，因此无论是封建官吏还是国子监学生，都会在此时有一个月左右的田假，作为农忙假。另一方面，国子监学官均是九品以上官吏，唐玄宗开元二十五年（737年）规定，"诸内外官，五月给田假，九月给授衣假，分为两番，各十五日。其田假，若风土异宜，种收不等，通随便给之"，说明国子监学官五月有15天的田假，因此，学生也有15天的假期。这个时间单纯是田假，不包括路程耗费时间，说明唐朝的假期安排还是比较人性化的。

第二，以人伦关系为依托的君主制度。中国传统社会就是以人伦道德关系为纽带的群体活动范畴，儒家的孝悌仁义思想是封建君主制度的动脉，将这一上层建筑连接成不可撼动的整体。在这一整体中，最小的单位是由夫妻、父子、兄弟这三种人伦关系组成的家庭，几个家庭组成高一级的单位——家族，家族按照权力地位分为皇室贵族、世家大族、一般家族。在这几种家族中，以皇帝为中心的皇室贵族是封建时代统领各大家族的领导力量，就像我们经常在影视剧中看到的皇帝是"一国之主"，皇后是"一国之母"。在这个过程中，皇族就成为凌驾于所有家族之上的大家族，家事随之升为国事，皇帝的生辰也成为举国共度的日子。唐玄宗时期开始将八月五日定为"千秋节"，休假三日，自此诞日假产生。此后唐朝历代皇帝的诞日均休假一天到三天不等，名称也各不相同，如唐肃宗的"天成地平节"、唐文宗的"庆成节"等。除此之外，唐朝皇帝、皇后、太子的忌日也成为举国哀悼的日子。据《天宝令式表残卷》记载，唐朝的20天国忌日中废务休假的达到14天，一个忌日休假一天，分别是七位皇帝、六位皇后和一位太子的忌日。可见，国子监学生享有前朝所没有的诞日假，又因为朝代的持久性享有数量可观的国忌日假期，这也是由儒家思想所赋予的。

第三，以社会习俗为惯例的节日庆典。最早的节日活动源于远古时期的各种原始崇拜，如春节避鬼。春秋战国时期出现了像介子推、屈原这样的一批忠勇豪侠，为纪念他们产生了寒食节、端午节等世俗性的纪念节日。魏晋南北朝时期佛教传入中国，异国文化宗教带来其传统节日，如佛诞日、盂兰盆节等。唐朝统治者尤其推崇道教，道教是扎根于中国本土文化的宗教，在唐朝出现了降诞节、上元节、中元节、下元节等节日。中华文化源远流长，自古以来的农业社会孕育了灿烂的中华文明，指导农事的需要促使历法不断完备，秦汉年间已经完全确立了二十四节气，自此成为历朝历代处理农务的金科玉律，如今已被纳入联合国教科文组织人类非物质文化遗产代表作名录。唐朝国子监的假期中有立春、春分、清明、立夏、夏至、立秋、秋分、立冬、冬至九个节气假，除夏至三天、冬至七天、寒食通清明四天外，其余节气各放假一天，只节气假就有将近20天的时间。宗教节日按时间顺序排列有上元节、降诞日、佛诞节、中元节、盂兰盆节、下元节，除下元节不休假，其余各休一天，共计四天。传统节日有元日、人日、晦日、中和节、寒食通清明、端午节、乞巧节、中秋节、重阳节、寒衣节、腊日，还有春秋二社、三伏日，除元日休七天、寒食通清明休四天、中秋腊日各休三天外，其余均休一天，共计 27 天。由此算来，唐朝国子监的节日假期有 40 余天，对学生来说未尝不是休闲与娱乐的最佳时期。

第二节 明代阴阳学教育管理

一、阴阳生的数量

明代的地方行政区划分为省、府、州、县，一般认为省级行政单位有"两京十三省"，省下有府（直隶州）、州（直隶县）、县。有学者曾根据《明史·地理志》估计府、州、县的具体数量，认为府有 159 个，直隶州 20 个，属州 235 个，县 1168 个。

虽然明代的行政区划尤其是县一级在历史上有不少变化，但总体而言，以上数据作为一种参考还是可信的。因此，根据"天下府州县各置阴阳学"的规定，可以推断明代的阴阳学有 1500 所左右，学官 1500 人左右。当然这只是一个理想的数据，由于各种原因，有些地方的阴阳学时废时兴，所以在某个具体历史横面上明代的阴阳学很难达到这个规模。就每所阴阳学校具体的阴阳生数量而言，纵观整个明代，似乎对每个府级及其以下的行政单位所设阴阳学的阴阳生数量都没有明确的规定。与儒学不同（儒学至少在制度层面上有建制。洪武二年（1369 年）规定，府学生员为 40 人，州学生员为 30 人，县学生员为 20 人，无统一建制的阴阳学，其阴阳生少的只有一员，如池州府所辖的有些县所设阴阳生只有一员，如"【铜陵县】……阴阳学训术一人阴阳生一人……【石埭县】阴阳学训术一人阴阳生一人……【东流县】阴阳学训术一人阴阳生一人"。但有的县阴阳生则相对要多一点，如"【青阳县】……阴阳学训术一人阴阳生八人……【建德县】阴阳学训术一人阴阳生九人"。纵观明代，各县阴阳生多的地方有一二十人。有统一建制的阴阳学，其阴阳生数量则比较固定。例如，嘉靖宁国府所辖的几个县，其阴阳生都是统一的五人，如"【南陵县】……阴阳学训术一人阴阳生五人；【泾县】……阴阳学训术一人阴阳生五人；【宁国县】……阴阳学训术一人阴阳生五人；【旌德县】……阴阳学训术一人阴阳生五人；【太平县】……阴阳学训术一人阴阳生五人"。又如，嘉靖延平府所辖的几个县也呈现一定的统一性，除了永安县阴阳生20人外，其他的几个县都是阴阳生15人，"【南平县】……阴阳生十有五人；【沙县】……阴阳生十有五人；【溪县】……阴阳生十有五人；【顺昌县】……阴阳生十有五人；【永安县】……阴阳生十有五人"。① 因此，虽然无法准确估计明代阴阳生的人数，但其呈现出一定的可认识性，有些规律可循。

就阴阳学在明代的规模演变趋势而言，由于资料的原因无法详细考证，但仍可以做一个和明代地方官学兴衰基本相同的推测。因为阴阳学必然受整个国家政治经济的影响，且阴阳学带有的实用性质使其总体地位远不如儒学，据此推测，其大体发展趋势与儒学的历史演变趋势是相同的，即明初到明中叶是一个勃兴期，明中叶以后是一个衰败期。需要说明的是，这两种看似具有相同发展趋势的学校，其发展的内在原因有所不同。就儒学而言，其衰败更多更直接的是受到科举考试的架空，科举出路的阻碍；而相对于儒学而言，阴阳学受到科举制度的影响很小，人们对阴阳学的心理需要可以看成是恒定不变的，经济需要则随着社会经济的发展而有增不减（万历年间后可能有些变化，西方的钟表传进中国对中国传统的天文、计时方式有一定影响），阴阳学的考核方式基本不变，阴阳生的出路基本不变。因此，阴阳学的最大影响因素就是政局的稳定性，明朝中后期北方的白莲教起义、南方的佃农抗租斗争和奴仆暴动，以及农民大起义势必影响整个明王朝的政局稳定和生产生活，因而一部分阴阳学及其他学校势必受影响，或停办，或废弃。明代阴阳学的发展趋势说明了一个基本事实，即阴阳生在明代中后期的数量相对于前期而言少了许多。

二、阴阳生的来源

阴阳生的来源大体有两种：一是从阴阳户的子弟而来，二是从民间选取、访取而来。纵观元明两朝，这两种来源方式又不是一成不变的，通常情况下是相互穿插、交织在一起的。在元世祖至元二十八年（1291年）设置诸路阴阳学之前，元代就已经实行"阴阳户"户籍制度，"至元二十七年括天

---

① 何朝晖. 明代县政研究[M]. 北京：北京大学出版社，2006：81.

下阴阳户仍立"。不过，这时的"阴阳户"只是一种根据职业不同而建立的户籍管理制度，还不存在为阴阳学提供生员的说法。元至元二十八年（1291年）设立阴阳学以后，阴阳户才有了为阴阳学提供生员的功能。设立阴阳学之前，元代司天台也招收一定的"草泽人"或"阴阳人"，主要是通过"民间访取或选取"的方式。如之前曾提到过"元至元七年曾选过阴阳人"，至元十八年（1281年）"诏求前代圣贤之后，儒，医，卜筮，通晓天文历数，并山林隐逸之士"，元贞元年（1295年）二月"试选阴阳教授"，这都是向民间选取阴阳生和阴阳学官。元代阴阳学因为初创，建立之初，不管是阴阳生还是阴阳学官多来自民间，而后其生员多来自阴阳户。明代继承了元代的"阴阳户"户籍制度，阴阳户世世代代都从事"阴阳"事业，"不许习他业"，这是他们的职业固化，也是他们的"特权"，因此，阴阳生多源自阴阳户。然而，由于以下原因，明代阴阳生也从其他群体中选取。

具体说来，一是阴阳学生员的数量问题。从明代阴阳户的自身发展看，阴阳户时而相对较多，时而相对较少。例如，《临漳县志》记载："户口：洪武二十四年，户二千七百二十户……阴阳一户，医一户。永乐十年，户口仍前。成化八年，户五千五百二十三户……阴阳一户，医一户。弘治十五年，户共五千六百五十九户……阴阳四户，医七户。"可以看出，临漳县在总户口差不多的成化年间和弘治年间，阴阳户却有较大差距，医户更是差距巨大。又如，万历年间《绍兴府志》记载："山阴，户二万九千一百四十二，【阴阳】之户十五，【医】之户一十五；会稽户一万八千六百八，【阴阳】之户十，【医】之户三十七；萧山，户一万九千四百三十？；余姚，户四万一千八百四十七，【阴阳】之户五，【医】之户十一；上虞，户一万九千三百一十一，【阴阳】之户五；新昌，户七千三百四十五，【阴阳】之户五，【医】之户五？"可以看出，绍兴府的阴阳户发展也是很不均衡的。总之，阴阳户的变化情况正是阴阳学、阴阳生多少的一个表现，同时影响到阴阳学的生员数量，进而影响阴阳学生源的稳定性。因此，就这个方面而言，阴阳学要保持一定的稳定性，在某些情况下就不得不招收其他群体的人员为生员。

二是阴阳学生员的质量问题。阴阳学校作为一种特殊学校，其教学质量的好坏会影响自身的兴衰，而这又势必会影响到社会对阴阳生的使用问题。

历代对"阴阳人"有诸多禁令，元明两代也不例外。如前所述，阴阳户既是一种特权，也是一种禁锢，阴阳户子弟不得学习别的职业，别的职业的人也不许私习阴阳术数。因此，体制内的绝对特权也就必然导致腐败堕落，"天文生、阴阳人等多怠玩""然多以市儿不闲本业"，这势必会影响阴阳学的教学质量，使得阴阳学不得不从阴阳户以外的人群中招收阴阳生员。阴阳学招收民间术士作为学官，虽然有某些政治原因，但应该看到，民间术士当阴阳学官能够给阴阳学带来某种活力，在某些方面和在一定程度上可以提升阴阳学的教学质量，因此，吸收民间术士进入阴阳学、钦天监学习也是情理之中的事情。纵观明代，访取或选取民间其他户籍人群进入阴阳学或钦天监的史实很多。例如，"访举通术数人：天顺二年掌钦天监事礼部左侍郎汤序言'永乐中尝博收天下术数天文流，为数世之用。迄今年久，凋残殆尽，占候缺人，请诏内外有司，凡精通天文、历数、地理、课命之术者，不分军民，起送赴京；或避罪亡匿之人，亦免罪送监，量材奏请擢用。知而不举及举而非人者悉治其罪。事下礼部议，宜从其奏。通行访举，如通一事以上灼有应验者……从之'"，"本监据正统年例，经奏，得旨，考中收充天文生……"。成化十五年（1479年），"钦天监奏选官民子弟肄习天文、历法"。弘治十一年（1498年），"令访取世业原籍子孙、并山林隐逸之士、及致仕退闲等项官吏生儒军民人等。有能精通天文、历数、阴阳、地理及五星、子平、遁甲、大定、六壬、龟卜等术者"。总之，明代阴阳生的来源如前所述，主要有两种方式，并且由于某些原因经常会采用第二种方式。

阴阳生来源方式的多样性表现了阴阳学办学的灵活性，这在一定程度上也反映了阴阳学自身的特点。

三、阴阳生的出路

明代阴阳生从总体上说主要有两大出路：一是进入钦天监工作，二是在地方供职。显然，阴阳生的出路不同，他们的官秩、俸禄（俸粮）和晋升机会也不同。

就进入钦天监工作而言，阴阳生进入钦天监后又有两种升迁方式：一种是钦天监内部的各种升迁，另一种是某种意义上的外部升迁。明代阴阳生进入钦天监总体说来有两种途径：一是通过举荐、选拔之路，以优秀阴阳生的身份进入钦天监,"拔之钦天监者也",一般作为钦天监的阴阳生,也有作为钦天监的天文生的情况。二是经过一定考试选拔进入钦天监,获得天文生的身份。例如,成化十五年(1479年),"考选天文生:钦天监奏选官民子弟肄习天文历法已历三年,本监据正统年例经奏,得旨,考中收充天文生,事下礼部查成化六年近例,复奏,得旨,会监官覆考得一百七十人命俱收充天文生……"又如,成化二十二年(1486年),南京天文生补充的例子,"南京钦天监以南京吏部等衙门会奏,天文生阴阳人原额量加二分……南京礼部仍照近例举行,从之"。

由于钦天监的天文生通常是由"世业子弟"补充,因而这种选拔天文生的方式不是常态。阴阳生进入钦天监以后会沿着两条不同的道路前行,一是沿着天文生的升迁之路前行,二是沿着钦天监阴阳生的升迁之路前行。比较而言,天文生的身份比阴阳生高贵,天文生的俸粮总体上比阴阳生的多,各种优待也比阴阳生的好,而且天文生的升迁之路,阴阳生都不能望其项背。

首先,两者的俸粮和优免的历史及其差异。早在元代中统二年(1261年),元政府就发布过优免司天台阴阳人员差发、军役、税粮的圣旨,但具体情况现在无从知晓。宣德七年(1432年),"因天文生、阴阳生有司概编里甲,始命天文生免二丁,阴阳生免本身差役"。正统七年(1442年),"令天文生、阴阳生俱免差役一丁"。嘉靖十一年(1532年),议准"凡天文生除本身外,再免一丁充当民差。阴阳人止免本身,其各门不系应役者不准免。凡天文生食粮月支七斗,阴阳人四斗,俱照医士医生例。其谯楼阴阳人止支三斗"。隆庆元年(1567年),穆宗皇帝登基,赏赐众人物品,"钦天监天文生、太常寺乐舞生、太医院医士……每名绢一疋……阴阳人、医生……每名绵布一疋",天文生得到的是绢,阴阳生是绵。可以看出,阴阳生的地位总体上还是不如天文生的。此外,需要补充说明的是,天文生犯罪也享有一定的特殊对待,"不同凡人发遣"。

其次,两者升迁之路的差异。阐述之前,有必要介绍一下明代钦天监较成熟的建制。"正官监正一员,监副二员;首领官主簿一员;属官春、夏、中、秋、冬官正各一员;五官灵台郎四员;五官保章正一员;五官挈壶正一员;五官监候二员;五官司历二员;五官司晨二员;漏刻博士一员,回科博士三员；天文生若干；阴阳生若干……"其中监正是正五品，自五官正以下都是散官，从正六品到从九品不等，给授如文官。由于天文生和阴阳生的身份地位本来就不一样，两者在钦天监内部的晋升机制也不一样。在一定条件下，天文生的升迁顺序为五官保章正（正八品）—五官灵台郎（从七品）—五官正（正六品）—监副—监正，即天文生在内部升迁的第二个台阶一般是五官保章正（地方的阴阳正术才从九品），而且最后有可能达到组织内部的顶峰位置，如有记载"昊，字仁甫，临川人，用世业补天文生。轩初领监事，器昊，荐为五官保章正，弘治初累迁监正"。又如嘉靖十一年（1532年），规定"今后天文等科遇有八品、九品官员缺，以本科人役食粮十年以上者送部考选……奏请简用其六品、七品以八品考补；保章挈壶以司晨、司历博士考补；司晨司历博士以各科专业人役考补……"同样是嘉靖十一年（1532年）的规定，但《大明会典》里却要详细一些："议准天文等科八品、九品官员缺，将本科食粮十年以上人役考补。其职专鸡唱报时官，必选年力壮盛、声音洪亮者，不在食粮十年之限。监正有缺，于监副内推补。监副有缺，于各科六品、七品及挈壶正、主簿等官历俸年深并考满加俸者推补。如无年深加俸官员，宁悬缺以待。各科六品、七品官员缺，于八品官内考补。保章、挈壶员缺，于该科司历、司晨博士等官考补。司历、司晨博士员缺，于该科专业人役内考补。"需要说明的是，虽然天文生可以按这样的顺序升迁，但是都有其他的条件，如要别的位置有缺额、"食粮十年之限"等。就升迁时间而言，通常情况下，钦天监各科都是三年一考核，因此，这些天文生的升迁大体也是每三年有一次机会。就钦天监阴阳生的升迁之路而言，阴阳生一般只能从漏刻博士（从九品）开始升迁，通常情况下很难达到五官正的品秩，更不会达到监正的位置。笔者所能查到的史料大都是记载阴阳生荣升漏刻博士的相关信息："钦天监漏刻博士陈鼎五官司历，阴阳人杜璇漏刻博士""冠带阴阳人傅荣升刻漏博士""……阴阳人刘玉渊皆钦天监漏刻博士……"

阴阳生进入钦天监除了前面说到的各种晋升途径和俸禄待遇以外，还可走科举之路（科举之路，基本上是当时儒学生、武学生、阴阳生等各种学习者的一定时期内的通路），取得科举出身。早在元代至元年间就曾允许阴阳人等参加科举，"凡蒙古之士及儒吏、阴阳、医术，皆令试举，则用心为学矣"。明代阴阳生,尤其是进入钦天监的阴阳生的科举之路可谓一波三折,朝廷时而允许他们参加科举,时而又禁止参加。出现这一现象的根本原因是"尊祖制和应时事"的矛盾,是"固化与开放"的矛盾。

就阴阳生留在地方供职这方面而言,阴阳生的出路还是有很多的,其"优免""粮俸"也各不相同。大体说来,阴阳生可以晋升为阴阳学正术、典术、训术,在一定历史时期也可以参加全国的科举考试,"各卫官舍军余阴阳人等俱许应试举人"这一点跟钦天监的情况类似。阴阳生也可以在地方政府衙门以及其他机构内供职,如阴阳生可以在布政司、都察院供职并取得一定的报酬。万历年间的《顺天府志》记载,顺天府的各县或州大都有几名在编的阴阳生:"【固安县】本府正堂……阴阳生一名,……左堂……阴阳生一名,俱每名编银一十二两。【永清县】本府正堂……阴阳生一名,左堂阴阳生一名,俱每名编银一十二两。【东安县】本府正堂……阴阳生一名,左堂阴阳生一名,俱每名编银一十二两;军匠衙门子……阴阳生一名,俱每名编银九两六钱。【宝坻县】本府左堂快手二名,阴阳生一名,俱每名编银一十二两;治衙……阴阳生一名……俱每名编银九两六钱。【蓟州】正堂……阴阳生二名……俱每名编银一十二两;马衙……阴阳生一名,军匠衙……阴阳生一名,刑衙阴阳生一名,俱每名编银九两六钱……"阴阳生也可以在按院等地方提供报时服务,"按院阴阳生一名,银柒两贰钱"。国家举行科举考试时,阴阳生可以掌管刻漏、日晷等,以提供报时服务,从而获得一定的钱粮。《宛署杂记》记载:"乡场……阴阳生一名,工食银七钱……""会试场内供给……阴阳生银六钱……"。阴阳生也可以作为一名自由职业者,在一定条件下为百姓做点"占卜""相地""择日"等工作,从而谋取一定的生活物资。如遇国家有重大工程,阴阳生也可以参与其中,"奏准官匠官作,并阴阳医士,各给米三斗,食盐一斤""又令修城军匠,每月添支口粮二斗,民匠三斗,旗军并不食粮,阴阳生一斗"。需要说明的是,不管是钦天监的阴阳生还是地方的阴阳生,都享受一定的"优免"政策。《宛署杂记》记载:"每三年,本县奉文审定人丁一次,分九等,就中择上中则编各衙门正头,其次为贴户,其次征银给募。年远丁数无可考。万历初元,拾年内,内除优免柒百捌丁;……天文生四丁,武生一丁,阴阳生一丁……拾柒年……内除优免叁百壹丁;……天文生四丁,阴阳生一丁……"

总体说来，明代阴阳学在对阴阳生的管理上是很灵活的，无论是在学校人员的定额方面，还是在阴阳生的出路方面都具有很强的灵活性（图4-2）。同时，这种管理也表现出很强的实效性，通过一定的"优免"政策来保障生员的生活，通过向民间招收生员来提高阴阳生的质量。

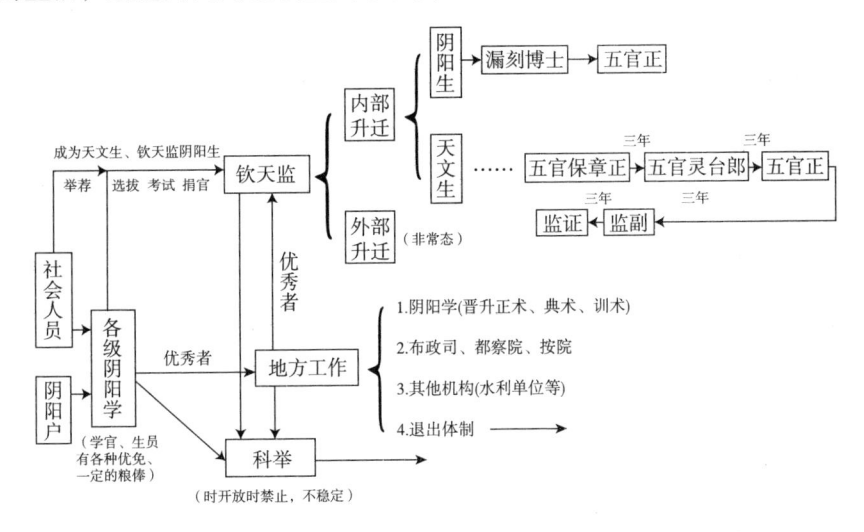

图 4-2　阴阳生的出路

第三节　《周易》与当代教育管理

现代学校生存与发展面临的第一个社会挑战就是科技的飞速发展，一方面，这些科技进步成果被学校利用，学校设施设备、教学方法发生质的变化，大大提高了教学效率。另一方面，由于大量现代教学手段的应用，教师忙于机器的操作，教育完全为机器所支配，教师与学生的人格接触减少，传统道德教育被轻视的倾向日益显露。我们会问：人机关系会取代人际关系吗？科学生产水平与人类道德水平会一致吗？在洪水泛滥一样的信息面前，如何培养儿童的选择力、判断力呢？如何把传统文化纳入教育内容呢？同时，目前我国学校德育工作随意性大，德育内容多次变化，缺少相对稳定的德育内容，德育工作有如"隔靴搔痒"，进行脱离学生实际的说教，这是不合理的。再就是由于一些学校的德育教育人员素质不高，认识不到"人人皆可为德者，事事皆可为德育做"的意义，形式教条，缺少扎实细致的工作，只用发号施令或纪律管教约束学生，忽视德育中的行为养成。要知道，德育不仅是理论知识和道德观念，更重要的是行为方式的转化。最后，由于现代社会和道德的危机，家庭教育能力的下降及家庭教育的误区，学生没有受到良好的家庭教育，这都是我们不得不面对的新问题、新情况。

面对如此多的德育问题，我们应回归祖先的智慧，用革新的观点重塑理想人格，如《周易·乾·文言》说："君子体仁，足以长人；嘉会，足以合礼；利物，足以和义；贞固，足以干事。"学校教育必须以促进学生的全面和谐发展为基本准则，"仁、义、礼、贞"缺一不可。《周易》中大量提到了关于理想人格构建的问题，把品德放在了人生的第一位，关于这方面的思想可以说是举不胜举。在德育内容上，《周易》提倡"君子"所倡导的标准，《周易·乾·文言》说"君子进德修业，欲及时也"，即君子应及时掌握学问，修习德行性。《周易·大壮·象》说"君子以非礼弗履"，即不符合礼义道德的事情绝对不做。《周易·恒卦》说"君子以立不易方"，即不说空话，不尚空谈，言行一致，有始有终，立身修德而不改变自己的方正。《周易·渐·象》说"居贤德善俗"，即君子应积蓄美德，移风易俗。《周易·大有》说"遏恶扬善"，即君子应遏制邪恶，显扬善行。《周易·师·象》说"君子以容民畜众"，即君子要心怀天下，容保民众而蓄积国力。《周易·谦·象》说"劳谦君子，万民服也"，即君子要不辞辛劳，却又谦虚自用，最终会赢得他人的尊重与信任。《周易·咸·象》说"君子以虚受人"，即教育人要如同湖泊一样，虚怀若谷，永不自满。《周易·系辞下》说"上交不谄，下交不渎"，即对上不巴结谄媚，对下不轻侮怠慢。《易传·象》说"以同而异"，即君子道路相同而对具体问题的见解可以不同。《周易·大过·象》说"君子以独立不惧，遁世无闷"，即独立于世间而无所畏惧，坚持真理，即使不为世人所知也不妄自苦闷、顺其自然等。关于这样的思想，可以说是举不胜举，在此就不赘述了。[①]

说完了具体的"德"的内容，在道德教育方法中，它也有很多独到之处，如《周易·系辞下》曰："小人不耻不仁，不畏不义，不见利不劝，不威不惩。小惩则大诫，此小人之福也。"在此它肯定了适当惩戒在德育中的重

---

① 黄向阳.德育原理[M].上海：华东师范大学出版社，2000：139.

第四章 中国传统文化视域下的教育管理

要性。实施德育的过程中还提倡养成教育，对此《周易·系辞下》给予了充分而深刻的阐述："善不积不足以成名，恶不积不足以灭身。小人以小善为无益而弗为也，以小恶为无伤而弗去也，故恶积而不可掩，罪大而不可解。"

现在越来越多的学生在爱护财物、尊重他人、讲究场所卫生、文明礼貌待人、遵守纪律等方面表现得缺乏教养，没有良好的行为习惯，不明白做人的基本准则。教育学的德育规律告诉我们：道德认识、情感、信念必须转化为行为，形成习惯，并通过实际行动，最终养成良好的行为与习惯。在此《周易》强调的是从小事入手，从点滴做起，重实践，循序渐进，而致功成。《周易·系辞下》提出"君子见几而作"，强调对于坏的习惯和做法应在开始时进行指导告诫，必要时施以惩戒，先行后知，在行为中完成学生的道德内化过程，实现道德行为的自律化，只要持之以恒、反复磨炼，日久必有所成。

《周易》还十分重视独立性的培养，颐卦辞说"观颐，自求口实"，即要通过各种正道办法，自己解决口粮问题，这样才会吉祥。颐卦初九说"舍尔灵龟，观我朵颐，凶"，即说一个人只知道羡慕别人吃得好，而不知自己去奋斗求食，这样是凶险的。话语平实，内涵却很深刻，它要求人们首先要独立，要学会自我生存，这样才会吉祥，才会有好的结果。

除了要自我奉养之外，《周易》还在颐卦六二中曰："颠颐，拂经于丘颐，征凶。"意思是只知满足自己生养的需要，对于民众的生养需要却置之不理，如有战争就会有危险，即警告统治者一定要关心民众的利益和生养之道。颐卦六四曰："颠颐，吉，虎视眈眈，其欲逐逐，无咎。"意思是要为人民大众求取利益，犹如老虎注视四方一般，为人民谋利益的欲望无穷无尽，这是不会有危害的。在这里，《周易》用赞赏的语气来肯定那些关心他人利益的人，并最后在颐卦上九中曰："由颐，厉吉。利涉大川。"这些朴素的思想和当今的教育思潮极其吻合，即学会关心。在未来的社会里，仅仅学会自我生存是不够的，因为人是群体性的动物，必然要和他人发生联系，这就要求我们学会关心。当今世界，全球相互竞争而又相互依赖的趋势越来越明显，经济和贸易竞争地区化、集团化不断增强，同时，发展中国家和发达国家之间的贫富差距越来越大，人类又面临着严重的问题，如大气、水污染、耕地减少、物种灭绝、人口剧增等。教育应肩负起使命，使学习者从"学会生存"走向"学会关心",使学习者学会从自己的圈子里跳出来,关心国家的经济和生态利益,关心全球的生活条件,关心他人,关心真理、知识和学习,关心自己,最终达成《周易》所提出的理想人格:"天行健,君子以自强不息。""地势坤,君子以厚德载物。"

第五章　当代高等教育管理思想

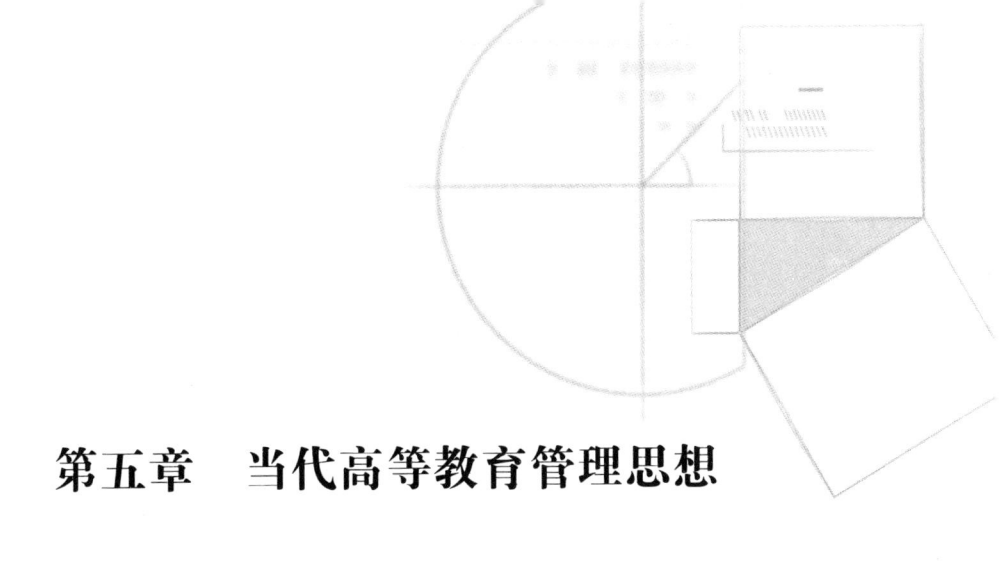

第一节　郭秉文高等教育管理思想

一、郭秉文高等教育管理思想的评价

1915年南京高等师范学校（以下简称南高）建校之初，郭秉文应江谦之聘任教务长并参加学校筹建工作，1918年因校长江谦多病代理校务，1919年教育部正式委任他为校长。1920年筹建东南大学，1921年出任东南大学（以下简称东大）第一任校长，被誉为"东南大学之父"。其间，他运筹帷幄，使东南大学誉满东南、蜚声海外，却在1925年被无端免职。郭秉文是南高、东大近百年来任职时间较长、建树最多的一任校长。他掌校的十年，正是中国教育学习美国教育的时期。在这十年里，他学习美国大学教育理念及其办学模式，实践着自己的办学理想，探索着中国大学的发展道路，为南高、东大的发展付出了大量的心血。"民国四年，南高等师范学校成立。融贯中外，汇通古今，学风淳笃，名师如林，皆先生肇画之功也。""国立中央大学之基础，实奠于南高、东大之时，而南高、东大之规模，实建立于先生之手。"

第一，作为我国近代高等教育发展史上具有重要影响的先驱人物之一，郭秉文的高等教育思想丰富了近代高等教育的理论宝库，是我国近代高等教育史上的一朵奇葩。郭秉文在南高、东大的实践正值我国现代高等教育发展的初始阶段，它不仅为后来的中央大学和今天的南京大学的发展奠定了良好的基础，而且在顺应中国社会发展的客观需要，拓展和深化中国高等教育的内涵，形成中国自身的高等教育体系等方面起到了重要的开拓和推动作用。他提出了"寓师范于大学"的师范教育主张，将南高改制为东南大学，掀起了国内高师改办大学的潮流。他提出了四个"平衡"（通才与专才平衡、科学与人文平衡、师资与设备平衡、国内与国际平衡）的治学方针，强调多科并举，把东南大学发展成为当时国内科系最为齐全的大学，开创了民国后期综合大学设立教育系、院之先河，使南高、东大成为中国众多学科的鼻祖。首先实行学分制、选科制，进行教学法的改革，有利于学生才智的发展和教师教学水平的提高。他重视科学，开创了科学研究工作，使男高东大成为中国现代科学的发祥地；他开辟了《学衡》阵地，使南高、东大成为人文社会科学和中外学术文化交流的中心；他将心理学、伦理学、生物学、教育学等多方面的知识运用于教学，充实了南高的教育思想，对"三育并重"的方针作了较全面的阐述，明确地提出了德智体三育的标准、方法和程序，在国立大学中首次设立学校董事会，为其他大学所仿效，并被列入《国立大学校条例》。

第二，郭秉文的学校发展模式、人才培养理念、治学方针和大学管理思想等各个方面都体现着美国大学理念和教育模式对他的影响。尽管南高、东大的师资队伍大多数都有留学欧美的经历，但他们并不妄自菲薄、数典忘祖，而是主张把民族精神和传统文化与西方先进的科学和教育制度融合。最典型的例子就是由中国留学生组建的科学社迁到南高校园，使学校成为中国科学发展的重镇，以本校教授为主将，以"昌明国粹、融化新知"为宗旨的《学衡》杂志在东大创刊。科学社和《学衡》并列存在，科学社成员和文化主将相互影响、相得益彰，对郭秉文的办学理念是一个很好的诠释。南高、东大的迅速崛起证明了郭秉文对美国大学教育模式的移植和借鉴是比较成功的。正如他所强调的，中国的教育制度既要注意吸收西方的经验，又要注意保存自身教育的优良传统，"中国教育家之所当保持者，古代文化教育之所长与其精英而非其糟粕也。所当取法者，西方文化之所长而非其糟粕也。采西方文化时，融会而非变置，以渐进而非以骤几"。综合高等教育的发展形势来看，我国的高等教育还将在相当长的时期在世界高等教育界处于边缘状态，这种状态要求我们不断参照西方高等教育发展的标准来调整高等教育的发展政策。在今后相当长的时期内，由于外在影响而引发的高等教育改革仍将在我国高等教育改革中占主导地位，即我国的高等教育改革在相当长的时期内仍将是一种模仿别人的修正性的变革，而不可能是内生的、具有创造性的改革。这就需要我们积极学习国外的有益经验，创造性地为我所用，并尽可能地缩小与国外高等教育的差距。

作为一位中国教育近代化进程中的教育家，郭秉文的高等教育思想与实践不可避免地带有一定的理想性。与跟他同一时代的其他教育家一样，教育救国是郭秉文从事教育乃至创办高等教育的原动力，"思有以革之者""非振兴科学，无以救亡图存""培养人才，有赖于教育"，其在毕业论文中也不忘学习国外的教育经验，改革中国落后的教育制度。不可否认，在教育救国这一信念的支撑下，南高、东大培养出了一大批杰出的人才，为近代中国社会的进步作出了巨大贡献。20世纪初，东南大学等国立大学的改革也推动了中国近代大学制度的定型。但是历史早已证明，在中国人口多、基础差的历史条件下，单纯提倡教育救国是难以实现的。在当时军阀横行的混乱社会里，郭秉文高举学校独立、学术自由的大旗不可避免地造成了自己学术上的悲剧命运，"易长风潮"的发生宣告了他"教育救国"理想的破灭。

二、郭秉文高等教育管理思想的历史启示

（一）注重遴选优秀的大学校长

20世纪20年代，南高、东大的声誉鹊起与一批留美回归的大师是分不开的，刘伯明、陶行知、陈鹤琴、邹秉文、秉志、胡先骕、茅以升、任鸿隽等，为南高、东大的发展作出了不可磨灭的贡献。但千里马常有，伯乐却不常有，郭秉文的可贵之处就在于用他的人格魅力和独特的组织方法把大师组织起来，使学校的发展与民族和国家的未来结合起来，使大师们群策群力来共同完成自己的教育理想。所以陶行知说："校长是一个学校的灵魂，要想评论一个学校，先要评论它的校长。"要评论南高、东大在近代中国高等教育史中的作用，首先要认识校长郭秉文的作用。从教育史的角度来研究大学的发展，特别是西方著名大学的发展，我们会发现，大学校长在大学发展过

程中起着独特的重要作用。

优秀的大学校长要有鲜明的教育理念。大学是一个特殊的组织，作为组织中的管理者，大学校长关于"大学是什么""大学如何发展"的教育理念是"大学组织管理的灵魂，它体现了大学校长的教育观、办学精神、创新思想，凝聚着全校师生的共同追求，把握着传统与时代发展的脉搏"，"它指导大学的发展航向，最终会影响大学的发展方向和发展目标"，有无教育理念将是决定大学校长是否平庸的标志，也将最终决定大学是否平庸。教育理念的影响程度取决于校长的行为影响力和组织方法。校长的影响力是指校长在与师生的交往中，影响和改变他们心理和行为的能力，主要由校长的权力、素质和人格魅力构成。校长的素质和人格魅力能吸引全校教师主动参与学校事务并保持对学校的忠诚。校长的权力和有效的组织方法能促进教师的相互理解与合作，使学校工作保质、高效地完成。优秀的大学校长必须具有一定的学术能力和学术责任，做好学术角色。无论如何，大学首先是一个培养人才、发展科学、服务社会的组织，学术性是大学的内在特征，所以最好的领导必须了解学术、懂得学术、关心学术。只有关心学术并有能力做学术的校长才会有学术的感情、学术的洞察力，才能"整体把握大学学术发展的方向"。校长具有良好的学术背景，能提升大学在社会上的学术地位，校长热心于学术能为学校营造良好的学术氛围，校长有学术能力和学术责任也有利于培养学生的进取精神和创造性精神。另外，大学教师作为一个文化群体，有相似的价值判断和文化认同，他们在心理上并不愿意接受别人命令式的领导，但是却愿意相信一个值得追随又尊重自己的权威的"指挥"，所以校长拥有崇尚学术、对学术负责的态度，才会得到大学学术群体的真诚拥护，以实现群体的发展目标。

作为权力的代言人，优秀的大学校长应具有良好的教育行政能力。如同企业需要一位强有力的行政领导一样，大学作为一个组织也离不开组织与管理。但是，现代大学并不是一个简单的社会性组织，而是一个与政府、社会紧密联系的，发挥着越来越重要作用的社会轴心机构，大学校长处于一种领导与被领导的状态之中。大学的高度社会化决定了大学校长不仅要处理好学校内部的事情，还要处理好学校外部的事情；不仅要处理好学校内部的关系，还要处理好学校与外部的关系；不仅要熟知教育内部的规律，还要理解大学与政府、社会之间的关系。所以，大学校长必须具有良好的经营能力，只有这样，才能对专业人员和行政人员进行管理和引导，才能处理好内外的关系，并以良好的业绩对上级主管部门负责。

（二）注重学校的充实与提高，而不是一味地谋求升格

东南大学的成立引领了国内"高师改大"的潮流。"既作为大学之后，就无须袭用师范名底。"既为大学，则不必限于养成教师。各学科可以各自造就各方面的人才，有愿当教师或从事教育事业者，只需同教育科联络，便可得相当的准备。以至于除北京高等师范学校和北京女子高等师范学校等改为师范大学外，其他高师都陆续并入或改为综合大学，成为下属学院或系科，师范专修科也由附设在高等师范内改为附设于普通大学教育科，甚至附设于中等师范或高中。由于没有很好地结合国内外的实际情况，加之当时的教育机构处于无计划的状态，对如何升格为师范大学，在要求上不够明确，思想及做法上缺乏研究及准备，一些省份大开高等师范学校、大学合并之风，行取消独立高等师范学校之举。这导致了师范教育的严重滑坡，削弱了中等师资的培养，供不应求的矛盾也越来越突出。

（三）注重大学与社会的密切联系

大学是一个社会性的组织，作为人类社会的一部分，都是"为了社会而存在"的，但为社会而存在并不是大学的根本目标，一切组织的最终目标都在于维持自身生存，并使其不断发展。这种维持自身生存的需要构成了大学与社会稳定的联系。大学作为社会组织的一个子系统，一方面，社会发展赋予大学新的特征；另一方面，大学在促进社会发展的过程中也实现自身的发展。大学要存在和发展，就必须获得足以维持其生存的基本资料，而这种资料就是从社会中获得的。南京高等师范学校、东南大学在其发展过程中，注重密切与社会的联系，与社会相适应，受到了社会极大的关注，自身也获得了很大的发展。

（四）注重理顺并完善大学与政府的关系

深受民主观念影响的郭秉文为了使教育不受政治的影响，坚持学校独立于政治之外，坚持学校的独立权。他主张教育独立，不受政治控制，反对教

育卷入政潮；主张学者应不党不系，在政治斗争中保持中立态度。但受到年代、民族主义和政党政治的影响，许多教授、学生认为郭秉文的中立观点站不住脚，一些教授认为郭秉文从地方军阀那里接受资金本身就有政治倾向，一些有政治派别的学生也反对郭秉文的政治中立观。最终，郭秉文在军阀统治下想保持中立而遭到政治排斥，并于1925年被解职。郭秉文坚持教育独立于政治之外，最终却因为党派政治被解职，使他明白教育与政治是不可能分离的。同样，现代大学与政治也是不能分离的，大学一方面要拥有自主权，另一方面要处理好与政府的关系。

（五）注重处理好大学内部的关系

郭秉文在东南大学实行民主治校的过程中，刚开始比较重视发挥学者的作用，但是后来随着学校规模的扩大、办学成绩的显著，自己行政权力膨胀，特别是他任意扩大董事会职权，致使东南大学在管理形式上如同私立。在易长风潮中，为免除郭秉文职务，教育部首先解散董事会就说明了这一点。郭秉文任意行使行政权力，引起了诸多教授的不满，并引发冲突，以致在后来的易长风潮中起了一定的作用。从郭秉文自身的经历和当代大学的发展来看，大学和谐发展首先在于处理好内部的关系。处理好大学内部的关系实质上就是处理好权力在大学内部不同利益群体之间的分配。大学内部的主要利益群体就是学者和行政人员，他们所拥有的权力即学术权力和行政权力。因此，处理好大学内部的关系最重要的是协调好行政权力和学术权力的关系。

第二节　杨德广高等教育管理理念与实践

一、杨德广高等教育管理改革理念

杨德广早在1988年就意识到，我国高校的办学体制与日益发展和完善的社会主义市场经济不相适应，在世界新技术革命的大环境下更是无法适应全新的挑战。

我国当时采取完全的国有化办学模式，高等教育全部由国家包办，我国高校成为世界上少有的"包办型""供给型"高校，致使高校缺乏活力和动力。这样的现状不适应世界形势，不能满足社会发展的要求，学校的办学经费不足，培养的人才无论是在数量还是在质量上都不能满足社会的需要。于是他便提出必须认真研究高等教育的具体对策，搞好办学体制的改革工作。杨德广办学体制改革理念主要包括所有制改革和高等学校的领导体制改革两方面。

（一）建立一主多元所有制的改革理念

杨德广看到，在我国经济体制改革中，已经破除了"越大越公就越好"的观念，确立了由生产力性质决定所有制结构的新观念。杨德广认为，既然经济领域实行了多种所有制结构，那么在教育领域，高校也可以学习我国经济结构改革的经验，建立多种形式的所有制结构。也就是说，以公办为主，允许民办、私人办、中外合作办学等多种体制并存。

具体做法是改革单一的国家所有制的学校结构，提倡企业办大学、联合办学、委托培养，这三种办学形式已经在一些地区和高校实行，但还不普遍。

除此之外，他还提出可以办私立大学。总的来说，我国高校的所有制结构可以仿照经济结构进行改革，建立以国家（省、市、自治区、中央各部门）办的全民所有制学校为主体，企事业单位办的集体所有制学校为重要组成部分，私立学校为补充，形成多种办学形式并存的所有制结构。这种办学体制有助于实现教育经费来源的多渠道，改变单一的由政府主管部门拨款而产生的教育投资力，形成由多方面投资而产生的多种教育投资力。这有助于从根本上扭转大学附属于某一个部门的情况，有助于充分发挥学校的潜力。

实行多种办学体制还有利于调动各方面的办学积极性，有利于满足社会各方面的需要，培养不同层次的人才，也有利于在多元化办学体制下的高校相互学习、取长补短，更好地推动高等教育的改革和发展。

2001年，他将以上观点归纳总结为：要建立一主多元的高等教育体制。一主即以国家、政府办学为主，以公立高校为主；多元即在国家办学、政府办学为主的前提下，实行多种形式的办学，包括民有民办、民有公助、公立高校整体转制、独立二级学院、公民联办、中外合作办学、股份合作制办学、国外（境外）团体、个人独资办学等。

民办高校作为多元中的主要组成部分，杨德广是十分重视其开办和发展的，认为它是公立高校的必要补充。早在1993年他就强调我国应积极稳妥地发展民办大学。他指出民办大学的好处有很多：一是可以节省国家的教育经费，在国家不投资的情况下就可以培养大批的专门人才；二是有利于多渠道筹集教育经费，调动社会的办学力量；三是民办大学具有较大的办学自主权，可以根据社会和市场的需要来办学。

我国高校在一主多元办学体制方面的发展是十分迅猛的。2008年，杨德广在文章中指出，我国高等教育已经形成"一主多元"的办学体制，改变了单一的国有化办学体制。在未来发展方面，杨德广认为要继续发展民办教育，扩大民办高校的规模，并且应探索将一部分公办普通高等学校改制为"国有、民办、公助"的学校。

（二）国家调控、高校自主、市场引导的领导体制改革理念

杨德广的高校领导体制改革理念经过了多年的发展，也在不断完善。1980年，我国高校的领导体制主要有国家（通过教育部）领导、中央各业务部门领导和地方领导三种，他指出这样的完全计划管理在当时有利于社会确保高等教育事业的稳步发展，但是依然存在很多问题，如由于高校的主管部门和计划部门不了解对各方面人才的实际需求，制定的招生数量往往不符合实际情况。有些专业的毕业生即使已经连年分配不出去，出现了问题，却还是要每年完成上面下发的招生计划，又如各主管部门仅从本部门的需要出发设置专业，致使一些学校的潜力发挥不出来，有些科研能力很强的大学，因为主管部门下达的科研任务不足，造成了资源的浪费，等等。

为应对这些问题，杨德广认为计划管理必须辅以合同管理制。具体做法就是学校在完成主管部门下达的计划任务外，直接同各地区的业务部门签订合同，学校按期给他们提供专门的人才和科研成果，对方提供经费、设备等。杨德广提倡的合同制管理在当时是完全有条件实行的，具有可行性，还可以把社会主义高校的办学路子拓宽。

20世纪80年代后期，杨德广继续指明在计划经济影响下高等教育领导体制的弊端，并提出要将领导体制逐步改为以国家办和省市办为主、有关业务部

门办少数必要的学校的模式。他认为高校不能仅为某一部门、某一地区服务，在完成本地区、本部门下达的培养任务的前提下，可以为各部门、各地区服务。从那时起，他开始强调高校要成为相对独立的实体，拥有更多的自主权，并一直延续这个观念。杨德广认为我国高校办学实体和自主权没有能够解决的最大原因就是计划经济体制的束缚。当时人们一直把计划经济当作社会主义的标志，当作社会主义的优越性，但随着经济的发展和建设规模的扩大，再搞计划经济这一套已经不适应了。对此，他在1988年明确提出改变以政代校、政校不分的体制，政府部门要给大学自主办学的权力。在这个过程中，政府主要实行的是宏观管理和目标管理，而其他的一些权力可以下放给高校。

他后来得出结论，认为要给大学自主办学的权力，主要在于建立一个适应从产品经济向商品经济转轨的新的运行机制。借鉴了经济改革中的经验，他认为这套新的机制应该是：国家调控学校，学校自主办学，市场引导培养。国家调控学校主要是指政府部门不直接管理学校，而是主要靠路线、方针、立法等宏观调控和制约的方式进行管理。这不是削弱国家对学校的作用，而是增强了国家对高等教育的宏观管理职能，以便能够更集中精力搞好全局性、方向性的事务。学校自主办学就是大学能够成为自主办学的相对独立的实体，自主办学的内容可以包括人事安排决定权、设置专业、招生、独立吸收教育投资以及自主开展对外合作交流等。但需要明确的是，大学必须是在党和国家的路线、方针、政策指导下实施自己的自主权力。在我国，自主办学的前提是经济自主，这就必须改变我国长期以来单一的拨款渠道，即来自政府部门的拨款。市场引导培养的实质就是高校要从社会政治、经济、文化等方面的市场需求出发来设置专业，培养人才，而不是只依靠国家的行政手段办教育，要主动适应社会需要，主动为社会服务。

要做到以上这些改革举措，首先要解放思想、更新观念。要促进我国社会主义高等教育事业的发展，必须在研究、总结国内外教育思想和教育经验的基础上，根据我国社会主义现代化建设的实际情况，确立现代化的教育思想，以便科学地、正确地指导我国高等教育事业的发展。要真正地从计划经济的束缚中解放出来，主动适应市场经济。另外，高校自身还要破除"等、靠、要"的依赖思想，不能计划和经费都依赖国家，而是要在为社会服务中主动筹措办学资金，并根据社会需要制订招生计划、教学计划，从而真正改变依赖国家的思想。此外,还必须建立和完善各种教育法规,依法办学,主动积极地接受政府及教育主管部门的宏观调控。

杨德广在细数20世纪八九十年代我国高等教育改革的主要成绩时提及,近年来有关高等教育的领导体制改革方面,我国已经取得了一系列的成绩。各级教育主管部门已经采取了一些放权措施,扩大学校部分自主权,如在招生分配、经费管理、基本建设、人事制度、职称评定、对外交流等方面,开始改变以往高度统一、行政指令式的管理体制。

到21世纪初,高校领导体制改革已经涉及了900多所高校,这次体制改革和调整改变了部门所有制的管理体制,扩大了学校的自主权。这是可喜的进展,也意味着杨德广的高等学校领导体制改革理念的确符合社会和高等教育发展方向。对于未来的发展,杨德广认为,具体来说就是要进一步扩大高校办学的自主权,学校内部实行党委领导下的校长负责制,学校要健全和完善教职工代表大会制度,要建立高等学校董事会或校务委员会,要主动进入市场,不再依赖国家,等等。

二、杨德广高等教育市场理念

对于高等学校与市场的关系,杨德广最核心的观点就是:高等学校要走进市场。"大学校长既要找市长,也要找市场。"这是杨德广一直挂在嘴上的一句话。早在1994年,杨德广就发现我国高校的办学体制和运行机制存在与日益发展和完善的社会主义市场经济不相适应的问题。对于高校的管理者来说,这样的困境尤其表现在高校的办学经费不足、教师的待遇偏低上。

经过分析,他得出的结论是,产生这种困境的根本原因是我国当时的教育仍然停留在计划经济体制上,没有与市场经济接轨。

杨德广对高等教育一直秉持着"适应论"的观点,认为高等教育是社会政治经济共同的产物,因此,必须与社会政治、经济相适应并主动为社会政治、经济服务。

他认为,既然党的十四大确定了我国经济体制改革的目标是建立社会主义市场经济,那么高等教育的内容、方法、专业结构、培养人才模式等方面也要从计划经济的那一套方法逐步转变为适应市场经济的模式。倘若教育不去主动适应社会的发展,就不可能满足现代社会的需要。

高等教育市场理念在当时的社会条件下是一个非常具有争议的问题。杨德广认为，不同意"教育市场"观念的人，大多数是受计划经济影响太深，没有跟上时代发展的步伐。杨德广能在争议声中坚定不移地坚持自己高等教育市场理念，首先是根据在现实中观察到的实际情况，他发现凡是主动适应市场需要、主动面向市场办学的学校，经济状况都比较好，教工队伍也相对应稳定；而那些游离于市场之外的学校，则很难走出困境。另外一个原因就是他坚信高等教育市场是必然的发展趋势。杨德广认为高校实际上就是一个大的教育市场，并通过这一市场与社会、与市场经济接轨。教育市场包括知识市场、科技市场、信息市场、人才市场，知识市场即以传授知识为主体的教育活动；科技市场即高校的科技成果应面向社会和市场的需要，实行有偿转让；信息市场即高校拥有的各种情报资料、各类咨询服务功能等；人才市场即高校毕业生就业市场。

高等教育要真正走进市场也不是一蹴而就的，要让高校顺利地走进市场，首先要改变高校管理者、教师根深蒂固的观念。其次要让高校主动面向社会、面向市场开展服务，需要一个过程，也要求人们能够意识到建立教育市场对于高等教育的发展有着很大的推动作用。

高校创造出来的资源，经过市场手段，既可以满足社会需要，又可以促进学校创造力的发展，能够增加收入，提高员工收入，提升教育教学质量，等等。

杨德广的高等教育市场观念中，还有一个争议很大的问题——教育产业。的确，我们从今天的角度来看，肯定会否认"教育要产业化"这个命题，因为教育的公益性质是明确且不可动摇的。但是当我们理性、客观、一分为二地看待他的教育产业的观点时，可以发现，其实"产业性"和"产业化"是有很大的区别的，杨德广也在文章中强调过不要把产业性与产业化相等同。

首先可以肯定的是，杨德广并不否定教育的公益性。相反，他还强调要防止教育商品化。杨德广所提倡的教育"产业性"，是指学校要利用自身的资源和优势，主动为社会服务，增加经济来源，从而弥补教育经费不足的问题。可以看出，这与自主经营、自收自支、自负盈亏的"产业化"的概念还是有所区别的。同时，杨德广高校管理者的亲身经历，也能支持他的观点。他在1996年到上海师范大学担任校长时，市政府对学校教育经费的投入占总支出的70%，到2003年他离任时，仅占39%，剩下的61%需要学校自筹。在《上海师范大学"十五"发展纲要》也提及需要学校自筹款项的情况：要实现"十五"规划的各项目标，需经费20亿元，其来源不可能完全通过国家拨款，而要通过组建"厚德教育投资股份有限公司"等方法，吸纳社会资源，多元化筹资办学，充分发挥教育产业和教育市场的功能，扩宽经费筹措渠道。

对学校来说，通过发展教育产业来解决经费不足的问题便成了一个行之有效的途径。因此，杨德广在上海师范大学进行管理实践时贯彻重视校办产业发展的理念，而上海师范大学校办产业所产生的经济利润的确对学校的发展起到了一定的经济保障作用。

这一发展势头延续数年：1999年至2000年，上海师范大学的校办产业实现销售收入12600万元，利润1622万元，上缴学校1028万元，其中2000年上缴学校的利润创下历史新高。上海师范大学所属的26家企业中，有5家被列入上海市高新技术企业。这些增加的经济收入可以缓解学校经济困难，扩大办学规模，促进学校教育事业的发展，增加学生奖学金及贫困补助，以及提升学校名望，等等。例如，校产处在2002年2月，为解决部分自考班学生的住宿困难问题，承担了建造3000平方米临时住房的任务，这一举措让600名学生顺利解决住宿问题。后来经过学校管理层较长一段时间的思考和探讨，最终决定大力开发奉贤校区，并把这项任务列为"十五"规划中的重点内容。学校决定奉贤校区要采取不同于其他校区的运行机制，多元投资，集资办学。于是杨德广带头采取了七条改革措施，包括置换、社会集资、成立教育投资公司、融资、贷款等，经过两年多的努力，最终把昔日杂草丛生、坑坑洼洼的校园改造成了景色优美的生态型校园。在没有政府拨款的情况下，通过开拓创新建设奉贤新校区，把原来只能容纳1700名学生的旧校区建设成可以容纳近2万名学生的新校区。这次实践的成功，证明了杨德广的高等教育市场理念对于高校的超常规发展具有重要的推动作用。

第三节　陈垣高等教育管理思想

通过梳理发现，陈垣的高等教育管理思想自成系统，具有鲜明的个人特点。整体而言，陈垣的高等教育管理思想不但始终以"中国传统学术本位"

为主线，以"从严要求"为管理原则，而且注重各教育要素的有机配合以及科学性和实践性的统一。

从历史的角度看，其思想不论是对推动天主教高等教育本体化，还是对促进近代我国高校教学管理质量的提升，以及管理体系的创新都具有重要的价值。

一、陈垣高等教育管理思想的基本特征

（一）以维护"中国传统学术本位"为主线

中国近代很多大学校长先前都怀揣着救国的目的奔走于政坛，但终究看不惯官场上为官人员膨胀满怀的私欲，也敌不过内心对学术的追求，因而逃离政坛。但他们并没有像陶渊明一样隐居世外，而是服务于教育领域，希望通过教育达到救国的目的，陈垣就是其中的一位。他早年和众多近代大学校长一样，也曾为实现政治抱负有过短暂的从政经历，虽然在任教育部次长期间对"八校索薪"问题有所贡献，但他并没有乐在其中，说起那段经历与熊十力口中"悠悠忽忽中过活，实未发真心，未有真志，私欲潜伏，多不堪问"并无多少区别，唯一不同的是二人当时的心迹，熊十力可能并非出自真心，陈垣则对待教育问题始终是满怀真心、殚精竭虑。

进入教育领域之后，陈垣和众多大学校长一样，在反思中国落后的问题时将根源归结于教育和学术研究的落后。[①] 的确，中国经过长期的闭关自锁，科技文化的发展必然跟不上时代潮流，这种不足是显而易见的，但绵延几千年的中国优秀传统文化是西方文化所不能比拟的。然而，当时的情况不容乐观。汉学本是中国的国粹，但当时国内关于汉学的研究很少有人知晓，据陈垣的学生郑天挺回忆说："陈老师曾在北大的一次集会上说，中外学者谈汉学不是说巴黎如何，就是说西京（日本京都）如何，却没有提中国的，我们要把汉学中心夺回中国，夺回北京。"

陈垣受老乡兼好友梁启超所倡导的"夫学术也，天下之公器也"思想的熏染，提出"文章，天下之公器"的主张，为夺取汉学中心身竭力行、不懈

---

① 程斯辉.中国近代著名大学校长办学的八大特色[J].高等教育研究，2008（2）：83-89.

努力，并号召青年学子协力夺取汉学的主权地位，成为"学术为公器"理念的最佳践行者。

一方面，陈垣为教师提供学术交流平台，并与青年教师一起开展史学研究。在阐释为何进行历史研究时，陈垣曾说："学习历史不仅可以培养我们的唯物论观点和革命观点，而且可以培养我们的爱国主义思想。"

陈垣在史学方面有很高的造诣，柳诒徵曾评价他的考据之业"神乎其技，空前绝后"。为促进北京辅仁大学师生更好地推进史学研究，他依据自身所学，竭诚帮助同人。

另一方面，陈垣组织开设国文课程，不仅直接通过教学实践培养国学人才，还采用书信的方式引导受特殊条件限制而不能直接接受国文教育的青年学子。据有关学者统计，北京辅仁大学自1937年至1948年（不含1942年和1944年）的十年来，培养的国学、历史以及哲学专业毕业生共计442人，其中以"国学"为题进行学位论文撰写的毕业生有419人，占毕业论文总数的95%。

陈垣采取的一系列管理举措对促进我国学术思想的广泛传播以及维护中国传统学术本位具有重要的作用。

（二）以"严格要求"为管理原则

兼具学者和大学管理者双重身份的陈垣在治学和学校管理中始终以"严"为主要原则，他不但有着严谨的治学态度，而且在人才培养方面有着严格的管理办法，凭借陈垣严格的管理思想，北京辅仁大学严谨求实的学风盛行。

在教学管理上，陈垣并不像一般教授对学生那样客气，在他上课的时候，听课的学生有时候达100多人，但是没有一个人敢在下面低声说话，或者看小说和报纸，迟到更是他所不允许的事情，有时候训育课的职员点名迟了，他也要立刻训一顿，然后继续讲课。

每年秋季开学的时候，学校都会举行一次迎新会，在每年迎新会上，陈垣都会有关于校务的报告和训词。在陈垣作报告的时候，容纳几百号人的礼堂都会异常安静，参会的师生都屏住呼吸，只能听到陈垣那洪亮的声音从扩音器中传出来。

另外，陈垣时常叮嘱学生生活要简朴，要遵守纪律，并常常询问学生每年所花费的钱数，假如有学生用费过大，他就会在集会中进行报告，但从来不说出学生的姓名。①

陈垣对待学生如此，对待自己更是如此，他从来不无故缺课、迟到或早退，讲学也是非常卖力，从不借故偷懒。

在人才培养制度上，陈垣也有着严格的规定。以研究生培养为例，当时很多学校，如北京大学研究所，一般不专门为研究生开设课程，但陈垣并非如此，他在学校规章制度上对研究生培养方案作出了修改，不仅专门为研究生开设必修课程，还要求研究生须在本科各系选修所需课程。另外，统一采用学分制，要求文科生完成至少22个学分，理科生必须修满26个学分，且必须完成6学分的著作论文，经由学校委员会考核合格，教务会议通过教育部复核后，方可授予相应学位。

大学严格管理与贯彻落实学校办学宗旨、保障教育成效有着密切的联系。陈垣在北京辅仁大学的管理中，始终贯彻以"严"为主的管理思想，有利于落实学校办学宗旨，保障学校人才培养的质量，进而促进精英教育目标的达成。

（三）注重各教育要素间的有机配合

高等教育系统是由多要素组成的开放、复杂的系统，深入理解要素间的互动关系对促进高等教育结构范式的探索具有重要意义。②

陈垣高等教育管理思想中的另一个重要特征，就是注重各教育要素间的有机配合。所谓"有机"是指事物的各部分间互相关联协调、密不可分，而"有机配合"就是各相关要素之间犹如生物体一样相互配合、互相流动、不可分割。

从微观角度看，校长引领、教师选聘和严格学生管理这三大教育要素是陈垣高等教育管理体系中的重要组成部分。同时，中国近代特殊的社会背景和条件加剧了北京辅仁大学各要素间的紧密联系，这种在外因和内因共同影响下形成的各教育要素有机配合的科学管理体制，是将北京辅仁大学推上中国近代高水平大学名列的重要原因。

---

① 张荣芳. 近代之世界学者：陈垣[M]. 广州：广东人民出版社，2005：103.
② 何晓芳，迟景明. 我国高等教育结构形成与演进机理的要素分析[J]. 高等教育研究，2018，39（11）：20-24.

具体来看，陈垣不仅是学校的管理者，还是北京辅仁大学师资队伍中的一员，他将校长的角色融入师资概念，承担基础教学工作，并通过自身对教师身份的感悟，引领学校师资队伍的建设。他采取了许多行之有效的举措，如广聘名师和专才教师等，通过名师和专才教师的感召力，将教师和学生紧密联系起来。再者，以陈垣为首的教师队伍注重培养本科生的学术研究能力，加上导师制的推动，使得教师和学生之间的关系更加紧密。此外，和其他近代大学一样，陈垣所实行的各种管理机制和机构设置有机融合，也是促进学校结构紧密联系、各项工作有序进行的重要教育举措。

由于陈垣这一套紧密联系的管理措施，北京辅仁大学得到不同寻常的发展。这套管理措施对当下建立高等教育内部要素流动机制也具有重要的借鉴意义。

（四）注重科学性与实践性的统一

民国时期是我国高等教育从传统向现代转型的关键期，也是从传统走向科学化的过渡期，民国时期的教育家在长期教育活动中所形成的一系列科学性的管理思想，对我国高等教育科学化发挥着重要的引领作用。

陈垣是民国时期伟大的教育思想家和学校领导者，他在大学管理过程中所形成的教育管理思想，具有科学性和实践性相统一的典型特征。具体来看，他在教导学生进行历史考证时提出："一、要注意发现问题，如果不能发现问题，那么就没有进行考证的对象了。二、考证要细心读史，精心求证。三、考证先要考其史料来源。四、考证要通读全书，切不可任意翻检，浅尝辄止。五、考证要具有广泛扎实的知识基础，只有做到知识广泛，基础雄厚，才能左右逢源，游刃有余。六、考证在注意数字和采用表格来说明问题的同时，还要注意文字及引用等。"

陈垣除了告诫学生要掌握考证需要注意的相关问题之外，还告诫学生在采用书证、理证和物证的同时，也可以结合实践考察的结果为证，倡导以理论和实践相结合的方式进行科学考证。

此外，他常敦促学生养成科学的读书习惯，依据科学的读书方法，持之以恒地阅读，掌握基本的语言知识技能，进而强化写作能力，使学生的语言技能在实践中得到锤炼。值得一提的是，历史本是人文科学，但陈垣在历史教学时，常借理科惯用的实验法展开教学，这种新式教学方法能够促进历史理论知识在实践中的运用。正是由于陈垣始终坚持科学性与实践性的统一，中国史学研究才能成为那个时代的典型代表，成为我国史学研究宝库中不可或缺的组成部分。

二、陈垣高等教育管理思想的历史价值

陈垣不仅在学术研究方面学有根底、弁冕群材，而且在高等教育领域具有杰出的成就，造就了一批又一批享誉海内外的精英人才，是一位伟大的教育行政管理者，被毛主席亲切地称为"国宝级大师"。虽然陈垣没有专门的教育学著作，关于教育的演讲也很少被保存下来，但其教育管理思想在北京辅仁大学的办学实践中得到了充分的体现，我们可以从他的教育管理实践中体会其高等教育管理思想的重要历史价值。

（一）提升了近代我国高校教育教学管理的质量

陈垣在学校教育教学管理方面有很高的要求，他采取了一系列举措来完善学校教育教学管理体系，以达到提升学校教育教学质量的目的。在学校人事聘用上，注重才能和品行；在教学方式上，督导教师开展教学方法革新；在学生管理上，敦促学生开展学术研究等。通过陈垣在教育教学管理方面的不懈努力，学校培育出一众由"精"至"优"的高素质人才，他们不仅专业本领过硬、可塑性极强，而且在不同的领域为国家建设以及祖国的繁荣发展作出了巨大贡献。

（二）促进了近代我国高校管理体系的创新

在中国近代高等教育历史上曾出现过很多教会大学，这些学校的出现对我国高等教育的发展具有突出贡献。正如著名历史学家章开沅所说："教会大学曾经是中国新式高等教育的先驱。"然而教会大学在建立初期，由于中国基督教高等教育并没有关于教会大学的管理办法，所以学校的发展也存在很大的偶然性。对于北京辅仁大学来说，同样是一种考验，但北京辅仁大学能够成功突破难关，成为历史上著名的大学，与陈垣校长所实行的一系列管理制度密不可分。

以导师制实施为例，民国时期很多教会大学都推行导师制，并安排学业

导师指导学生的学习和生活，以增强教育效果。北京辅仁大学也不例外，但陈垣在推行导师制的过程中，不单单以简单践行学校规章制度为目的，还进行了一定程度的创新。其中，在制度实施上，以价值引领导向，借助导师对学生学术研究所起的关键性作用，强化国学研究，促进中国传统学术文化的传承。陈垣的这种做法打破了单纯强调执行的"刚性"制度模式，促进了我国教学管理制度的创新。此外，在学校课程设置上，陈垣还组织开设国文课程，并亲自讲授，本着交流、交换心得的目的，规定国文组教员每周聚会一次。对于学校的国文考试，陈垣也会亲自命题，再由教员统一评定成绩。

陈垣制定的这一系列国文课程管理制度，不仅强化了近代高校课程管理办法，而且推动了我国高校管理体系的建设。同时，陈垣对国文课程的重视力度还体现了陈垣的爱国思想，正是这种情怀为学校管理制度变革提供了思路与动力，促进了中国近代高等教育管理体系的转型升级。

（三）推动了天主教高等教育的本土化

清末民初，我国涌现了一大批教会大学，而这些学校成立的初衷是在华传递宗教要义，培植教会所需人才，因此，很多教会大学在创办之初便确立了传播西方宗教文化的办学宗旨。由于这一办学宗旨带有明显轻视中国传统文化的色彩，所以刚出现不久便遭到众多爱国之士的反对。随着20世纪20年代"非基督教"运动以及"收回教育权"运动的开展，许多教会大学迫于压力开始重新审视中国教育与文化。

北京辅仁大学作为众多教会大学中的一员，为适应"天主教中国化"的趋势，适时调整了办学宗旨，以中西融通作为办学的要义，才成功立案。自学校立案后，陈垣校长借着"立案"的契机，在遵守相关法令的基础上，主动适应政府的要求，对学校的课程体系、教师聘任以及教学活动等进行适时改变，切实推动了辅仁大学的世俗化进程。具体表现为，陈垣将"中西贯通"的办学方针深入具体的教育教学管理中，在教师聘任上，以中籍教师为主体，本着"聘请学邃望重、热爱教育事业且与学校有着历史关系"的原则，广泛延揽了众多优秀的中籍教师，并将多名国内著名学者聘请到辅仁大学董事会以及学校各下属学院，负责学校的行政管理工作兼与教育部的外联工作。陈垣的做法不单纯是为了迎合高等教育"本土化"的潮流，而且是为了深入探索天主教大学本土化的发展方式。

据统计，在辅仁大学最高行政机关——董事会成立之初，会内成员有15人，其中西方学者7人，中籍学者8人，包括陈垣在内。中籍学者除了在董事会担任有关职务外，更多的是在下属学院担任教师，承担基础的教书育人工作。在陈垣的努力下，北京辅仁大学中籍教师的比例占教师总数的一半以上，对天主教会大学本土化发展具有重要的推动作用。

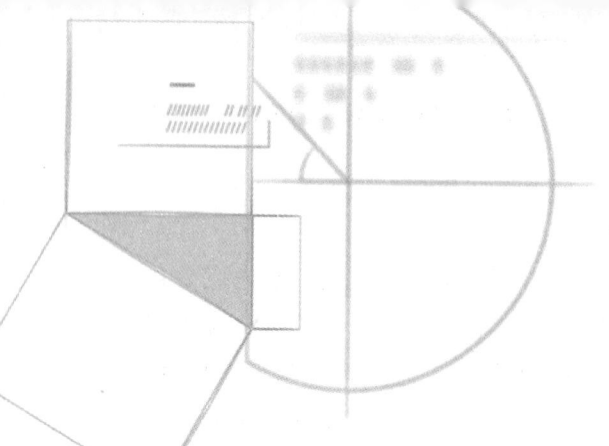

第六章　大数据时代我国高校教育管理的创新发展

第一节　大数据时代对高校教育管理的创新

一、大数据的基本内涵

在信息时代背景下，数字终端、云服务、微博、微信等新媒体兴起，信息数据呈指数增长趋势。目前，大数据没有统一的定义，但学术界基本上认为大数据主要是指软件和硬件工具，程序及相关的感知、采集、加工、管理和服务方面的数据。它具有低密度、多样性、规模性和高速性的特点，可分为结构化数据、半结构化数据和非结构化数据。在信息时代，大数据已经成为一种重要的生产要素，人力资本、实物资产等将成为提升竞争力的重要因素。大数据的主要内容是利用科学、先进的技术和方法挖掘出数据对象更具价值的信息。大数据时代不仅要掌握数据，还要使用数据。在教育领域，远程教育迅速发展，LMS算法得到了广泛应用，是更大的数据和更广泛的应用。

在分析整个教育产业发展的基础上，大数据不但有利于提高信息技术水平，而且有利于创新教育管理和教育管理理念。

二、大数据时代对高校教育管理的创新

(一) 大数据时代对高校教育模式进行了创新

传统的高校教学模式虽然大多数的课程是开放的，允许非专业的学生参加，但这种模式仍然是教育资源只能集中在本校，在其他大学和社会无法传播。大数据时代将从根本上改变这种集中教学模式，教师可以将自己的课程上传到网络，一方面可以让学生反复聆听以加深印象，把握重点；另一方面，网络教学的受众更广泛，本校或其他大学的学生和社会人员都能讲课，所以教育不再局限于本校。现在网络教学的模式实际上已经有不少，如目前流行的 MOOC（慕课）优质教学资源使一般大学的学生也可以享受一流大学的教学资源。

MOOC 是解决我国的教学资源不平衡问题的一个很好的尝试，其除了具有其他在线教学的优势外，还有自身独特的优势。事实上，网络教学模式在高等教育大数据和管理时代产生的影响是深远的，它不仅需要传统的课堂教育管理，也需要关注网络教学，以保证良好的教学效果。

(二) 大数据时代对高校教育的评价模式进行了创新

在教育评价中利用大数据进行分析，从而提升高校教育的综合质量。大数据时代的到来使得教育的评价不再局限于主观判断和个人的经验之谈，而是变为一种具有数据支撑的客观评价，既可以对各类教学平台上教师课程的点击量进行统计，也可以通过活跃度调查来对整个教育评价进行数据分析。

三、大数据技术在高校教育管理中的应用

高校的主要任务是培养更多适应社会发展的人才，所以高校的教学、科研和管理都要紧紧围绕人才培养的任务。然而，传统的教育模式主要基于先验教育，不注重学生个性的培养。同时，国内高校之间存在着很大的差距，学生和教师的数量并不协调。传统的课堂教学模式中，教师很难全面、深刻地了解学生的实际学习状态。在大数据时代，大数据技术在高等教育管理中的应用可以大大提高高等教育的质量。美国教育部采取教育数据挖掘，并对

其他大数据技术进行分析研究，发现教师通过大数据技术可以更好地、更全面地了解学生的学习过程，总结出最佳的教学方法和教学秩序，及时发现问题，并采取有效措施，及时为学生提供个性化的学习服务。在学校管理决策中，大数据技术可以起到重要的激励和支持决策的作用。大数据可以在数据与数据之间的关联中找到规则，而不是证明规则，主要依据发现的内在性能数据来开发大数据应用思想，为决策提供一些指导。

第一，服务对象。学校可以通过大数据建立广泛的师生服务体系，消除信息孤岛效应，建立系统的数据分析中心。建立统一的数据中心、发展信息共享机制是推动大数据发展的重要基础。时刻关注师生日常学习、内部生活和学校各部门的管理，明确数据趋势，可以为学校制定管理政策提供科学的数据。

第二，校园环境。目前，高校已经开展校园信息化建设，在校园内建立感知终端，实现物联网。例如，图书馆借阅系统、校园门禁系统和校园一卡通终端数据可以为学校开展各项活动提供重要依据。此外，我们可以观察和分析数据的变化趋势，掌握整体的发展规律。

第三，数据仓库。大数据时代，大部分数据事先不确定。数据仓库能够更好地处理和分析数据，以适应时代的需要。

第四，云计算。云计算结合了负载均衡、虚拟化、分布式计算、网络存储等技术，不仅能更好地满足大数据存储和计算的要求，也能更好地保证数据的安全性。

第二节　基于学生发展的高校学生事务管理创新

一、学生发展的诠释和学生发展理念的维度

（一）学生发展的内涵

众多学者对学生发展的定义都是各抒己见，并没有形成一个确切的、公

认的、具体的概念。罗杰斯认为，学生能不断地进步和成长成才，在高校环境中能提升个体的多方面能力和综合素质的方式为学生发展。在他看来，为促进学生成长成才，高校要高度关注学生的全面发展以及对学生发展相关支撑理论进行有计划的运用。米勒和皮恩斯则认为以人的发展理论为中心，通过外部条件刺激学生不断发展，是基于学生自我发展的外延部分，是对学生发展理念的一种拓展。在很长一段时间内，人的发展概念被搁置在不起眼的角落。在国内，高校思想政治教育"做人"的工作内涵间接表现出学生发展理念是基于人的发展概念的基础之上的。众所周知，在人的发展概念中，每一个人在一步步走向自己所设定的人生目标的过程中，时时刻刻的成长意味着去挑战不同的任务，在挑战中总结经验，使自己往更远的方向发展，最后在整个社会中获得个人的独立。

学生发展是把人类发展原则应用于高校环境中的学生群体和个体中，成为高等教育中人才培养目标的哲学基础，以及学生事务领域存在的内因。从历史起源来看，学生发展理念的根基是哲学领域中马克思在前人研究基础上提出的"人的发展理论"，具体论述就是一个人的根本在于人的本质的全面展开，即人的发展包括人的自由发展和全面发展。正是在教育工作的开展过程中不断地贯彻和发展马克思的发展理论，并在实践中总结经验，才逐渐形成学生发展。[1]

从构成基础来看，学生发展理念建立在社会科学和心理学的基础上，是在高校学生事务领域中运用人的发展理论和环境影响理论来指明个体、群体变化并解释变化原因的一种方法。

从发展阶段来看，学生发展兴起和发展于美国。学生发展理念主要从认知观念、发展规律和发展环境这三个方面进行概述。在认知观念方面，大学生作为完整的、独立的个体，提升和完善在社会发展、道德情感发展、心理发展、智力发展等方面所表现的能力，正确认知大学生的发展。在发展规律的坐标轴上，横轴代表类型发展规律，纵轴代表个性特点发展规律。类型发展规律对大学生群体而言是从德智体美劳的综合素质发展等方面进行划分

---

[1] 汉姆瑞克.学生事务实践基础：哲学、理论、教育成果强化[M].游敏惠，王凤，刘存伟，等译.成都：四川大学出版社，2009：43.

的，遵循存在于每一个方面的发展规律，而个性特点发展规律是就大学生个体而言的。对于发展环境而言，学校环境对大学生成长成才的影响作用也是显而易见的。

（二）学生发展的维度

以心理学、认知结构、生态学理论依据为支撑，尝试把学生发展分为三个维度，主要表现为全面发展、自由发展和可持续发展，这三个维度缺一不可（图6-1）。高校学生事务管理只有关注学生发展的三个维度，才能推动高校思想政治教育工作稳步前进。

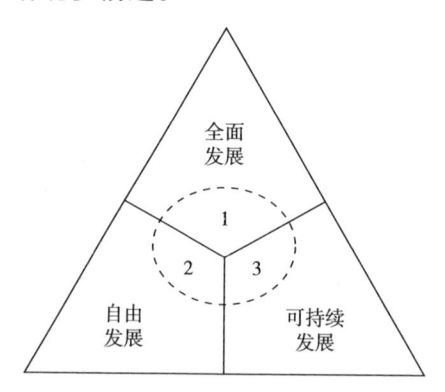

图6-1 学生发展理念的三个维度

1. 全面发展

学生发展的维度之一是全面发展，包含两个层面：一是学生事务管理作为高校思想政治教育的间接表现形式，对高校学生事务管理的对象提出了全体性要求，覆盖面的全体性要求所有大学生都能得到平等、一般的发展；二是对其中的每一个个体提出了全方位的要求，要求高校促进每一个学生德智体美劳全面发展，中共中央、国务院《关于进一步加强和改进大学生思想政治教育的意见》中明确指出，以大学生全面发展为目标，培养德智体美劳全面发展的社会主义合格建设者和可靠接班人。大学旨在陶冶学生的精神，促使高校积极实行学生个体的全面发展。

苏联教育家赞科夫认为，借助思想引导、教育等方式，可以让所有学生都得到教育。高校思想政治教育面向每一个学生，作为其思想政治工作的新表现的高校学生事务管理要针对每一阶段的学生、根据学生的不同需要来开展相关的思想政治教育活动，使学生在学习上和思想修养上得到综合发展。美国大学人事协会在报告中指出，高校提高学生学习和个体的全面发展是学生事务管理的根本目标，确立了在学生发展维度中全面发展的第一位置。

2. 自由发展

学生发展的维度之二是自由发展，即强调学生主体性、自主性的个性发展。

学生的自由发展即"人完全地占有自己的本质"。学生支配自身的发展是按照自己内在的个性或者固有的本性的要求去执行，而非无条件地接受高校的管理，是在某种外在的控制下，脱离自身的发展轨迹，使自己的内在本性和个性受到压迫。学生的自由发展维度要求高校让学生具有自我意识，具体表现为个性的自由。

学生的自由发展，简单地讲便是通过一系列发展活动，使学生能够释放自我、张扬个性、提升个人魅力。自由是有条件的，不是放任不管。自由是建立在保证学生个体的客观制约性、自主性的基础上进行发展活动。马克思认为人的自由发展主要表现在两个方面：一是人可以自由地满足自身各方面的需求或实现内在个性；二是全面发展基础上的人的各方面的能力培养。以上两个方面具体落实到高校学生事务管理上，涵盖的内容大致有两种：第一，高校学生事务管理必须掌握新时代学生需求的涉足领域广泛、满足层次不同的特点，与时俱进，肯定学生个体需要的多样性。第二，高校学生个体自由发展为充分拓展各方面能力打下基础，包括思考、解决问题能力，活动、实践能力，学习、认知能力，等等。这种能力和内在个性是不一样的，并不是与生俱来和固定不变的。因此，自由发展不是任性发展，是要经历一个循序渐进、不断开拓和发展的过程。

3. 可持续发展

学生发展的维度之三是可持续发展，体现了学生发展理念在时间和空间上的延续性，以实现个体综合素质的不断提升、能力的创新发展为目的，让学生具备自身可持续发展的成才动机、意识和能力，成就终身发展。作为研究人生观的学者代表，埃尔德认为社会压力塑造了生活进程，人们积极主动地规划人生，制定出影响现阶段和未来的人生发展轨迹的规划。在科学发展观的指引下，其核心是实现人的可持续发展。

学生可持续发展是适应未来社会发展的诉求。如今的社会，知识更新速度加快、网络信息爆炸，生存于激烈而又纷繁多样的市场竞争中，优胜劣汰的市场竞争法则要求学生可持续发展，在旧有的、基础性的知识体系、技术能力与素质水平上，不断充实、学习新的理论，不断建构与优化知识结构，与时代前进的步伐同步。在大众创业、万众创新的浪潮下，以及自主择业和单位招聘双向选择的学生就业市场化的情形下，高校的人才培养必然要在注重知识积累的基础上更加注重学生的可持续发展，着力培养宽口径、高素质的复合型人才。学生只有增强自身的可持续发展能力，才能不断自我更新、自我发展，实现超越，在日益激烈的人才竞争市场中占据优势地位。

二、学生发展理念下高校学生事务管理

（一）学生发展理念下高校学生事务管理的内涵

美国教育理事会在 20 世纪二三十年代就明确了学生事务管理的目的是形成"完整的人"。学生发展理念将教育活动的目的直接指向学生在人生道路上掌握适应未来社会的能力，最终实现自我发展和超越。

根据目前我国高校学生事务管理的实际情况，融合国外著名高等院校的"他山之石"，把学生发展理念下高校学生事务管理的内涵界定为：在高校思想政治工作要求的指导下，根据国家的相关法律和政策，为顺应社会、文化、经济的发展，高校专门组织机构和人员，把"以生为本"作为价值取向，在学生发展理念下，运用专业的知识和技能，合理配置资源，通过开展具体的事务达到促进学生全面发展的目标。

（二）学生发展理念下高校学生事务管理的表现特征

高校学生事务管理是高校思想政治教育活动的有机组成部分。

基于学生发展的高校学生事务管理以学生发展为本，秉承学生发展的理念，真正做到在高校的教育、管理、服务的基础上增加发展性功能。从学生发展的角度出发，促进学生全面、自由和可持续发展，实现高校思想政治教育围绕学生、关照学生、服务学生的宗旨。

基于学生发展的高校学生事务管理把学生作为管理活动的主体，充分调动学生的积极性，挖掘学生的潜能，打造"以学生发展为中心"的新模式。

基于学生发展的高校学生事务管理从学生发展的角度出发，遵循学生的

成长规律。高校创新思想政治教育第二阵地,提升思想政治教育的多样性,给广大学生提供优质的、全方位的、适应他们发展需求的服务。此外,以科学合理的服务方式与方法来支撑日常具体事务的开展。教育性的服务工作除了外在提供一站式的窗口显性服务,让学生在活动中主动参与服务与管理,还在各式各样的学生活动团体中渗透内在的服务意识,为学生的成长成才保驾护航。

(三)学生发展理念下高校学生事务管理的组成要素

高校学生事务管理是高校思想政治教育工作系统的一个子系统,具有以下构成要素:

组织要素。强有力的领导组织在全面贯彻党的教育方针下,"以生为本",统筹整个子系统各要素的协调运行。

人员要素。专业人员和学生是高校学生事务管理的两大对象。

工作内容要素。专业人员开展学生管理具体事务,学生也要参与具体事务,达到促进学生发展的目的。

工作思想要素。在社会主义核心价值观的指导下,保证高校学生事务管理方向的正确性和有效性,具体事务开展具有鲜明的时代特征,与社会发展同步接轨。

上述四大要素具有自身内在的运行逻辑,各要素之间密不可分、相互关联、相互作用。其具体表现在两个方面:其一,学生和专业人员在参与具体事务的过程中形成交往关系,主动地去了解相关的价值观和理念,共同参与具体事务促成目的的达成。其二,专业人员根据时代的要求和具体情况的变化,理论先导,实践先锋。在专业理论下指导实践工作,在开展具体事务中进一步充实需要完善的理论。

第三节 大数据对我国高校教育管理的影响及对策

一、大数据对我国高校教育管理发展带来的双重影响

当前,文明世界史无前例的大数据狂潮,其奔涌之疾、升腾之烈,不似

海啸，胜似海啸。人们欢呼，因为它是摧枯拉朽、一往无前的狂潮，将以势不可当的革命性力量开辟新的天地；人们恐惧，因为它是无的放矢、漫无方向的野马，有着难以预想的破坏性力量。

此时此刻，人类需要冷静，人类必须理性。大数据、云计算等信息技术到底是让我们生活得更好的"阿拉丁神灯"，还是会释放无数危险的"潘多拉魔盒"？波普尔说："科学进步是悲喜交集的福音，很少有例外。"埃吕尔曾指出："技术发展的有害后果与它的有益结果是不可分割的。"尼葛洛庞帝指出："每一种技术或科学的馈赠都有其黑暗。"[1] 同其他技术一样，大数据对高校教育管理也带来双重效应：积极影响和消极影响。大数据技术是高校教育管理创新的福祉，也为隐私保护、伦理道德等带来了前所未有的挑战。

（一）大数据对我国高校教育管理带来的积极影响

大数据给高校数据采集、治理模式、教育教学、考核评估、资源调控、智慧管理及智慧科研等方面带来革命性的力量。

1. 数据采集：关注过程、关注微观

局限于技术、人力和物力，传统高校数据采集主要以管理类、结构化和结果性的数据为重点，关注教育的整体发展情况，这种反馈机制在一定程度上对高校教育决策、规章制度的制定起到了积极作用，但是对学生、教师、科研的实时掌握情况却远远不够，对于不好的结果也不能提前预测和预防，而多是事后补救，从而使高校教育管理处于被动局面。随着大数据技术强力渗透到各行各业，高校教育数据采集将面临新的变革。互联网、物联网和大数据技术支撑下的高校智慧校园，不仅在采集数据的数量上超越了传统高校，而且在数据的质量及价值方面都具有传统高校所不可比拟的优势。

高校教育管理大数据具有非结构化、动态化、过程化及微观化的特点，处理程序更加复杂、深入和多元化。学生的学、教师的教，一切活动都处处有迹。数据流源源不断，在数据分析师的加工下，产生源源不断的智慧流，从而促进高校教育管理更加科学化、人性化。高校大数据采集和管理宗旨是：功能是必需，情感是刚需，以人为本。然而，由于高校教育管理对象及活动的复杂性，加上缺乏商业领域的标准化业务流程，导致高校教育管理大

---

[1] 舒红跃. 伯格曼的技术哲学及其启示[J]. 自然辩证法研究，2004（5）：53-56.

数据的采集活动呈现复杂性的特点。在高校教育管理大数据的分析中，特别强调因果关系，虽然国际大数据专家舍恩伯格认为更应注重相关关系，但是教育是以培养人为根本目标的，它不同于商业数据，无须追根求源，教育大数据不仅要"知其然"，更要知其"所以然"。

通过技术分析和处理，挖掘高校教育管理大数据所体现的规律，发现、揭示问题背后的根本原因，最终寻找破解之道、应对良策，从而更好地提升高校教与学的活动效果。

2. 治理模式：民主治理、集思广益

利用数据进行决策已经在管理中形成共识。SAS 及《哈佛商业评论》调研结果显示：700 名参与调研的高层管理者中，有 75% 的人认为他们在部分决策上依赖数据分析；40% 的人认为采用数据分析的结果进行决策，提升了他们工作的重要程度以及在企业中的地位。

大数据时代，高校决策模式、治理模式都将面临转型。传统高校治理属于"精英治理"，受限于校园信息化程度和智能化程度不高，学校各项事业如发展方案、措施、策略等不能广泛传达至师生，民主意识较强的管理者可能会召开一个小范围的研讨会，或者以开会的形式传达，而这种正式会议过于严肃和拘谨，缺乏自由、轻松的氛围，不利于异质声音的表达，也就意味着不能将群众的声音传递到决策者的耳中。在以互联网、物联网、云计算、大数据及移动终端为技术支撑的智慧校园中，则可以实现高校由"管理"向"治理"的转变，更好地实现治理的民主化、科学化。高校管理者与师生不受时空限制的互动交流，至少有四点优势：一是收集有利于学校发展、各项业务完善的群众智慧；二是传达学校的发展战略、思路，形成上下合力；三是拉近干群距离，将各种矛盾化解在萌芽之中；四是决策处处留痕，实现阳光政务，防止权力"任性"，促进决策的规范化、科学化。

3. 教育教学：及时反馈、因材施教

利用大数据技术开展翻转课堂教学改革或在线教育，是当前高校教育管理变革的重要内容。高校学生数量庞大，既是运用信息技术的主要群体，也是高校教育管理大数据的重要生产者和使用者。教师可以根据学习平台上不同学生对各个知识点的不同用时、不同反应来确定要重点强调的知识，决定不同的讲述方式。大数据教学有两大优势：一是私人定制，二是大规模个性定制。私人定制即借助适应性学习软件，通过相关算法分析个人需求，为每一名学生创建"个人播放列表"，且这种学习的内容是动态的。① 通过大数据分析，对提高学生个体学业成绩需要实施的行为作出预测，决定如何选择教材，采取什么样的教学风格和反馈机制等。大规模个性定制指根据学生差异对大规模学生进行分组，通过相同测验，有更多相似性的学生会被分在一组，相同组别的学生也会使用相同的教材。大规模个性定制教育的成本并不比批量教育的成本高出许多。2011 年，吴恩达教授将其课程搬上互联网之后，注册的学生突破了 10 万人，其中有 4.6 万人确定开始了课堂学习，并提交了作业。在为期 4 个月的课程结束后，有 1.3 万人因成绩合格而获得了结业证书，课堂结业率为 10%，看起来相当低，但其他网络课堂的结业率甚至只有 5%。Coursera 上现有 60 多所大学提供在线课堂，有 300 种以上的免费大型公开在线课程，吸引了全球 300 多万名学生和成年学习者参与，课程包括计算机科学、数学和工程专业、诗歌、历史等。中国大学 MOOCs 结业率只有 3.72%，与传统实体大学比，网络大学的结业率如此低，是否说明 MOOCs 是一个失败的新鲜事物呢？其实，即使是很低的结业率，乘数十万的分母，通过的总人数还是传统的教学手段无法企及的。② 哈佛大学在线教育负责人认为，在线教育的浪潮是继印刷术发明之后，教育领域面临的最大变革。人类教育的形式由古代学徒制到近现代学校制，再到在线教育的个性化，是教育形式的螺旋上升，既解决了教育产品的量的问题，又能很好地解决教育产品的质的问题。大数据的教育潜力很大，运用前景广阔，以行为评价和学习诱导为特点的在线教育平台，仅是其影响高校教育的"冰山一角"。

4. 考核评估：动态评估、全面多维

"刻舟求剑、刮目相看、盲人摸象"这些蕴含着中国智慧的成语告诉我们：要用运动的、全面的眼光评价事物。作为"科学""先进"的社会群体符号代表的高校教育管理者，对学校的办学水平及教与学的成效评估更要体现科学性和人文性。从数海中找到当前教育管理问题及其影响因素和根本原因，用易懂的数据关系诠释深刻的哲学道理，是大数据时代的重要特征。大

---

① 迈尔－舍恩伯格，库克耶. 与大数据同行：学习和教育的未来[M]. 赵中建，张燕南，译. 上海：华东师范大学出版社，2015：23.
② 郭昕，孟晔. 大数据的力量[M]. 北京：机械工业出版社，2013：138.

数据促进高校教育管理评估从注重经验转向注重数据,从注重模糊宏观转向注重精准微观转变,从注重结果转向注重过程。高校教学活动是大数据评估最常用的领域,从广义上理解,高校大数据应是人类学、社会学、社会关系学背景下的大数据。高校内部大数据系统一定要与外部社会大数据系统建立起融合关系或者链接关系,这样才可能从知识、情感、能力、道德等方面全方位、多维度了解学生,制订人性化发展方案,有效避免以学习为中心,更好地实现以素质为中心的教育旨趣,才能更好地培养符合社会需求的高水平专门人才。

首先,高校利用大数据技术,对人才培养、产业发展及社会信息等数据的采集要提前布局,要有连续的数据作为支撑,每个地区的生源情况、就业情况,只有连续的动态数据,才能从数据中预测经济发展、社会人才需求、高等教育的未来发展趋势等,及时调整学校的发展战略,促进人才培养模式的改革。其次,大数据技术可以实现考核评估的革命性改变,高校教育管理者利用回归分析、关联规则挖掘等方法,帮助教师对学生学习状况、思想状况、社交状况等进行全方位的掌握,关注学生成长的过程,实现评估的全方位和立体化,从而优化教育管理策略,提高教育管理效果。哈佛大学2011年研发的学习分析系统,是一种基于云计算的学习分析系统,包括数据采集、数据存储、数据分析和数据呈现四个模块,能将学生学习任务的相关数据可视化,并呈现到教师的设备屏幕上,便于教师对课堂教学的及时调控,这种分析系统已在The Ohio State University、Cornell University等大学中推广。最后,利用大数据技术可以建立起教师科研、教学的预警机制,对教学质量监控、科研趋势等设置报警区域,达到设定的域值,系统自动报警提醒管理人员重点关注一些教师。基于大数据技术,创新高校教育教学评估体系,使之更加多元化、智能化、个性化,实现由传统基于分数的评价转向基于大数据的评价,由传统的结果评价转向过程评价。

5. 资源调控:优化组合、注重效能

推进高校资源大数据平台建设,有利于对有限的教育教学、实验室、教室等资源进行重组、分配和优化,从而使教育资源具有新结构、产生新功能、提高资源效能。在实践中,有很多高校投入巨资建设的实验室利用率并不高,而有的实验室却人满为患,学生急于寻找实验室而受限于信息缺乏或者人为设置的障碍无法获得资源。与之类似，教室、图书馆的阅览室也存在这样的"两极"现象：有的空荡无人，有的却排队、占位甚至产生矛盾、争执。高校资源大数据平台可以很好地解决这个问题。首先，大数据中心、建设要从理念上打破所有教育教学资源，如实验仪器、图书等硬件资源的固定归属，从学校整体层面进行调控。其次，依托物联网、通信、信息、控制、大数据、云计算技术对资源进行科学调配和利用，从而实现管理由"模糊化"向"清晰化"、由经验化向科学化的转变。最后，通过大数据平台实现学生对学习资源和生活资源的方便、快捷获取。我国诸多高校在教育教学资源管理智慧化方面已做出有益的探索。例如，浙江大学通过大数据中心建设，形成全校数据资产，并为教务、物质设备、学工、科技等部门提供数据服务；同济大学以先进的节能监管平台对数个分散校区的资源实行远程、实时、科学监测，为节约型校园建设提供了基础保障；常熟理工学院2013年启动数据中心虚拟化项目，按照"服务准、系统稳、资源省"的目标，引入"戴尔综合化虚拟系统解决方案"，从而实现了数据的高安全性和高可用性，实现按需分配、动态分配系统资源的虚拟化应用，实现数据资源的跨校区容纳备份，保证应用系统24小时不中断。通过建设资产信息管理与决策支持平台，一方面可以让使用者和管理者都能及时掌握资产信息的情况，改变了管理者被动、业务部门信息不对称、沟通交流不足的局面，提高了管理效率；另一方面为学校、二级学院及部门进行成本核算或招投标决策提供了参考。

6.智慧管理：柔性管理、注重权变

大数据促进智慧学生工作，是大势所趋。其一，高等教育转型和高等教育普及化发展，对高校学生工作管理者提出更多的挑战。高等教育普及化使得高校学生规模逐年增加，专职学生管理人员的增比远远不及学生规模的增比，学生工作的繁杂性和艰巨性大大增加。其二，在信息技术浪潮的冲击之下，学生工作管理者的话语权正在被削弱，唯有顺应时代潮流，利用信息技术、大数据技术等优势，才能增强学生工作管理者的话语优势和管理服务效果。其三，高校转型发展对学生工作提出更高的要求，高校教育管理目前正面临着"由精放管理向精细管理"的转变，传统高校学生管理存在刚性有余、柔性不足的缺点，现代教育管理的发展趋势是柔性化。柔性管理要求以生为本，激发学生发展的内在驱动力、动力持久性和管理权变性。

在小数据时代，高校欲实现柔性管理显得心有余而力不足，不能随时随地掌握学生的学习、科研、生活、社交等信息，且往往历经千辛万苦得到的数据，最后因失去时效而没有意义，导致"赔了夫人又折兵"。建立学生工作综合信息管理和决策平台，能够及时、全面地获取学生工作大数据，能够快速发现问题，及时调整策略，主动实施有效措施，从而使工作更有弹性、柔性。利用大数据技术，可多维度、全方位地为学生画像，分析学生的学业情况、预测挂科、排名突降，动态评估学生消费，精准资助，预测学生毕业去向，引导毕业生个性化、针对性就业。上海交通大学不仅建立了数据中心，且在"数据开放"的道路上迈出了一大步，2015年开放了WIFE网络、一卡通、气象三个数据集，2016年开放的数据集得到诸多应用，还催生了许多学生创业团队。上海海洋大学利用大数据技术，使新生入学报到诸事早知道，使新生教育服务工作精细化，新生可以提前进行上易班申请绿色通道、选购生活用品及申请勤工助学岗位等活动，完成大部分的报到手续。上海海事大学实施"易班优秀社团的评选办法"，让易班成为全校社团的"大本营"，易班实现了现代信息技术与高校优质教育资源的深度融合、社会主义核心价值观与大学生刚需实践的深度融合，从而增强了思政工作的有效性和创新性。①

7. 智慧科研：博采众长、继承超越

"科学是历史的有力的杠杆，是最高意义上的革命力量。"在当前知识加速进化的时代，科学研究已来到"超大科学"的拐点。当科研遇上大数据，就诞生了学术界流行的新理论——"科学研究第四范式"。高校是培育人才、科学研究的重要阵地，高校教师肩负促进知识创新和传播的使命。大数据科研资源平台为高校科技创新主体提供文献资源，数据的搜集、文献的查找、资源的获取是高校教师从事科研工作的重要基础。高校科研大数据系统包括科研文献库和科研综合信息管理与决策平台两个部分。

首先，科研文献库是高校科研的重要参考资源。科学的发展离不开交流和讨论，因为科学中有错误和局限性。海森堡曾说："科学扎根于交流，起源

---

① 苏福根.基于大数据分析的学校教育治理现代化：访常熟理工学院院长朱士中[J].中国教育信息化，2015（10）：3-5.

于讨论。"波普尔认为，一切科学知识都是猜测的、可错的，批判和批判的讨论是接近真理的重要手段。而讨论是基于科学的、可错性的，科学是一个不断进步的阶梯，今天"正确的"结论，随时都可能成为"不正确的"。信息时代的科学交流除了传统的研讨会等方式外，网上资源的利用、现代科研搜索软件的运用显得更加重要。科研文献库的建立是高校科研人员文献研究的基础，有利于高校教师对已有科研成果的继承和超越，更加体现了"现代科研成果是站在巨人肩上的结果"。一般而言，高校科研文献库越丰富，对科学研究的正影响越显著。

高校科研文献库的建设形式有两种：购买文献资源和自建文献资源。购买资源包括高校的科研数据库中知网、万方、维普、超星、读秀等各种购买的论文、著作、文集等资源；自建资源包括高校特色数据库（如中国水利工程数据库）、大学名师库、测绘文摘数据库、校本硕博论文库、专题数据库等。这些资源对于学校师生的研究和提升具有重要的借鉴和启发作用。

其次，大数据使高校科研活动具有智慧性。高校教师可利用智慧检索软件，对文献信息资源进行学科分析与科研选题，或者跟踪科研进展与定制个性化服务，精准查找、交流、评价，提高研究效率。面向科研评价领域的软件有 Arnetminer 等，面向社会科学领域的软件有 UCINET 社群网络分析挖掘软件，面向功能专题的工具有 Cfinder、C-Group 等，文献搜索分析工具有 blush or Perish，科研合作网的专家检索系统有 Arnetminer，可很好地找出领域专家、作者从事的领域、合作团体等。

再次，大数据有利于提高科研效益。通过大数据技术使高校科研从传统的寻找因果关系转向寻找相关关系，从而减少研究资源的浪费，节约研究的时间，提高研究的效率和成果的可靠性。科学研究就是寻找大自然物理现象背后是什么的工作，大数据技术使之更容易、更接近规律，且节约成本，包括经济成本、人力成本和时间成本。正如舍恩伯格所说："慢速的因果关系分析集中体现为通过严格控制的实验来验证因果关系，而这必然是耗时耗力的。……相关关系分析通常情况下能取代因果关系起作用，即使不可取代的情况下，它也能指导因果关系起作用。""通常情况下，一旦我们完成了对数据相关关系分析，而又不再满足于仅仅知道'是什么'时，我们就会继续向更深层研究因果关系，找出背后的'为什么'。"希格斯玻色子（上帝粒子）

的发现、纳米孔基因测序技术、阿尔法狗击败了世界第二围棋高手为代表的 AI 技术……科技史上无一科研的突破能够离开大数据技术的支撑。高校是科研的重要阵地，高校的科学研究也需要借助大数据技术进行数据驱动的决策。

最后，科研管理综合信息与决策平台有利于提高科研管理的科学性和效率性。利用内部、外部信息，进行科研数据的分析，可以消除或减少重复立项、经费安排不合理、项目负责人不胜任等问题，从而促进公平竞争，促进科研资源的优化配置，提高科研资源的使用效益。建立科研大数据平台，包括从外部主管部门科研系统中获得的科研项目的数量、类别与要求等信息，从内部科研数据库中得到的人员、设备、经费、研究经历与研究条件等信息，从 Web 上获得的论文和专利的数量与质量等信息，从项目成果报表上得到的成果转让和奖励等信息。通过科研管理综合信息与决策平台的建立，将各类信息进行整合，对研究课题的科学性、创新性和外部文献库进行综合分析，对申请者所涉及的各项因素进行综合分析，将不合理的因素排除在立项之前，最终为科研项目评估专家提供决策支持。

（二）大数据对我国高校教育管理带来的消极影响

人类历史上每一个技术发明与创造均有"善"与"恶"的两面性。人类的文明进步就是发挥技术"善"的一面、控制技术"恶"的一面。马克思说："技术的胜利，似乎是以道德的败坏为代价换来的。随着人类愈益控制自然，个人却似乎愈益成为别人的奴隶或自身的卑劣行为的奴隶。甚至科学的纯洁光辉仿佛也只能在愚昧无知的黑暗背景上闪耀。"这形象地揭示了技术的"双刃剑"效应。同样，大数据在给高校教育管理带来机遇的同时也产生了消极影响。

二、促进我国高校大数据教育管理发展的思考及对策

"真正莫测高深的不是世界变成彻头彻尾的技术世界。更为可怕的是人对这场世界变化毫无准备，我们还没有能力沉思，去实事求是地辨析在这个时代中真正到来的是什么。"

当前的时代正处于"云、网、端"的时代，2016 年初，IBM 应运而生，推出"认知计算"，将其作为下一代科技创新战略，从而接替"智慧地球"。网络 3.0、"物联"的今天，"云脑"的明天，由人、物、环境组成的"原子

世界"将被由软件、数据、算法组成的"比特世界"所代替。在比特世界，软件、数据、算法是智慧之树的三朵奇葩，数据是智慧产生的土壤，数据是智慧革命的核心。高校教育管理成为比特世界一个小小的关节点，也是至关重要的关节点。高校教育管理的发展经历了三个阶段：古代的经验管理、近代的科学管理（样本教育管理）和现代教育管理。现代高校教育管理又有三种境界：信息化教育管理、大数据教育管理和智慧化教育管理（生态化教育管理或文化教育管理）。以生态化、智慧化、人文性为特征的文化教育管理是高校教育管理的最高境界，在高校数据"生态圈"中，各类教育管理是"融通、共享、互激"的存在关系。当前，我国高校正处于信息化教育管理向大数据教育管理转变的阶段，在高校大数据教育管理新范式的建立过程中，体制机制是关键。正如玛丽莲·艾米和凯姆·万德林登所言："IT所带来的变化是关于组织政策、所提供服务类型、财政预算与支出、内部工作流动与工作行为、IT应用成果等方面的转变。"因此，有必要充分借鉴国外高校大数据教育管理经验，深入思考促进我国高校大数据教育管理发展的关键问题，并提出具有科学性、可行性和可操作性的对策。

（一）树立大数据教育管理发展理念

大数据时代，最需要的不是大数据，也不是大数据技术，而是大数据思维、大数据理念。大数据发展必须是数据、技术、思维三大要素的联动，高校教育管理大数据的发展取决于大数据资源的扩展、大数据技术的应用和大数据思维与理念的形成。因此，树立数据开放、数据共享、数据跨界、数据合作的理念是我国高校大数据教育管理健康发展的前提。

1.树立分享理念

高校IT是大数据教育管理的基本设施和保障，其使命和承担的重要角色有两个：一是连接作用，连接师生、人与资源、师生与学校；二是支撑作用，支撑"教"和"学"，使之富有效率、创新。国外发达国家高校大数据教育管理发展较早，数据治理理念比较先进，突出IT技术与人的融合，这对我国高校大数据教育管理发展有着重要的借鉴意义。

例如，"推动创新"马里兰大学（USM）是学校IT的价值追求，"让师生更强大"是印第安纳大学（IU）IT的发展目标，"使师生的学术更加卓越"是哈佛大学（Harvard）IT的发展愿景。美国艾伯林基督大学（ACU）提出了 21 世纪的教育理念，从多个角度区分了 21 世纪的教育与 20 世纪的教育。ACU 秉承"合作学习是最有效学习"的理念，以移动技术为载体，努力创建"一个时刻连接着学习体验"的融合学习社区。ACU 通过移动设备将教师、学生联结在一起，成为一个学习共同体。课堂上，在教师移动设备和其他应用程序的辅助下，创设参与性的学习环境；课堂外，学生利用移动设备实现移动学习，打破课堂限制；在社交、管理等方面，移动设备已广泛运用。借鉴 ACU 经验，我国高校大数据教育管理的发展理念要强调"连通与分享、人技相融、应用体验"的特点，要体现中国特色，彰显学校个性。高校要打破部门、学校、行业、地域、国域等界限，建立协同机制与分享机制，最大限度地践行大数据的开放与分享理念，实现教育资源和数据资源的共建、共享与共融，从而实现高校课堂教学结构的根本变革，实现教育管理水平和教育管理效益的显著提升。

2. 坚持"用户中心"导向

我国高校管理层要树立"用户中心"的管理导向，以学校战略发展目标为指导，以业务流畅性为准绳，结合软件、硬件、服务，为用户提供简单易用、明确统一的集成化服务，以大数据技术和信息推动学校管理模式、教育教学模式的变革。高校在 IT 规划管理应用方面，要突出人与人、人与资源的高度融合，开发一个统一的、无处不在的平台，简化管理任务，使其更容易被学生接受。该平台是学校业务和"注册办公室"的扩展，并作为高校的门户网站，为学生提供持续易用的账户、课程表、登记材料、成绩和基本校园信息访问。它是传播紧急信息的自动短信和语音广播；是集成校园、地方警察和医务人员的客户端；是"商务办公"的扩展，能够实现账单支付、购票、买书、购物及财政账户管理的无线交易；是"注册办公室"的扩展，有利于课程招生、学习过程的互动和动态的成绩访问；是与校友和家庭保持联系的工具；是集培训和教师（员工）访问于一体的统一平台；是传播校园信息的统一平台。高校要加强基础设施建设，寻找一种灵活的、可扩展的方式去替代老化的电信网络设备，同时要寻找对老化设备改进的策略，如简化支持，满足学生和教师的需求，帮助学校创收等。融合设备，如 iPhone 或 iPad，是课堂交互性的硬件设备，这些"综合背包"也将尽量减少学生必须携带的学习工具，减轻学生的负担，提高教师教学的可靠性，高校应推进这些"综合背包"在教育教学管理中的应用。

（二）坚持大数据教育管理发展原则

高校大数据教育管理发展涉及制度建设、平台搭建、管理模式、人才队伍建设等，明确工作原则是其成功开展的前提和保障。高校大数据教育管理发展原则主要包括以人为本原则、扬长避短原则及疏堵结合原则。

1. 以人为本原则

高校大数据教育管理具有属人的特点，不论是大数据教育管理的物理设施建设，还是大数据教育管理的软件系统开发应用，抑或是大数据教育管理的隐性文化培育，都必须坚持以人为本的原则。首先，平台是基础，高校应完善大数据教育管理的基础设施，构建学生的物理学习空间和网络学习空间，形成线上线下相融合的立体化学习模式，这些物理设施要体现"用户至上"和"学生本位"的价值追求。其次，高校大数据教育管理的软件系统在开发之初，就应以最大限度地发挥人的主动性、维护人的尊严为基本标准，以人的全面、自由和个性化发展为根本目标。最后，高校大数据教育管理文化不是冷冰冰的数据，而应将人文关怀融入其中，防止人的尊严、人的价值在强大的技术理性面前被贬低、被异化。在高校大数据文化建设中，一定要避免"大数据主义"的产生，要做到规避大数据的负面影响而不否定大数据的正面作用，做到理性对待数据而不盲目崇拜数据。

2. 扬长避短原则

大数据的双重效应给我国高校教育管理带来了机遇，也带来了挑战。针对大数据技术的双面性，高校在制定规划、战略、制度时要坚持扬长避短、趋利避害的原则。发扬大数据在促进民主、平等、公正、自由的大学文化建设及科学研究方面的优势，利用大数据的及时性、动态性和互动性等优势，营造新型师生关系；利用大数据的预警性，判断教育管理动态趋势，做到防患于未然；利用大数据的先进性，提升教育管理信息的安全性，从而保护师生隐私和数据财产不受侵犯。当然，对于大数据可能产生的隐私泄露及数据霸权等消极影响也要提前防范。

3. 疏堵结合原则

在文化多样性的信息时代，大数据技术的利用给高校学生教育管理工作带来空前挑战，特别是西方多元价值及美国推崇的"普世价值"，将借助大数据、网络等现代技术载体快速传播和渗透到我国高校师生中。针对西方政治、文化及思潮的入侵，我国高校要坚持疏堵结合的原则，宜疏则疏、宜堵则堵。利用大数据技术的互动性和及时性特点，对一些不良文化观念进行疏导，做到因势利导，为管理者和被管理者提供交流沟通的平台和机制，而不能简单地围追堵截。在大数据时代，传统封堵的方式将会适得其反，最终导致欲盖弥彰。但是，对于违反我国基本制度、基本国策等的错误行为和思想，必须利用大数据技术的预警性优势，做到早预防、早发现、早治理，把问题消灭在萌芽之中。

（三）加强大数据教育管理顶层设计

顶层设计具有长远性、战略性、科学性的特点。科学的大数据发展规（IT发展规划）、完善的大数据发展机制（IT发展机制）及民主的治理模式，是马里兰大学大数据教育管理成功的重要原因，这对我国高校大数据教育管理有着重要的借鉴意义。

1. 制定战略规划

高校大数据教育管理发展战略规划是高校在现有条件和未来条件下，为如何更好地实现战略既定目标所采取的措施。我国高校要加强大数据教育管理发展的顶层设计，就必须制定学校大数据发展战略规划，这样才能做到胸有成竹。《庄子·达生·梓庆削木》如此描述：梓庆削木为鐻，鐻成，见者惊犹鬼神。鲁侯见而问焉，曰："子何术以为焉？"对曰："臣将为鐻，未尝敢以耗气也，必齐以静心。""梓庆做鐻"，进山选料时已经在脑海中勾画出鐻的模样，一旦进行雕刻，就能够胸有成竹、一气呵成。美国高校在此方面也有较好的做法：马里兰大学IT规划的两大关键问题是资金来源和决策机制，在资金来源方面，构建了全校性的以集中为主、适当分权的长效IT投资机制，以保证资金的高效分配和投资；在决策机制上，采取多群体参与的IT治理结构，从IT治理结构、多用户参与的IT评估体系（院系主任、行政主管、教师、研者、管理者、IT员工、本科生代表、研究生）、CIO（首席信息官）身份与角色定位（既是高级管理者又是教师的双重身份或能力）三个方面来解决。正是基于用户主导、各群体广泛参与、民主治理的模式，马里兰大学的"IT战略规划"才成为全校性的共同愿景,从而降低了实施过程中来自用户的阻碍。

高校大数据教育管理变革是一场"自上而下"的变革,这要求我国高校管理者在制定大数据战略规划时,要有战略的眼光、可持续发展的原则和开放协同的思维。高校大数据教育管理发展要以建设"绿色、节能、智能、高效"的智慧校园为目标,对利益分配、资源统筹、平台搭建、治理结构、评价激励等方面进行精心设计和规划,要突出人与技术的深度融合,体现"大技载道"的技术智慧和技术人性,要激发各方参与的积极性和主动性,最终促进高校教育管理质量和效益的提升。

2. 加强组织领导

专门的教育信息管理机构是十分必要的。2012年,教育部成立了"教育部信息化领导小组",同年,教育部成立教育信息化专家组,用以指导全国教育信息化推进工作。2015年,教育部办公厅印发的《关于"十三五"期间全面深入推进教育信息化工作的指导意见》(征求意见稿)对教育信息化机制建设提出明确要求:"要在各级各类学校逐步建立教育信息化首席信息官(CIO)制度,明确一名分管领导担任首席信息官,全面统筹本单位信息化的规划与发展。要明确教育信息化行政职能管理部门、业务应用推进部门、技术支持部门等各主体在教育信息化建设应用格局中的责任与义务,建立教育信息化和网络安全问责机制,确保教育信息化的健康、有序发展。"从宏观上看,高校要将信息化、智慧化与现代大学治理紧密结合起来,促进信息技术与教育教学和服务的深度融合。高校信息化领导机构需要重新调整,信息化部门要从单一的技术管理型转向技术型与管理型并重,加强海量数据的分析利用,充分发挥其潜在价值。对此,当前急切需要探索首席信息官的运行模式,统筹高校的信息化规划、系统建设、应用推广和业务协调等工作,在二级学院、单位和部门均设置专门的信息员岗位和人员,使信息化嵌入到高校的每一个单元之中,尝试推进两级信息建设(信息员制度、学院试点制)。2016年6月,教育部印发的《教育信息化"十三五"规划》明确提出,要建立"一把手"责任制,逐步建立校领导担任首席信息官的制度,全面统筹本单位信息化规划与发展。2016年10月,华中师范大学校长杨宗凯在"2016中国高校CIO论坛"上提出"信息的核心就是利益重组与流程再造,只有确立了 CIO，才能真正实现重组"。美国超过半数的大学均设有专职和 CIO，参与制定学校战略性发展规划，为学校科学决策和科学管理提供信息服务，设计和管理学校技术服务与应用，建立信息技术与大学变革之间的桥梁。

不管是独立设置的 CIO 还是兼职 CIO，都要根据各校的实际情况，关键是要发挥他们在学校战略决策中的"核心"作用，必须能够影响学校决策，这样才能真正实现高水平管理、智慧化管理。一个称职的高校 CIO 必须具有复合能力，包括系统规划能力、信息化教学和课程改革领导能力、教师专业发展领导能力等。在工作态度上，高校 CIO 要积极主动，不能等待 CEO 灌输发展战略、业务部门反馈 IT 需求、下属来汇报系统问题，而是积极主动向 CEO 提供决策影响，且不断提高影响力。在工作内容上，高校 CIO 不仅要关注技术，更要关注业务。业务的价值在于业务运营、业务增长、业务转型，如果不关心所在机构的整体业务目标和战略，就无法提出引起领导层兴趣的方案。在工作创新上，高校 CIO 要学会变革管理。总之，高校 CIO 一定要积极推动创新，不管是技术创新还是应用创新；一定要主动研究变革，不论是技术变革还是研究组织变革；一定要关注目标，不仅是 IT 目标，更重要的是全局总体发展目标。

3.明晰发展架构

麻省理工学院（MIT）的 OCW（Open Course Ware）项目目标定位清晰、体系结构合理，OCW 项目总监行政部门的出版组、技术组、评估组、沟通组四个职能团队各司其职，保障开放课程的顺利实施。课程的整个发布过程是呈流水线进行的，从课程登记到课程资源准备和设计，再到内容的格式化和标准化、建立课程站点、初步评价、阶段发布、故障排除和完善等，各环节紧紧相扣，提高了工作效率，降低了项目运作成本，并且进行分工和协作，从而整体推进了工作效率。同样，我国高校大数据教育管理发展必须有一个清晰的架构，才能使数据采集、管理、使用、维护等各环节衔接有序、运转顺畅，促进学校各项事业的可持续发展。我国高校要借鉴发达国家高校大数据教育管理发展的经验，依据国务院《促进大数据发展行动纲要》和中共中央、国务院《国家中长期教育改革和发展规划纲要（2010—2020 年）》的精神，制定符合学校定位与发展实际的大数据发展规划。坚持业务导向和问题导向，坚持建设与运维并重，要提出具体明确的大数据发展战略规划目标，要在广泛调研基础上任务聚类，要提高制度建设、规划方案的科学性和可操作性，考虑全员的利益，加强需求调研的广泛参与和透明性，让数据中心的建设效果最大化。

（四）完善大数据教育管理制度规约

美国和欧盟在实施大数据战略的同时，也实施了限制举措。欧盟以苛刻的数据保护条例来保护公民的个人信息不被侵犯，美国法律严禁公司或运营商对公民个人信息进行销售。

总体来看，信息技术给高校教育管理带来的种种机遇和变革的"利"远远大于目前还未出现或者初显的"弊"。各级政府对于大数据、云计算在高校中运用的态度应包括"促进"和"规范"两个维度，一方面要通过法律法规促进高校教育资源共享平台、数据平台的建设和开放；另一方面要通过法律法规进行大数据利用和交易的规范化，从而保护个人隐私，保护数据安全。"促进"和"规约"如车之两轮、鸟之双翼，对于高校大数据教育管理发展也是如此。

1. 建立完善大数据制度体系

高校要以大数据制度的制定推动教育管理制度体系的整体变革。在高校大数据制度生态中，包括两类制度：规范制度和促进制度。近几年来，我国85％以上的"211"高校都制定了校本大数据管理办法。例如，西安交通大学2014年11月发布实施的《西安交通大学信息化数据管理办法》，对数据的管理机构和数据的产生、运维、存储、归档、使用、服务等管理过程进行了详细规定，坚持统一标准、全程管控、安全共享的原则，保证信息化数据的完整性、规范性和一致性，为学校教育管理提供高质量的信息服务；《清华大学校园计算机网络信息服务管理办法》《北京大学慕课运行管理条例》《武汉大学数据管理办法》《中山大学信息网络管理规定》《西北农林科技大学数据安全管理办法》《东北师范大学数据管理办法》《华南师范大学信息系统数据管理办法》等，都体现了高校对大数据管理规范化、科学化、安全化的共同诉求，这些可算作规范高校大数据教育管理的制度。另一类就是高校大数据教育管理的促进制度，包括对教师使用大数据技术和教育改革热情的保护、激励制度，对师生实时、完整、真实而准确采集信息的鼓励制度等。目前，我国高校不论是规约制度还是激励制度都处于探索阶段，已经制定的大数据教育管理制度缺乏完整性、系统性、稳定性及可持续性，表现为某一阶段的应急之策，甚至存在高校为"大数据"而"大数据"的问题，如很多高校巨资开发研究生管理综合信息系统，在数据采集方面花大力气进行部署，但实际工作中，这些数据的价值充其量就是增大了数据库的量，并没有起到方便学生学习和生活的作用，违背了大数据教育管理"高效、快捷、方便"的初衷。又如，毕业生资格审查工作，高校一般要求学生发表指定级别的期刊论文，并以扫描文件的形式传入网络系统，但是仍要求学生持期刊原件到办公室"验明正身"。这种现象的产生，可能有三种原因：一是软件应用系统不科学、不好用；二是学校管理人员对学生缺乏信任、对软件程序缺乏信任；三是学校管理人员观念落后、思维守旧。不管是哪种原因，最终这种行为会在一定程度上削减学生对大数据应用平台和软件系统的"好感"，逆反的情绪产生虚假的数据，这不利于高校大数据教育管理的可持续发展。因此，高校在制定高校大数据管理办法的时候，应在遵循国家法律法规的基础上，根据学校实际、地区实际，制定具有可行性和创新性的制度，还应考虑管理制度的稳定性和可持续性，在规范大数据教育管理行为的同时，积极推进大数据教育管理的变革。

2.解决大数据建设有关争议

高校大数据管理制度主要包括采集制度、存储制度、使用制度、公布制度、审查制度、安全制度等。形成完善的制度体系是一个过程，当前高校这些大数据管理制度的建立处于探索阶段，存在诸多争议。一是在采集制度方面，存在数据生产者（拥有者）知情权与告知义务的争议。二是在存储制度方面，存在存储期限的争议，哪些数据需要设定短期存储，哪些数据需要设定中期存储，哪些数据需要设定长期存储，哪些数据需要设定永久存储。当然，存储期限与数据的性质及存储者所评估的数据价值相关，但是主观评估价值都具有相对性，现在认为没有价值的数据未来也许具有很大的价值。例如，如果按照现行规定，高考扫描后的答卷保存期为考试成绩发布后6个月，那么也就不会有某位国家领导人40年前高考试卷这种珍贵档案资料的存在。三是在使用制度方面，存在有偿使用和无偿使用的争议。无偿使用，受到高校办学资金的限制，但是有偿使用则有悖教育的公益性，也会阻碍数据的流转、传播与价值放大。四是在公布制度方面，存在原始数据之争、力度之争、安全之争、质量之争、价值之争、虚实之争。五是在审查制度方面，存在审查部门的争议。数据采集存储部门审查发布，则不能保证数据质量，第三方审查或技术部审查，因对业务不熟悉，只能从宏观或技术层面进行审查。六是在数据安全制度方面，存在人防和技防哪个更可靠的争议，其实应做到"人防"与"技防"相结合。高校必须高度重视这些大数据制度争议，并努力予以解决，否则高校大数据相关制度的制定将无从下手。高校制定数据安全管理办法的核心、内容应包括建立数据安全管理的部门架构，建立数据资源的保密制度、风险评估制度，采用安全可靠的产品和服务，提升基础设施关键设备安全可靠水平，采取数据隔离、数据加密、第三方实名认证、数据迁移、安全清除、完整备份、时限恢复、行为审计、外围防护等多种安全技术等。

3. 加快制定大数据相关标准

《国家教育事业发展"十三五"规划》要求，"广泛应用区域教育云等模式，积极推动各级各类学校建设基于统一数据标准的信息管理平台，实现各类数据伴随式收集和集成化管理，形成支撑教育教学和管理的教育云服务体系"。数据的价值是通过数据共享实现的，但是高校教育管理大数据的异质性给数据共享带来挑战。因此，需要提高智慧教育设备的互操作性、源数据、接口及标准的可共享性，从而提高数据的可访问性和价值增值。

教育部2012年发布了《教育管理信息教育管理基础代码》等多项教育信息化行业标准，这为高校教育管理大数据标准的制定提供了指导和参考。目前，高校之间、高校内部都普遍存在数据不兼容、不统一、无法共享的问题。高校大数据标准制定的前提是遵循国家标准和行业标准，即国家大数据标准和教育行业标准，这样才能既保证高校内部各类数据之间的统一和共享，又能实现与学校外部各类教育数据之间的集成与共享。高校数据标准应具有可行性、适用性和延展性。可行性和适用性的要求保证大数据标准从高校业务实际出发，具有切实可用的价值，同时，高校又要立足长远的教育变革，使数据标准具有延展性。另外，高校在选择大数据技术合作伙伴时，不仅要顾及其技术能力及业务领域的熟练度，还要考虑技术方案与现有数据及标准的兼容性。特别是学校内部或高校之间的资源采取标准接口和协议，并对异构的、动态变化的教学资源进行整合，这是建立共享机制的基础。

虽然高校数据标准应根据国家数据标准进行，但是在国家教育管理大数据标准出台之前，高校不能消极等待，而应该积极主动地组织教育管理大数据方面的专家和业内人士提前谋划与研制。

（五）促进大数据教育管理协同发展

凡是成功的大数据教育管理案例，无一不是多部门协同的产物。麻省理工学院秉持"卓越、创新和领导才能"的价值追求，坚持"提升知识、传授科学和其他领域的知识，使21世纪国家和世界变得更美好"的办学目标，自2001年开始实施开放课程计划（OCW），这个计划延续了美国高等教育分享的理念，追求开放的、优质的、方便可获取的教育资源最大化。麻省理工学院也是开放教育和网上教育的先行者，其开放课程计划对世界教育产生了深远的影响。OCW的成功是多方合作的结果，具有良好的合作机制，其合作伙伴包括赞助基金会、学院赞助人（1964年的毕业生乔恩·格鲁伯）、内容伙伴（Universia），包含超过10个来自拉丁美洲、西班牙等国家和地区的高校的共同组织；中国开放教育资源协会（Chinese Open Resources for Education，CORE），成员计划未来5年将OCW课程中文版免费且开放地提供给中国教育学者、开放式学习支援网、评估伙伴（Inter Academy Council）、厂商合作伙伴（Sapient、Microsoft）等。这种多方合作的机制帮助和促进了麻省理工学院开放课程行动能够集合多方的优势资源，包括项目基金会的运行、项目评估的支持以及厂商合作的支持，共同支持了该项目的成功实施和大规模推广。我国高校大数据教育管理建设也要协同政府、企业、高校及研究机构的力量，共同促进高校教育管理的智慧转型。

1. 政府宏观引导

在高校大数据教育管理协同机制中，政府主要在法律法规、资金投入、协同科研、标准制定、考核评估和宣传奖励等方面发挥宏观指导作用。首先，国家要加大相关立法和标准制定。促进高校大数据教育的法律法规包括两类：一类是规范法律，另一类是促进法律。高校大数据教育管理生态系统中的关键因素当属隐私、安全和道德问题，对隐私的保护、安全的保障和所有权的澄清是大数据技术应用不能回避的问题，必须正视且合理解决，以促进大数据技术被正确使用而不被误用、错用，促进其工具理性与价值理性的统一。目前，我国高校促进网络学习的考试制度、诚信制度、评价制度还是空白，需尽快出台。普通教育与职业教育、继续教育的沟通有赖于终身学习成果认证体系及学分累计、转化制度的建立。对于诚信问题的解决，可以借鉴 Coursers（在线公开课）依靠网上监考技术、凭借打字节奏判断学习者是否本人的方法，也可以借鉴英语四六级在线考试的改革方式，联盟高校相互设置考点，学生就近机考。要完善大数据制度规约，寻找发挥高校大数据价值、规避大数据技术风险之道。一是我国政府要建立健全数据的采集、审查、公布、存储、使用、保护制度，平衡管理创新与隐私保护、数据规范与自由发展之间的关系。二是我国政府要加大对高校教育管理大数据技术研发的资金投入，重点在人工智能、实时处理海量数据、数据可视化分析及应用方面。三是我国政府要改进购买、使用和审核的分离，提升信息化建设项目的可持续性，要坚持集约化，提升投资绩效，推动机制创新，推动信息技术与高校教育教学的深度融合。四是我国政府要实施智慧教育重大应用示范工程。

2. 开展国际合作

我国高校教育管理必须抢抓机遇、博采众长、知己知彼，以实现跨越发展。国外发达国家在教育、经济、科技、人才及国家综合能力上具有先天优势，这使他们抢得了大数据教育管理发展的先机，并积累了一定的经验，这对我国高校大数据教育管理具有重要的借鉴价值。美国使大数据在商业领域发挥了"点石成金"的魔力，是首个将大数据上升为国家战略的国家，也是最早启动培养面向未来的大数据人才的国家。斯坦福大学（Stanford）、伯克利加州大学（Berjeley）及迪肯大学（Deakin）等都开设了诸如机器学习等全新的、为培养下一代"数据科学家"的相关课程。此外，韩国、新加坡、日本、加拿大、欧盟及以色列等国家和地区的智慧教育已取得初步成效。因此，我国高校要建立国际交流与合作的平台及机制，避免走错路、走弯路，促进走对路、少走路、大超越。首先，我国高校要加强在大数据教育管理技术方面与国外高水平高校的合作，增强我国大数据关键技术、重要产品的研发力，拥有技术主权，避免技术垄断与殖民。其次，我国高校要加强在学科建设及人才培养等方面与国外的交流和合作。再次，我国高校要坚持网络主权原则，积极参与数据安全、数据跨境流动等国际规则体系建设，促进开放合作，构建良好秩序。最后，高校教育管理的变革是一项系统工程，牵一发而动全身，面对全球智慧教育的发展潮流，必须保持理性，既不能跟风，也不能坐失机遇。目前，智慧教育方案大都处于边研究、边实践、边应用的阶段，企业开发的产品基本上都是第一代，虽然体现了智慧教育的愿景，但还不具备大面积推广的价值。我国高校大数据教育管理方案也存在这些问题，这也是我国智慧教育发展为何仅是"秀"的韵味更多一些的另一原因。总而言之，我国高校在学习借鉴国外高校大数据教育管理成功经验的同时，要用批判的眼光和战略性的思维看问题，提出适合国情、能够解决实际问题的本土智慧教育方案。

第七章　高校创新教育与大学生创新能力培养

第一节　高校创新教育的内涵

欧盟 1995 年的《创新绿皮书》中指出，创新是"在经济和社会领域内成功地生产、吸收和应用新事物。它提供解决问题的新方法，并使得满足个人和社会的需求成为可能"。因此，可以说创新就是人们从新的视角，以新的方式，用新的综合，为自己、为社会展现新世界，提示新理想。创新既是一个过程，也是一种结果。就过程而言，创新涉及对现有知识和信息不断作出新的组合，涉及对解决问题新方法的选择和检验，涉及对既成现实可能存在的疑难的敏锐反应；就结果而言，创新就是发明、发现创新艺术作品，形成新观念、创建新理论；等等。

创新教育，就是把创新学、教育学、心理学等相关学科的理论有机结合起来，通过课堂教学与课外活动，学生能够主动参与、主动实践、主动思考、主动探索、主动创新，并有意识地将潜存于个体身上无意识的或潜意识的创新潜能激发出来，帮助学生树立创新志向，发展创新性思维，培养创新精神，从而培养创新能力的教育。从人才学的角度看，创新教育是开发人的创新能力、培养创新型人才的教育；从教育学的角度看，创新教育是为人们将来创新发明打基础、做准备的教育；从心理学的角度看，创新教育是培养、训练人的思维（尤其是求异思维、创新性思维）的教育。它有四个基本特征。

一、超越性

创新教育本质上是引导和激励学生不断超越与前进的教育。它包括超越遭遇的困难障碍去获取新知；超越令人不满的现状去改造世界，建设新的生活环境；超越现实的自我状态，使自己的能力和修养得到提高。如果教师在教学与教育中只能平庸地按常规、按教参、按惯例行事，不能朝气蓬勃、满怀激情地引导学生对种种困难障碍、现状进行探究、突破，实现超越，就不可能有进步和创新。要实现超越，不仅要不满足于客观现状，敢于改造客观世界，而且要不满足于自我，完善自己的修养，提高自己的能力。要重视内因，重视内在的动力，促进学生自我认识、自我要求、自我教育、自我修养，使之自觉地树立理想自我的奋斗目标，顽强地超越现实自我，实现理想自我。

人既是现实的存在，又是超越现实的存在。作为现实的存在，人是环境的产物；作为超越现实的存在，人又以其主动的活动否定现实、改造现实。人以超越现实的理想去审视并引导自己的现实，从而把现存的现实变为人的理想所要求的现实，这种变化的过程实际上就是创新的过程。创新教育，从时间的维度来审视，就是一个立足于现实并以现实为基础，指导年轻一代不断构建未来的过程；从空间的维度来审视，则是指导年轻一代面对现实的环境，以其主动的实践改造环境的过程。创新教育在于通过批判性思维的教育理念，激发受教育者不断进行自我反省，向人类已经获得的现成物或结论不断提出新挑战，展现新的世界。人既是社会的创新物，也是自我的创新物，人在创新社会的同时也在创新自我。创新教育就是提升自我所拥有的创新意识，培养其把创新意识变成现实的能力。创新教育的超越性本质决定了它在实践中必须坚持以下两个方面。

（一）高扬受教育者的主体性和个性

创新既是"我思"的过程，也是"我思"的结果。"我思"就是"自我"对环境的"所予"进行新的组合，从而使主体的个性和独特性在对象上得以显现。所以，创新是贯注着人的主体精神的自由、自觉的活动。"我思"是一个主动的过程，所以创新是个体主动追求的结果。由此可见，创新教育应当在两个方面体现出创新的本质要求。

一是充分发挥学生的主体精神。只有具有自我意识的个体才能在社会生活的各个方面显现出创新的欲望。因为创新从本质上说是主体的自我开拓、自我发展、自我完善。二是培养学生的独立个性。换一个角度看，创新就是人的个性与独特性的张扬，是一个人不同于他人的主体精神的对象化与外化。在教育过程中，只有充分调动学生的主动性和积极性，才能使学生的"创新"行为得以显现。创新教育不是任意地改造学生，而是引导学生主动参与、自主活动，在自主活动中自我完善。因此，在创新教育中，应当确立学生是学习主体的教育观，要把学生当作完整的生命体，而不仅仅是认知主体。教学中，把传授知识的过程变成学生探究知识的过程，使学习具有探究性。

（二）突出教育过程的开放性

创新从根本上说是人从新的视角、以新的方式、用新的综合展现出新的理想。

因此，创新内涵以批判性思维去对待人们所面对的现实，揭示现实所蕴含的多种可能性。在创新教育的过程中，学生的主体精神要得以显现，个性和独特性要得以外化，就需要一个开放的教育。创新教育的开放性就是在教育过程中始终把学生看作处于不断发展过程中的学习主体，看作身心处在不断构建、升华过程中的人；始终把教学过程当作一个动态的、变化的、不断生成新质的过程。开放的教育过程需要创造一个高度自由的思维时间和实践空间，通过学习主体生动、活泼、主动的自由活动，使其主体作用得以充分发挥。学生身心发展的开放性和教学过程的开放性集中体现在教学活动过程中学生的自主性上。学生在课堂上的智力活动包括两个方面：一方面是不断掌握人类知识的内化过程，另一方面是通过自己的主动活动将已有的个性品质表现出来的外显过程。内化是外显的必要条件，外显行为取决于其内化的程度。因此，创新教育的开放性就是学生内化知识的过程。这里要强调：①科学结论的条件性，即教育者要努力使学生相信任何一种科学结论都是有条件的，一旦条件变化了，结论也会随之变化；②开放式课堂讨论，即课堂教学应当努力创设一个让学生能积极主动参与教育教学的过程，并乐于、敢于表现自己所知、所想、所能的民主氛围，以利于共同进行知识的发现、创新和分享；③求异的思维风格，即学生的思维活动应当既表现出一种批判性思维风格，也表现出一种发散性思维风格，前者是对既有或传统的方式的否定，后者则是个体对新颖性和多样性的追求；④活动的自由表现，即课堂教学应当为学生提供一个自由活动的空间，为学生展开自由想象、进行创新活动提供良好的条件。

创新教育不是狭隘、自我封闭、自我孤立的活动，不应当局限于课堂上，束缚在教材的规范中，限制于教师的指导与布置的圈子内。若按传统做法自我封闭、自我孤立，充其量只能按教师的要求掌握书本知识，哪能有学生在学习与实践中的创新呢？为了创新，教育活动应注重生动活泼地联系学生的生活实际，联系社会生活的实际，联系当代世界社会、经济、科学技术和文化发展的实际。一方面要吸收有关的新信息、新知识，使教育内容反映学科的最新发展状况，并使之不断充实与更新；另一方面要引导学生运用知识于实际，去说明、理解或解决各种具体问题，使学生从中获得丰富而实用的新知。学生学习上的开放、创新更为关键，应当引导和鼓励学生突破课堂教学的局限，根据自己的兴趣与爱好，通过开展课外阅读、参与课外活动来扩充知识、扩大视野，经受各种锻炼。只有这样，才能开阔视野，增长知识，集思广益，重组经验，发挥出创新的潜能。

二、民主性

创新要求有民主的环境与氛围。学生感到宽松、融洽、愉快、自由、坦然，没有任何形式的压抑与强制，才能自由和自主地思考、探究，提出理论的假设，毫无保留地发表见解，大胆果断而自主地决策和实践，才有可能实现创新与超越。如果没有民主，学生会感到有压力，担心不安全，时时处处小心翼翼、顾虑重重、如履薄冰，一味看教师或领导的眼色行事，个人的聪明才智与激情都被扼杀，如此，怎么可能有创新！故民主性是创新教育不可或缺的内在特性。

马克思在《关于费尔巴哈的提纲》中说："人应该在实践中证明自己的思维的真理性，即自己思维的现实性和力量，亦即自己思维的此岸性。"实践是人的存在方式之一。创新教育强调的实践性具有多重含义：其一，只有通过实践，创新思想才能转化为现实；其二，只有通过实践，人的创新意识和能力才能得到培养；其三，实践为人们的创新提供必要的问题情境，因为任何一种有意识、有目的的行为，都发生于一定的环境之中，都是针对特定的问题。有问题要解决，人们才会千方百计地想办法，以满足自己解决问题的需要，获得一个个体和社会都满意的行动结果。创新教育体现实践性，关键在于在教育过程中呈现的问题情境。人的发现、发明、创作、创新是在不断遇到现实问题中产生并形成的，人类的创新史可以验证这一点。问题的存在，是由人在活动中所遇到的挫折与失败引起的，是由人自身的行为与行为者主观思维中的不足引起的。例如，德国一家造纸厂的一名工人，一次因粗心大意弄错配方，造出了一批不能书写的废纸而遭解雇。无奈之下，这名不甘失败的工人对这种废纸的性能进行研究，发现其吸水性特别好。于是这名工人买下这批废纸，并切成小块出售，称之为"吸水纸"，并且申请了专利。可以说这名工人因陷入绝境而"发明"了"吸水纸"。这名工人之所以因祸得福，正是在困境下产生的求变通的意识和品质。在这里，创新不是发明，而是改变用途。纸还是原来的纸，只不过发现了它的新用途，使之具有新的使用价值，成为社会所需要的产品。总之，理性地审视创新教育将有助于全面推进素质教育，深化教育改革。

三、全面性

创新教育要求引导学生掌握全面的、百科全书式的基础知识，挖掘学生各方面的潜能，使学生在德智体美劳等方面全面发展，这是学生创新的基础与源泉。

要尽可能地使学生的知识面变得宽广，以博取胜。应当鼓励学生对学科有所偏爱和擅长，也要使他们懂得不能偏废，造成某些知识领域的空白。在发展上，不可偏重认知，忽视兴趣、情感和意志等非智力品质的培养；在认知上，不可只重思维，忽视观察、记忆、想象等能力的培养；在思维上，不可只重以逻辑思维为基础的复合思维或偏重以形象思维为基础的发散思维。创新不能只靠某一两种素质或某个方面的素质，它要求挖掘人的各方面潜能，运用人的整体素质，将一个人的全部经验、智慧、能力、情感和意志以最佳方式组合起来，用于解决问题，只有这样，才能真正有所提高、超越和创新。全面性并非强求面面俱优、人人一样，而是要从学生的实际出发，使他们得到全面而自由的发展。

四、探究性

创新教育离不开对问题的探究。应当看到，在教学或教育活动中，如果没有对问题的探究，就不可能有学生主动积极地参与，也不可能有学生的独立思考与相互之间思维的激烈碰撞而迸发出智慧的火花，学生的思维和能力也就得不到真正的磨炼与提高。总之一句话，没有探究就不可能有创新性的学习与应用。探究乃是进行创新教育关键的一环，应当鼓励学生独立思考、积极探索，提出独到的见解、设想和独特的做法，完成富有个人特色的创新性作业，并注重让学生在探究的过程中，不仅拓宽个人的知识视野，而且形成探究的兴趣、创新性思考和学习的能力等。

第二节 高校创新教育的目标和任务

一、创新教育的目标

创新教育是一种不同于传统教育的新型教育，它既不以知识积累的数量为目标，也不以知识继承的程度为目标。与传统教育相比，创新教育同样强调必要知识的积累，但更强调合理的知识结构及获取知识的方式；同样强调培养学生的各种能力，但更强调培养学生的创新能力。创新教育不仅相信人人都有创新能力，而且认为创新能力是可以通过创新教育开发出来的。创新教育坚持根据学生的思维特点和才能情况，因材施教，把他们培养成创新型人才。创新教育全力以赴地开发学生的创新力，矢志不渝地培养创新型、复合型、通才型的新型人才。这就是创新教育和传统教育在人才培养目标上的根本不同。

为实现创新教育培养创新型人才的目标，学生需要扩大专业知识面，进行多学科教育，因为时代的发展要求人们全面掌握各种各样的知识。一个人如果只了解本专业的科学理论和技术方法，而对其他专业和其他领域的事物不熟悉、不了解、不掌握，那他就不算是一个成熟或合格的人才。进行多学科教育有两个方面的意义：一是开展多学科创新教育，可以使学生不局限在一种专业之中，摆脱单一专业容易造成的单一思维模式，实现多学科知识互补、优势嫁接，从而在不同思维模式的基础上进行多向思维。二是开展多学科创新教育，可以使学生从其他学科中找到原专业的不足之处，有意识地吸收新知识，做到有所发现、有所突破，从而在开发自身创新能力上得以进步。因此，无论从学生创新性思维的培养还是从学生创新性能力的提高来看，进行多学科创新教育，有利于创新教育目标的实现。

二、创新教育的任务

（一）创新教育应完成的一般教学任务

1. 传授基础知识和基本技能

基础知识和基本技能就是人们通常所说的"双基"。基础知识，是指构成各门科学的基本事实及其相应的基本概念、原理和公式等。它是组成一门学科知识的基本结构，可以揭示学科研究对象的规律性，反映科学文化发展的现代水平。基本技能，是指学生运用所掌握的各门学科知识去完成某种实际任务的最主要、最常用的能力。

2. 发展学生的智力和体力

智力是指个人在认识过程中表现出来的认识能力系统。它包括观察力、记忆力、想象力和思维力，其中思维力是智力的核心。智力和创新力虽不是正相关，但智力对创新力的作用不可忽视。发展体力不仅仅是体育的任务，也是各科教学的任务。教学要注意教学卫生，防止学生课业负担过重，要让学生有规律、有节奏地学习与生活，保持旺盛的精力，发展健康的体魄。

3. 培养学生的共产主义世界观和高尚的道德品质

苏联教育家苏霍姆林斯基说："人的所有方面和特征的和谐，都是由某种主导的首要的东西所决定的，在这个和谐里起决定作用的、主导的成分就是道德。"思想品德是人发展的动力。只有用共产主义世界观和高尚的道德品质来教育学生，才能使他们把现代化建设的要求转化为自己的要求，转化为学习和创新的动力，从而使他们具有坚韧不拔的创新毅力和献身精神。否则,学生只是凭一时的兴趣和爱好,在条件优越、环境顺利的情况下有所发明、有所创新,但一遇到困难和挫折就会停滞不前,不思进取。在发明创新的征途中,有数不尽的困难和想象不到的挫折,只有具有共产主义世界观和高尚的道德品质,才能在艰苦曲折的创新道路上,经得起挫折和打击,勇往直前,为发明、创新贡献自己毕生的精力,为人类社会的发展和进步作出自己力所能及的贡献。

(二)创新教育应完成的特殊教学任务

1. 培养学生的创新意识

创新意识即学生不人云亦云、书云亦云、师云亦云,不满足于现状,不束缚于传统,遇事爱问为什么,敢于质疑,勇于问难,善于发明,长于创新。创新意识是发明和创新的关键,没有创新意识的人,不可能有所发明和创新。所以创新性教学要培养学生的创新意识。

2. 培养学生的创新性思维能力

创新性思维包括求异思维、求同思维、直觉、灵感和创新想象。创新性思维能力是创新力的核心。发明、创新是创新性思维的成果,没有创新性思维便没有发明和创新。创新性思维的实质是人类大脑两半球的功能,创新性教学必须培养学生的创新性思维能力,以充分挖掘人类大脑两半球的潜能。

3. 传授发明创新的技巧和方法

创新是伟大的,也是实在的,创新的成功有赖于创新的方法和技巧。人们已归纳和总结出了众多发明创造的技巧和方法。例如,奥斯本提出9种创新技巧,考巴克在奥斯本9种技巧的基础上又提出35种附加技巧,戴维·斯特拉维提出66种战略(战略即技巧的别称),阿里特舒列尔总结出40种基本技巧,等等。目前,国内外学者提出的发明创新的技巧和方法已达300余种。在创新性教学过程中,这些发明创新的技巧和方法应让学生学习和训练,以提高他们发明创新的能力。

第三节　高校创新教育的内容和方法

一、高校创新教育的内容

(一) 创新的教育观念

目前，传统的教育观念和人才观念在人们的思想认识中根深蒂固，面对 21 世纪知识经济对创新型人才的教育培养目标，人们的思想观念很难迅速改变与适应。因此，要真正把创新型人才培养纳入实质性的轨道，必须树立全新的教育观念。

1. 创新的价值观

创新的价值观，是指要充分认识到创新在整个社会进步和个体发展中的重要意义与作用，要使创新力的伟大价值深入到每个教育者和受教育者乃至全社会公民的心灵深处。从国家的角度讲，国家要把塑造民族的创新素质看作民族腾飞和兴旺发达的基础，看作民族综合实力和竞争力的重要标志，看作民族生生不息的发展源泉和动力，看作民族进步的灵魂和核心，把提高整个民族的创新素质置于教育工作的重中之重。从社会个体成员的角度讲，应该把创新素质看作一个人最具有价值的能力体现，看作不断突破自我、超越自我，获得更高层次发展的体现，要认识到创新能力不仅是一个人的智力特征，更是一种人格特征、精神状态、综合素质的体现。作为学校的教师，应该树立以培养学生的创新素质为自己神圣职责的观念，任何一个阻碍学生创新素质发展的做法，都是教育工作的失败，是最大的教育失误。作为学生，如果没把自身创新素质的发展看作努力追求的目标，那就是缺乏理智的典型表现，不仅对自己缺乏责任感，也对社会缺乏责任感。作为学校，如果不以培养学生的创新素质为教育目标，不能为学生创设有利于创新素质发展的环境与氛围，那么，这样的学校绝不是一所成功的学校。总之，我们要使所有的社会成员，尤其是教育工作者和学生树立以创新为荣的观念，把不断探索、积极创新、推动社会进步作为自己的神圣职责和应尽的义务。这样的创新价值观，对社会成员的创新素质发展起到了持久有力的激励和推动作用。

在树立创新价值观的同时，我们还应该形成创新素质可塑性的观念，要打破对培养学生创新素质的神秘感。我国著名教育家陶行知先生曾说过，人类社会处处是创新之地，天天是创新之时，人人是创新之人。这充分说明，每个人都具有创新的潜能。许多科学研究成果和教育实践也都证明了这一点，只是每个人创新潜能的表现形式不同而已。作为教育工作者，我们必须充分相信和尊重每个学生的创新潜能，坚信通过恰当的教育方式，一定会使学生的创新潜能变成现实。

2. 创新的教育功能观

创新的教育功能观要求我们对教育的作用和本质作一个新的理解和认识。当代的教育应该超越传统的传道、授业、解惑的功能，要把培养学生的创新素质作为教育的使命和任务。通过教育的手段来培养学生的创新性才能，这才是当今教育的真谛。1972年，联合国教科文组织发布国际教育委员会提出的《学会生存——教育世界的今天和明天》的报告书，其中指出，"人们愈益要求教育把所有人类意识的一切创新潜能都能解放出来""人的创新能力，是最容易受文化影响的能力，是最能发展并超越人类自身成就的能力，也是最容易受到压抑和挫伤的能力。教育具有开发创新精神和扼杀创新精神这样双重的力量"。这表明，在培养学生创新能力的过程中，教育是一把双刃剑，教育能否发挥其固有的正面功能和作用，关键一点就在于我们是否对教育有一个正确的认识。一旦我们在思想意识的深层认识到教育对培养学生创新素质的重要作用，我们就会积极探索和挖掘教育中有利于创新能力培养的积极因素，而避开传统教育中对学生创新能力培养的消极因素。反之，我们的教育活动就可能在无意中助长挫伤学生创新素质发展的消极因素。心理学家皮亚杰也曾指出，教育的首要目标就在于培养有创新能力的人，而不是重复前人所做的事情，使教育从以传统的传授、继承已有知识为中心的功能模式，转变为着重培养学生创新精神和创新能力的教育功能模式。

3. 创新的人才观、学生观和教师观

21世纪，各个国家与民族竞争的焦点将越来越表现为创新实力的竞争。在这样的大背景下，社会对人才的标准也发生了明显的转变。新的人才观强调的是具有创新精神和创新能力，认为只有这样的人才才能为社会的发展起到支持和推动作用。计算机教育专家谭浩强教授指出，现在衡量人才的标准已由知识的积累改变为知识的检索和知识的创造。人们应该在最短的时间内，用最有效的方法获得原来不知道的知识，这就是一项本事，在这个基础上再去发展知识。只靠背书获得高分的人在21世纪将是没有出路的。这表明，在21世纪，知识经济社会中的人才标准较之传统农业社会和工业社会中的人才标准产生了质的飞跃。在新的人才标准下，人们对学生、教师和学校的认识、评价也必将实现一次新的超越。

我们评价一个学生是不是好学生，不应停留于这个学生是否"听话"与"顺从"。反之，应该注意保护和支持那些在学习上"爱钻牛角尖"和"爱耍小聪明"的学生。这些学生往往敢于尝试，敢于标新立异，不怕失败，并容易形成不断开拓创新的学习品质，他们往往能创新性地完成学习任务。许多事实表明，这些学生在走上社会后，其创新意识和创新能力明显高于在学校时学习保守的学生。青少年学生最具有可塑性，整个社会必须营造出一个适合学生创新能力发展的良好环境，使每一名学生的个性都能在新的社会要求和标准下得到充分发展，不断激发创新的激情，并逐步形成敢于创新的个性品质，最终成为社会所需的真正人才。

另外，要培养具有创新素质的学生，就要求教师必须具有勇于创新的品质，那些教死书、死教书，整天拘泥于考试大纲和教科书的教师将逐渐被淘汰。要彻底改变"以教师为中心、以课堂为中心、以教材为中心"的教学模式，教师就要敢于打破常规，不断探索出新的教学方法和手段，使教学活动真正成为活跃学生思维、启发学生思维和激发学生创新的过程。教师应该从传统的知识传授者转变为学生探求知识的引路者，以培养学生创新意识和创新能力为己任，这是创新教育对教师素质和角色的新的理解。作为学生学习的场所——学校也不应仅仅是传播知识的机构，更应该成为培养学生创新意识、创新思维、创新技能和创新个性的乐园。

总之，观念和思想是行动的指南，正确的教育观念和思想会对整个民族的教育发展起到积极的推动作用。反之，则会产生阻碍作用。教育要培养出具有创新素质的人才，前提就是必须实现教育观念的创新。

（二）课程内容的创新

面临时代对学生创新素质发展的迫切要求，实现我国各级各类学校的课程创新已经成为目前创新教育急需解决的一个重要问题，也是实施创新教育的一个重要突破口。

1. 课程内容应体现时代性

创新的两个重要特点就是超前性和新颖性。因此，要培养学生的创新能力，实施创新教育，就必须让学生掌握最新的知识，了解世界最新的发展动态，使学生的知识层次和结构与世界先进水平趋于同步。只有这样，才可能使学生在现有水平的基础上有所突破和创新。情报学专家的研究表明，教科书上的知识一般要比现有的先进科学技术滞后5年，这是导致许多课程内容明显陈旧的一个重要原因。学生即便全部掌握这些知识也只是建立了一座陈旧的知识仓库，教育内容的陈旧和滞后严重阻碍了学生接受新的信息，严重阻碍了学生在新领域的创新意识和能力。这就要求：一是在教育内容上应该把最新的科学研究成果和科学概念及时编进教材、引进课堂，帮助学生建立一个发展的而不是孤立静止的客观物质世界，引导他们去探索新的知识，培养他们的创新精神。二是增加智能型结构内容，增加思维训练的内容。目前，教材的内容基本是知识型的，以知识的传授为主，没有充分认识到智力、能力和价值等因素。美国的学校，有相当一部分开设了思维训练课，我们应借鉴这一做法，把思维的训练内容纳入学校的教学计划。在教材内容的编写过程中，不仅要把可靠的结论作为基本内容，也要把结论的探索过程及尚未消除的疑虑增加到教材中去。重视知识的学习方法，并逐步建立一套行之有效的思维训练机制。同时依据科学的逻辑顺序和学生不同年龄阶段发展的特点编写教学内容，使之具有最合理的体系。

2. 课程结构应注意广博性

创新能力的形成与发展以深厚的知识底蕴为基础。从知识构成的角度来看，可分为一般知识和专业知识两个方面，创新教育对这两个方面都提出了很高的要求。美国曾对1131位科学家的论文、成果、晋级等各方面进行了调查分析，发现这些人才大多数是以博取胜，很少是仅精通一门的专才。因此，美国主张在加强基础教育的同时，提倡"百科全书式"的教育。我国的教育（特别是高等教育）由于受苏联文理分科的影响，学生学得越来越专、越来越窄,对知识面的开拓产生了消极的影响。这就要求在教育内容上体现全面性的特点,要求学生的学习不能仅局限于学校课堂中所教的有限的知识范围,要鼓励学生通过各种途径了解更多的知识,以开放性的学习促进全面发展,这样才能厚积薄发、触类旁通,不断出现创新智慧的闪光点。

二、高校创新教育的方法

(一)创新教学方法应具备的几个基本要素

教学方法既是一种技术,也是一种综合能力。先进的教学方法会有力地促进学生创新素质的形成,而落后的教学方法则会成为学生创新素质发展的阻碍因素。

目前,我国学生创新素质不高很大程度上与落后的教学方式和方法有关。

在各级各类的学校教学中,"灌输式"教学方法仍然普遍存在,这种教学方法又可以称为"三中心"教学方法,即"以教师为中心""以课堂为中心""以课本为中心"。在"灌输式"的教学方法中,教师加班加点、拼命灌输,而学生则囫囵吞枣、死记硬背。这样的教学方法产生的结果就是"高分低能",学生的思维处于一种机械、呆板的状态,缺乏适应性、应变性和创新性。世界著名音乐家陈其钢先生曾对我国的教育方法提出尖锐的批评。他认为,东西方教育存在明显差异的一个重要方面就在于教学方法,我国的教育自小学到大学一直沿用"灌输式"教学法,尽管在课程进度和理解能力方面会超过西方学生,但学生的创新能力则明显逊色。

西方教育提倡独立思考,让学生充分发挥个性,鼓励学生提出各种问题,所以学生的创新能力得到较好发展。

有人曾对传统的"灌输式"教学方法与创新教学方法进行了比较,在传统教学方法下,由于片面地强调教师的主导性和支配地位,极大压抑了学生的积极性、主动性和创新性,而创新教育的一个重要特征就是主体的参与性,在这样一对矛盾因素的对立之中,学生的创新素质发展受到了很大的牵制和压抑。

因此,要发展学生的创新素质,就必须采取有利于创新的教学方法,即采取培养学生创新性思维和能力的教学方法。众多学者提出了许多有关创新性的教学方法，如情感教学法、发现式教学法、讨论式教学法、疑问式教学法、程序教学法、范例教学法、暗示教学法等。除以上这些创新性的教学方法以外，还有许许多多类似的教学方法，但不论是哪种，作为培养学生创新素质的教学方法都应该且必须具备以下几个方面的要素。

1. 注重启发引导

创新本身是一项自主性的活动，教师在创新教育过程中的主要作用是启发和引导。在传统的教学方法中，有时片面强调烦琐的练习、盲目的抄写、过多的背诵及偏重死记硬背的考试，只注重对知识的记忆，忽视对知识的理解和消化，阻碍了学生主观能动性和思维的发展，对知识的迁移能力大为降低，更谈不上创新思维和创新能力的发展。我国乃至世界上第一篇论述教育问题的文章《礼记·学记》说："故君子之教，喻也。道而弗牵，强而弗抑，开而弗达。道而弗牵则和，强而弗抑则易，开而弗达则思。和易以思，可谓善喻矣。"强调了注重对学生的开导及培养学生独立性的重要意义，这对当今培养创新性人才仍然有重要的借鉴意义。只有通过启发式的教学才能调动学生的主动性和自觉性，让学生成为课堂的主人，使课堂教学充满活力和激情，开发学生活跃的思维，培养学生分析问题和解决问题的能力，让学生在教师的启发和引导下，自己寻找规律，争取有新的发现和创新。从以上关于传统教学方法与创新教学方法的比较中我们可以明显地发现，传统的"灌输式"填鸭教学法已经成为当前学生创新素质发展的严重桎梏。要实现创新教育，必须把启发、诱导的思想贯穿于教学方法之中，以创新的方法促进学生创新素质的发展。

2. 注重民主化教学

课堂是师生共同交流信息和切磋学问的场所，而非诵读经文的教堂。传统的教学方式往往是一言堂、满堂灌，过分强调教师的权威而忽视学生在教学过程中的主体性，学生的主动性无法得到发挥，学生的创新意识早就在教师的威严下被扼杀。因此，我们要寻求有利于学生创新素质发展的教学方式和方法，必须把民主性原则融入教学方式和方法。在课堂教学中，教师应努力引导学生保持一种开放自由的心态，鼓励学生标新立异，鼓励学生勇于尝试探索，呵护学生创新思维的萌芽。

3. 注重开放式教学

当今世界的发展速度可谓日新月异，信息化是 21 世纪社会发展的基本特点之一，其中一个显著的特点就是知识的膨胀与迅速传播，新的理论和技术知识每天都在更新，昨天还是科幻小说的题材，今天就已经变成了现实。在这样的社会背景下，学校的教育必须采用开放式的教学方式和方法，不断与社会接触，吸收最新的知识和信息，课堂教学的内容不能仅局限于教材和教师有限的知识视野，教师应努力培养学生开放式的学习习惯和能力，使学生能主动地让自己的认识与世界最新发展保持同步，为学生创新素质的发展奠定基础。从具体的教学过程来说，采用开放式的教学方式和方法尤为必要，它对于提高学生的求知能力和创新能力具有重要意义。

在美国西北部俄勒冈州的蓝山学校实践了一种"极端自由"的教学方式。在这种教学方式中，没有固定教师，不分年级、不受约束，学生不需天天做作业，更不用考试。早晨学生来到学校后，没有人要求他们做什么，他们可以随便躺在地上听音乐，也可以三五成群地玩纸牌，甚至可以打篮球、织毛衣等。蓝山学校从不强迫学生上课，但当他们一旦发现了自己感兴趣的知识，就会主动学习，而且学得特别快。学生不是把学习当作一种负担，而是当作一种乐趣。学生对知识的好奇心总是促使他们主动探求知识、发现知识，因此学生的创新能力获得了很大发展。美国已有 25 所学校采用了与蓝山学校相同的"萨德伯理式"教学方式。在萨德伯理学校，有 75% 的毕业生升入大学，比例高于普通中学，其中的优秀学生还考入了哈佛、耶鲁等名牌大学。

美国流行的开放式自由教学方式是否对我国培养学生的创新素质有所启示呢？我们应当而且必须突破以往以课堂教学为培养学生能力的方式的封闭教育方式，以开放式的教育途径共同促进学生创新素质的发展，如组织学生进行各种学科的智力竞赛、论文比赛、听讲座、成立科技小组、参加文体活动及社会调查等。

（二）几种基本的创新教学方法

创新教育意义深远、作用巨大，已得到人们极大的重视。创新教育的具体教学方法多种多样，其基本方法有以下几种。

1. 思维开放教学法

在现代教育体制改革中，如何变思维封闭式教学为思维开放式教学，是人们探讨的核心问题。所谓思维开放式教学，就是要求学生不死记硬背书本现成的答案和教师给出的结论，而要着眼于各种不同答案或结论的自主选择。它强调学生应注意现成知识的动态性和变化性，提倡学生要注重能力结构的稳定性和开放性。这种方法对革除旧有教学方法中封闭性和僵化性的弊病有很大作用。实际上，奥斯本创立的"智力激励法"就是一种思维开放式方法。这种方法用于创新教育，能激励学生发散思维、延迟评判、自由决策，从大量的发散结果中确定正确答案。

2. 情境交流教学法

情境交流教学法是利用各种条件，创立与教学内容有关的生动情境，并把学生带入这种情境之中，使学生在耳濡目染、亲身感受的同时学习知识、开发潜能。现代教育实践的经验证明，若能在教学中为学生创设与教材内容一致的丰富心理环境，在学生的认识心理和情境感受方面形成丰富的刺激，使学生在一种模拟的心理环境中产生思维共鸣和心理交流，设身处地地考虑问题、解决问题，必定会提高教学效果。因此，创新教育十分看重并提倡这种教学方法。

3. 实验探索教学法

教学研究和科学探索是密切联系的，不应把它们割裂开来。在创新教育中，强调以学生为主体，通过教学来培养学生的创新性和开发创新力，就必须探索其规律性的内容，把教学看作科学研究的"模拟"。实验探索教学法就是要把教学和实验、科研结合起来，让它们相互促进、共同提高。

4. 系统思考教学法

系统思考具有创新的功能。创新技法中的检核目录法、综摄发明法、特性列举法、缺点列举法、形态分析法等都是利用系统思考的原理，进行发明创新的常用方法。系统思考教学法就是要将这些行之有效的方法移植到创新教育的教学过程中，锻炼学生的系统思考能力，培养学生的系统思考习惯，使学生能够从个别知识的整合或综合中来把握新知识，获得新能力。

5. 社会参与教学法

社会是创新的最大教室，也是创新的最大舞台。在社会上，有无数发明创新的课题和无数发明创新的机会，只有敢于投身于社会、献身于创新的人才能有所作为。创新教育提倡采取"走出去，请进来"的教学方法，把书本知识与社会实践结合起来，让学生承担社会责任，了解社会需要，参与社会活动，进行社会服务。这样，学生就可以在实际生活和社会实践中主动地掌握教材所规定的内容，同时能创新性地掌握教材所没有规定的内容。

6.启发式教学法

启发式教学法是以学生为学习的主体，教师从实际出发，启迪、诱导学生发现问题并思考问题，点燃学生创新的火花。教师在教学过程中常用的启发式方法有以下几种。

第一，比喻启发，引起想象。形象的比喻具有神奇的力量，能激发学生的创新想象。例如，陶行知先生把束缚儿童创新力的迷信、成见比喻为"要不得的包头布"，要人们"把它一块一块撕下来，如同中国女子勇敢地撕下了裹脚布一样"。

第二，现场启发，激发兴趣。上海一小学生发明的"多用升降篮球架"就是一次冬季体育课上老师现场启发的结果。篮球架高大，不适合不同年级、不同身高的学生。老师说："要是哪位同学能发明一个能升降的篮球架就好了。"于是这个学生便受到了启发，发明了可升降的篮球架。

第三，视听启发，激发想象。教师利用现代化教学手段，呈现给学生绚丽多彩的画面和悦耳动听的音乐，化抽象为具体、化静为动、化无声为有声，开拓学生的思路，激发学生的想象。

第四，问题启发，启迪思考。"思源于疑"，创新往往是从疑问开始的。爱因斯坦也认为，"提出一个问题，往往比解决一个问题更重要"。因为解决一个问题往往是一个技能而已，而提出一个新问题或新的可能性，从新的角度去看旧的问题，则需要创新性的想象力。教师不仅自己要善于提出启发性问题，也要鼓励学生质疑问难。

第五，学法（学习方法）启发，启迪内因。教师不能教给学生死的知识，而要授之以活的方法，让学生自觉地、积极地、创新性地学习。

第六，练习启发，重在创新。在练习中不仅要培养学生的技能技巧，还要培养学生的智力、创新力，这就要求练习多样化，既求异又求同。

（三）改进教学方法，促进创新能力的发展

1. 变传统的知识传授过程为"解决问题"序列的探究过程

在教学过程中，对于学生来说，他们所面对的都是经过人类长期积淀和锤炼的间接经验，让学生快捷地懂得这些成果或者沿着一条"简洁、顺畅的道路"重复推演当初科学发现的过程，无疑是一条高效提高学生知识水平的途径。但是，如果在这个过程中，有意地创设一些对学生来说需要开辟新路才能消除困惑的问题情境，对于提高学生的创新技能是十分有益的。中国科学院王梓坤院士说，对于科学家的发明创新，我们只是看到了成功的结果，那些逐步抛弃的中间假设则从不公布，是很可惜的，因为其中蕴含了许多经验教训。为此，在教学过程中我们应有意识地将某些要揭示的概念、要证明的规律纳入待"解决问题"的序列，将学生学习概念、规律的过程设计成对这些问题"再发现""再解决"的创新思维活动过程，让学生在经历了探索过程的弯路、岔路和纠偏过程后受到创新思维方法的启迪，从而增进创新技能。采用"解决问题"序列的教学过程，一要注意培养学生的问题意识，引导学生不断提出有价值的问题；二要引导学生面对问题前进，探索解决问题的新路。

2. 鼓励学生大胆幻想，培养创新能力

鼓励学生大胆幻想，以幻想目标激励学生，然后启发学生改组、迁移、综合运用所掌握的知识，架设通向幻想目标的桥梁。美国教育家杜威说过："科学的每一项巨大的成就，都是以大胆的幻想为出发点的。"对事物的大胆幻想是创新的起点，从某种意义上来讲，科学史上许多事物的过去和今天都表明："不怕做不到，只怕想不到。"在课堂教学中，我们应引导学生对事物的未来进行大胆幻想，并以此幻想目标为导向，激励学生改组、迁移、综合运用掌握的知识，寻找各种将幻想目标变为现实的途径，从而增进创新技能。

3. 扩大学生信息吸纳量，激发学生产生新思想

戈登·德莱顿认为，"一个新的想法是老要素的新组合""最杰出的创意者总是专心于新的组合"。由此可见，拥有丰富的信息，并且善于组合信息是创新者产生新思想的基础。因此，课堂教学中教师要摒弃狭隘的"单科"思想，确立各种知识相互贯通、渗透的意识，为学生广泛联想、移植、改组

所掌握的知识，从而产生新念头，提供丰富的信息，在此基础上让学生充分尝试各种各样的新组合，促进其新思想的诞生。

4.设计利于创新教育的课外作业

第一，作业设计应力避枯燥无味、简单重复的机械训练。作业的形式要新颖，富有趣味性，要能引起学生浓厚的兴趣，把完成作业作为自己的一种内在需要，形成一股强大的内在动力。只有这样，才能促使学生主动、精细地观察、分析和思考。例如，数学的一题多解、变式训练及把纯数学问题转化为与生活密切相关的现实问题等，都是一些切实可行的措施。

第二，作业设计要富有挑战性。"跳起能摘到桃子"的感觉是愉快的，作业设计既要源于课堂教学，对课堂教学所获得的知识、技能、技巧进一步巩固、加深印象，又要略高于教材，努力提高学生分析问题、解决问题的能力。

第三，作业设计要加大实践操作的比重。动手实践能够激发学生创新的欲望和灵感，能调动其各种感官配合工作，有效刺激大脑皮层，使大脑处于一种高度兴奋的状态，有利于学生学活知识。

第四，教师必须加强对课外作业的辅导，启发学生打破旧思想框架的束缚，从不同角度积极思考问题，训练发散思维，同时要鼓励引导学生对各种创新性设想进行分析、整理、判断，从而训练和提高思维能力。

第四节　大学生创新能力的培养路径

马克思、恩格斯、列宁、毛泽东和邓小平等都善于根据实际情况的发展变化提出新的思想和理论，为我们树立了坚持创新精神、科学精神的光辉典范。整个人类的历史就是一个不断创新、不断进步的过程。没有创新，就没有人类的进步，就没有人类的未来。在环境与知识高速变化的21世纪，帮助大学生突破常规、变得更具创新精神至关重要。培养大学生创新能力有以下几个途径。

第七章　高校创新教育与大学生创新能力培养

一、创新能力培养观念的树立

（一）树立创新能力培养观念

在建设大学生创新能力培养模式的过程中，首先要贯彻党的教育政策和方针，即要从实际情况出发，客观、全面地分析学校现有的办学条件，贯彻落实高等教育发展要求，同时注重培养大学生对于知识的学习、运用、分析和创造能力，逐步提高大学生的创新能力。因此，在改革培养模式方面，要转变现有的教学观念，树立全方位的培养观念，不但要求学生知识层次的高深，同时要求学生知识面的广泛，不要求每个学生都面面俱到，但是要有自身的特色，以适应社会和经济发展的需求，在某一领域有着突出的创新能力。

"创新是一个民族的灵魂，是一个国家兴旺发达的不竭动力。"因此，一个国家要想提高民族竞争力和综合实力，就要把培养大学生的创新能力这一理念提高，政府也要制定相关的法律政策，并要下拨专门的资金来扶持大学生创新能力的教育。

除了国家、社会、政府部门、教学机构及高校要树立创新能力的培养观念以外，教师、学生、家长也要树立相应的培养观念。教师要遵循因材施教的原则，根据每个学生不同的性格爱好，逐渐改变自身现有的培养观念，把培养大学生创新能力作为教学的主要目的。学生应该认识到自身综合素质的提高与创新能力的培养密不可分，要在学习知识的时候注重对专业前沿知识的吸取，灵活运用所学到的综合知识，不断整合自己并创造知识，培养自己在专业知识学习中的创新能力。

（二）以人为本的教学观念

以人为本是一种对人在社会历史发展中的主体作用与地位的肯定。它是一种价值取向，强调尊重人、解放人、依靠人和为了人；它是一种思维方式，在分析和解决一切问题时，既要坚持历史的尺度，也要坚持人的尺度。

在大学生创新能力的培养上，要发挥大学生自主学习的能力。因此，高等教育要坚持以学生为本，培养大学生的主观性，凸显大学生自主学习的主体性，制订切实可行的培养方案，根据大学生的特点，加强专业知识、能力以及综合素质的协调发展，按照教育规律培养大学生的创新能力。同时，坚持因材施教的原则，根据不同的教育背景、学生自己的学习经历及能力不同的大学生之间存在的个体差异，因材施教，逐渐挖掘出学生的个性及创新潜能，使学生在学习中的主体地位得到尊重和重视，充分激发学生的创新能力，并贯穿于学校的办学理念和方向中。

以提高全民素质为宗旨，其中提高全体学生的基本素质则是永恒的主题。

只有以人为本的创新教学才是落实教育部有关素质教育规定的根本途径和方法。因此，要提高素质教学，应将学生放在大学生创新能力教育的首位，激发创新能力，发挥教师与学生之间的创造性，使学生健康成长。

总之，学校要想提高大学生的创新能力，就需要从实际出发，以学生为根本，注重社会经济、科技发展的变化，以培养和提高学生创新能力为目标，逐渐提高大学生学习知识并综合运用知识、创新知识的能力。

（三）遵循整体性与主体性教育原则

整体性原则是系统思维方法的一个基本原则。整体性原则认为，世界上任何东西都处于一个有机整体的系统中，不但系统内部各组成要素之间是相互联系的，而且系统与外部环境之间也是有机联系的。因此，我们在遇到问题、解决问题的时候，应该从整体出发，分析内部各个组成部分之间的关系，并逐步分析整体和外部环境之间的关系。找出并掌握整体的性格，体现在大学生创新能力培养的模式上，就是要在课程的体系、教学的手段和方法、社会实践以及平台、创新能力保障体系等培养方式之中相互联系，形成一个有机的整体。

大学生创新能力培养作为一个系统的工程体系，各要素之间需要形成一个相互联系和制约的系统，注重整体的同时也要注重学生的主体性。因此，外部环境对大学生会造成各种不同的影响，优秀的外部环境会推动大学生的创新能力。反之，则会阻碍其发展。主体性原则就是承认、重视并坚持主体在实践和认识运动中的地位和作用的原则。体现在教育教学过程中，则是要把学生放在主体的位置，发挥教师的引导作用，满足学生对于新知识和新领域的需求与自主学习的能力，进而培养学生的创新能力，给予学生更多的学习专业和选择课程的自主性，为学生提供充足的实验、实习条件，多鼓励学生参与社会实践，尊重学生在学习中的主体地位。

二、营造好的环境

要想提高大学生的创新思维能力，最好的方法就是改善教育环境，不断提高周围人对于创新教学的理念和教学方法的认识。学校对于现有的课堂教学应进行相对程度上的课程优化设置。

在课程设置上，大多数学生认为，在校期间，学校应该开设针对大学生创新思维能力培养的专业课程，不断激发大学生的创新思维，形成一定的创新意识。学校应该开展更多的交叉学科的学习，这样能够不断地开拓学生的思维、开阔眼界，有利于他们形成不同的思维模式。同时，学生也希望能够参与教师的科研课题，在实验和实践中进一步运用所学的科学理论知识。

（一）创造良好的教育环境

大学生创新能力的培养依靠宽松的学习环境，是重要的因素之一。

学习环境，是包括家庭、学校和社会三个环境的有机统一体的良性结合。人与人之间的关系是一种互动的关系，其中就包括思想的互动和行为的互动，营造良好的环境将有助于大学生创新能力的培养。对于大学生来说，影响最大的还是学校环境和社会环境。

（二）营造良好的家庭环境

家庭是每个人最初成长的摇篮，家庭教育直接影响着人的一生。因此，一个民主型家庭环境是非常重要的。身为父母，不能一味地溺爱或者专制，而是要与孩子进行平等对话，同时在各方面进行引导，让孩子参与家庭的谈论，多给孩子创造锻炼的机会，而不是一味地溺爱。同时，应该培养孩子的学习兴趣，而不是强制他们去完成自己没有实现的梦想。应该让孩子自己去作决定，而不是强加干涉。只有创造了良好的家庭环境，孩子才能健康成长。

在人生道路中，家庭这个基础建立得牢固与否关系到孩子的人生之路是否成功。

（三）营造积极向上的学校环境

学校是大学生生活中一种相对于社会较为闭塞而又有着独立的运行系统

的特殊环境。它是按照人在生存发展过程中学习知识的这种需要而逐渐形成的环境，这样一种经过了一定的选择标准的环境，直接、系统地影响着学生的成长。在学校进行的教育是具有目的性和强烈的导向性的，它通过有效的方式极大地缩短了学生成长的过程。大学生在学校中以学习为主要活动，接受学校给予的各种影响，并反映出来，从而不断发展自身的智力水平和创造能力等，因此，学校对于学生来说有着至关重要的作用。对于传统教育观念下的教育方法，创新教育持反对态度，学校有关创新的教育，主要还是通过课堂教学和课外实践相结合来实施的。要想提高大学生的创新能力，就需要不断加强对大学生理论课的教学和实践课的大力执行，将理论与实践结合起来。在学校，教师应该以专业课程为基础，强化大学生的理论素养。

教师在课堂上应该营造一种轻松愉快的教学氛围，积极培养学生的提问精神，以开放式课堂教学为主要教学方法，让学生拥有更多的自主选择性，学习材料要多向学生介绍和引导，激发学生对于未知领域知识的好奇心和探索精神。创新能力的培养是在具有大量的理论知识做基础的前提下，在系统的知识体系中，掌握知识的发展脉络，不断对其进行拓展。因此，只有在此基础上才能对大学生的基础课程进行相应的调整和设置，进行全面的平衡，将其中没有必要学习的课程进行改革和删减，对不利于培养创新能力的课程进行整改，并且将实践课程加入学生的课堂，让大学生在实践中不断学习理论知识、运用理论知识。

将实践课程加入大学课堂的重点课程中，在实践中不断深化和发展创新能力。同时，培养大学生在日常生活中遇到实际问题时解决问题的能力。

实践能够给予大学生接触到问题并且发现问题的机会，不断提高大学生探索开拓、积极进化、迎难而上的精神，在理智分析问题的过程中不断寻找解决的问题方法，这也是创新能力的表现。因此，只有实现实践与教育理论的双重结合，才能在培养大学生创新能力的过程中强化大学生的创新能力和精神，从而更好地服务社会。

教师还要指导学生的社会实践，带领学生融入社会，以实习或者体验的方式来提升学生的适应能力，以参与社会活动的方式实施教学目标。[①]

[①] 姜廷志. 大学生创新能力培养的现状、问题及对策研究[D]. 重庆：西南大学，2009.

教师应将大学生学习成绩方面的评价与实践方面的评分相结合，综合评价学生的成绩。不能仅仅凭借一次考试成绩就评判这个学生优秀与否，而是要加上学生在实践活动中的表现评分进行综合考量。这样才能促进学生在学习理论知识的过程中熟练地操作，在实践中将知识进行运用和创新，提高学生在实践过程中发现并解决问题的能力和总结经验不断突破创新的能力等。教师在评价学生成绩的过程中，着重分析学生参与实践的过程，并进行纵向比较，找出学生存在的问题和不足之处，在以后的教学中有针对性地进行教学。

（四）营造公平竞争的社会环境

社会环境是指影响个体创造力发展的社会背景和群体氛围，它包括文化战略、科技环境、学术风气、体制背景、经费支持及理论影响等各种外界因素。这些大环境看似与大学生的创新能力没有关系，其实有着一定的联系。公平的社会环境对大学生的创新能力具有非常大的促进作用。在宽松的管理体系中，学校就会有更多的自主选择权；有雄厚的资金支持，就可以在硬件和软件上为教师、学生提供可以进行创新教学的物质和合理的学术环境，也有利于教师将精力投入到学生的教育中去。社会上新的教育理念的形成也有利于学校吸收和改进，中国传统文化的消极影响也在约束着当下的创新意识。在国家大环境中，政府要合理引导，全社会共同创造出有利于创新精神的良好风气和支持政策，抵制不良的金钱观对教育的侵蚀，不以挣钱的多少作为评判一个人是否成功的标准。此外，还要处理好行政学术部门之间的关系。在我国的教学体制中，行政部门始终处于学校的管理系统，学术部门则处于学校的边缘位置，学术的开展依赖行政部门的支持，教师缺乏自主性，只能在规定的模式中开展教学，这样自然就阻碍了学术的发展和研究。学校应该给教师和学生创造宽松的学习环境，创造一个浓厚的学术研究氛围，给予一定的尊重，支持学术的开展，灵活进行教育制度的改革和制定，自由选择和转换学科门类，这样有弹性的学习自然会吸引更多的学生来进行创造活动。政府应加大对创新教育的资金投入，确保研究人员有足够的经费和良好的工作环境来进行科研。如果投资过少的话，教师和学生进行科研工作的基本条件得不到保证，就很难产生高质量的成果，也会影响科研人员的积极性。努力建设人们尊重知识和人才的社会风气，让大众在心理上产生趋同和共鸣，强大的社会力量必然会对创新精神的大学生和教师产生积极的影响。社会舆论也是对于创新活动的一种鼓励机制，如果社会轻视知识，那么大学生自然也会受到社会舆论的影响，以挣钱为第一要务，自然就会在创新能力的培养上懈怠下来，进一步遏制个体的发展。当社会中对于知识的尊重形成一种风气的时候，充分地尊重科学的价值，大学生及教师、科研人员的创新能力和求职得到激发和鼓励，自然就会更新知识系统。

综上所述，创新需要一个良好的环境，才能更好地培养人才的创新能力，创新能力的提高必然会促进经济的发展和科技的进步。

三、优化课程设置

大学对于大学生课程的合理设置和综合考量，是否适应时代发展是衡量这所大学教育教学是否先进的重要参考，也是衡量这所大学在社会发展、教学层次和潜力的指标之一，课程设置是否合理直接关系到大学生素质的提高。课程设置的综合化程度对人才知识能力结构具有明显影响，综合化程度高有利于人才跨学科、跨专业选课，开阔知识视野，激发探索性的思考，打下雄厚的学术基础，塑造完整的人格，增强综合能力的培养。因此，大学一定要重视课程设置的科学合理化，设置科学合理的课程就需要不同专业的交流、学科的交流，只有这样的大学课程设置才能够适应时代的发展和科学的进步，进一步刺激大学生的创新力。

（一）选修课程的丰富化

对于课程的全新综合构建是创新能力培养的基础。首先要选择的措施，在创新性课程的安排中，学校追求的原则就是创新。因此，需要改革现有的模式，不断丰富课程中有关创新的内容和知识，建设具有创新性的课程内容。课程设置所具有的时代特征反映出一所大学学科范围的宽广，以及文科和理科之间的融合度问题，而课程设置范围的大小和文理学科之间的相互依存的设置是创新型课程设置的主要体现。

因此，从培养大学生创新能力的角度建立教学体系，不断完善、提升当下的培养方式，不断培养大学生在不同学科之间知识学习和判断、运用、创造方面的能力，从而提高他们的创新能力。可将课程进行模块化安排，并系列化穿插在专业课中，在安排的过程中，可以按照社会的需求、科学研究、大学生的兴趣爱好及未来就业方向等要求来进行。合理的课程安排进一步适应了学科多样、专业多样的需求，提高了专业和选修课程的系统性，大学生通过对不同课程的选择，建立起自己的知识体系，不断运用不同学科间的知识，进行整合判断和创造。

不断扩大学科内容的范围，使得课程的设置更加具有时代之间横向综合性的发展。课程时代化的课程设置，不仅拓宽了不同学科之间的交流，而且扩大了学生学习的内容，发散了学生的思维能力，有助于大学生综合能力的培养。不断完善原有教学模式，加上其他科目的课程设置，能够更加有效地对大学生的创新能力进行培养，提高大学生培养能力的有效性，并且激励导师制度的不断加强和优化，通过教师之间课程结合的综合化，带领大学生不断学习其他学科的知识架构和体系，同时对教师不断地进行训练和加强，提高教师的知识层面和广度，这样才能进一步提供给大学生更多的专业知识，有利于大学生综合能力的发展，提高大学生创新能力的培养。

（二）课程设置的科学合理化

课程设置应该随着社会的发展、科技的进步和经济的不断发展进行科学调整，加强大学生对于不同学科之间的合理配置和时间安排，通过在不同学科间的学习和时间安排，极大地提高学生适应新环境和新科技的能力，进而在学校期间培养学生的创新能力。

课程安排的灵活性也能不断地丰富课程，这也体现了大学的办学能力以及教学理念，灵活安排合理的课程和教学内容，可以优化高等教学的教育理念和教师工作职能的安排，形成灵活的课程系统。因此，学校应灵活地开设必修课程和选修课程。选修课在大学生的创新能力培养中一直都扮演着重要角色，占据着重要位置。

选修课的开设不仅拓宽了学生的知识面，也提高了教师的知识宽度，是一种完善的培养体系。促进现代化的高等教育不断前进，加快高等教育走向现代化，不断提高大学生的创新能力。

（三）课程的结构平衡

必修课不能孤立地全部填满大学生的专业课程和学习生活。因此，需要合理配置选修课，对其进行有效的补充和拓展，从而开阔学生的视野，提高专业课的知识维度，促进各个学科间的平衡结构，以及学科之间层次的融合，提供给学生一个综合、完善、多样的课程体系，这样才能提高学生的创新思维。"课程结构应当围绕学生的知识、能力、素质的结构，并寻求平衡点。在课程结构中，最重要的是明确本专业的核心、课程或主干课程。主干课程与一般课程、基础课程与专业课程、理论课程与实践课程、必修课程与选修课程的比例关系是课程结构平衡的主要内容，应根据当代科学技术与社会的要求和学校、专业自身的特点，确定各课程的最佳比例。"所以，如果条件足够宽泛，在条件允许的情况下，选修课和必修课的比例可以控制在 7∶3 的范围，这样一个合理的比例可以良好地保持两种类型课程之间的平衡，专业课不会过于粗放，选修课也不会过于衬托，只有这样的优化模式才能够培养大学生的创新能力。

增加了选修课与必修课之间的构架和知识面，不仅拓宽了学科的内容，提高了学生学习的兴趣和自我管理的能力，也激励了教师之间的竞争，使他们不断提升自身的知识储备，从而更好地教育学生，提高学生的创新能力，优化了当下最为流行的本科生导师制度，对大学生综合能力的发展有很大的帮助。同时，加强了大学生创新能力的培养、思维的培养，促进了大学生对于不同学科知识的学习和掌握、运用和整理，提高了其处理问题和解决问题的能力，以及适应新时代发展的眼界和技能。

（四）课程之间的融合

除了加强必修和选修课程的交流之外，还要加强学科之间的交流与融合。一所大学要想发展成为世界一流大学，多学科的交流发展是必然选择。多学科之间的交流发展指的是学科主体根据社会发展的需求，按照科学发展的规律，在大学自身条件的前提下，采用措施和手段促进学科发展的一种学校社会活动。多学科之间的交叉发展，对一所一流大学的发展起着至关重要的作用，不仅可以优化当下教学的模式和发展趋向，也是大学具有创新能力培养的条件。例如，不同的学院之间多次进行学生间的专业交流和辩论，可以扩展大学生的知识领域，从而提高大学生的创新力。

多学科的沟通和交流主要通过两个方面进行！第一，学校要加强多学科共同进步与沟通的举措，从单一的学科进一步发展成综合的学科。第二，学科设置比较综合的大学一般都属于一流、历史发展较早的大学。因此，学科的综合设置也反映出一所学校的教学理念和教学素养。但是，综合学科的构建是大学在逐渐的成长过程中形成的，不是一下子就能够全部完成的事情。纵观目前的著名大学，其学科之间的综合主要特征有：一是文科和理科的基础比较顶尖，学术研究也在时代前沿；二是有着强大的应用学科，如医学、工科、经济类和管理类的学科；三是综合和交叉的学科设置比较完善。也就是说，具有上述某些特征的大学，都可以认为是较好的大学。因此，我国的各大高校都要根据自身的优势和劣势，加强本校建设的同时，以优势为主要出发点，同时不断改变自身的劣势，不断发展学科之间的交流，提高交叉学科的教育和培养，逐渐提高学科综合化，争取构建一个多学科、专业性强的综合学科，这样才能进一步提高大学生的创新力。

四、采用创新教学方法和手段

科学先进的教学手段是提高教学质量的保证。例如，大学教师可以加强对于探究式教学的探索，让学生参与到教学中，独立完成学习及学术研究的目的，改变原有的以教师为主体的教学理念，采用谈论、启发等手段激发学生的参与热情，这种教学方法在教学过程中使用较多。

（一）采用探究式教学方法

"探究式教学是指在教学时，由教师先根据教学内容选择和确定研究主题，在教学中创设一种类似于学术研究的问题情境，让学生通过阅读、观察、实验等途径去发现问题，运用调查、信息搜集与处理、试验、操作等方法，讨论与交流等探索活动去解决问题，并获得知识、技能、情感与态度的发展，尤其是探索精神和创新能力发展一种教学方式和学习过程。"[1] 探究式教学的特征有以问题为起点，以假设为核心，平等、互信和融洽的师生关系，注重学生学习的自主性和及教学过程的开放性等。

因此，探究式教学对激发大学生的好奇心和求知欲有着极大的作用，有

---

[1] 李湘祁.高校教学中探究式教学模式探析[J].湖北经济学院学报（人文社会科学版），2011，8（6）：179-180.

效地开发学生的创新个性有利于培养大学生求知验证的学习精神,同时有利于建立团队间的合作关系,培养大学生之间的团队合作精神。

在实际的教学过程中,教师需要从直观的专业知识出发,引导学生通过认知、自身思考、叙述、实验或者动手创造等方式实现探究式教学,发挥教师在教学过程中的研究意识,促进学生探究式学习意识的培养。教师要注重发挥自身的主观性,突显教师主导地位的同时,也要突显学生的主体地位,将"灌输式"的教学模式变成启发式的教学方式,引导学生在接受新知识的同时进行独立思考。树立"授人以鱼,不如授人以渔"的教学思想。在教师的辅导下,以学生自身的学习为重点,自主学习,对实际问题进行探究式的学习。

(二)教与学双向互动教学法

教与学是大学生创新能力培养过程中的基本关系,教与学双向互动教学法是一项教与学双向活动,是公开教学大纲、明确学习目的、指出学习重点、选择多样学习方法、开阔教学思维、出现问题由教师和学生共同解决的新型教学过程,是教师与学生双方互动。

大学生要在课堂上与教师进行积极的配合,不断促进自身的个性发展,维护良好的人际关系,形成同学之间良好的群体凝聚力和团结合作的学习气氛。教与学互动的特点就是,增强教师与学生之间的主导型,同时不断加强大学生独立意识,增强教与学的互动性。高校在采用双向互动创新教学的同时,突破传统教学方法的束缚,将大学生摆在教学主体的位置,平等地对其进行教育和辅导,将自己的专业知识传授给学生,培养他们的综合创新能力。

教师和学生可以在课堂、网络以及实验室之间建立一个互动平台,定期进行师生对话,利用有限的教学资源,完善教学方法,培养大学生的综合创新能力,优化现有的培养模式,提高大学生综合知识的运用能力。

(三)运用现代教育技术及教学手段

现代教育技术的运用就是将信息技术与专业课程进行有机结合,构建出理想的学习环境,培养大学生创造性地自主学习和探索发现,丰富交互模式,在此基础上不断实现全新的学习方式,运用现代教学技术手段,大力推广多媒体和网络教学的手段和方式，用表格、图形、影像、音频等手段拓宽教学的信息量，使教学更加生动、直观、有趣，有利于培养大学生在知识学习过程中接受和判断的综合能力，进一步培养大学生的创新能力。目前，教师可以将课程中的相关电子教案和表格、图书等上传到网络上，学生通过相关网页进行课程的提前知晓和阅读，打破以往学习时空的限制，为开展学生自主学习创造了更为有利的条件。同时，教师也可以通过在线教学的方式提高自身的知识深度，在辅导大学生专业知识学习的同时，不断给学生提供其所需要的综合知识，提前传达给学生，创建网页链接等延展教师的指导方式。

（四）增加创新教育的资金投入

1. 政府加大对创新教育的投入

人才是强国的根本，当下的人才竞争直接关系到一个国家的综合实力。因此，政府部门要加强创新教育的投资。

首先，教育部门要注重增加提高大学生创新能力培养的政策，加大大学生创新教育的资金投入。同时，政府部门可以鼓励民间企业对高校进行投资和建设，对于高校的创新型课程及硬件设施和高新技术进行大量的引进和改善，让学生能够更多地接触最新的技术和知识，在良好的环境中学习综合知识。政府在加强大学生创新教育的同时，要时刻遵循国家的政策法规，遵循社会主义指导思想的核心价值观，着力对大学生的创新能力进行培养。

其次，政府部门可以设立相关的职能部门，对大学生创新的科技成果给予相应的奖励和扶持，成立相关的培训机构，对大学生进行相应的辅导和教育。在加大大学生创新投资的同时，可以建设创新俱乐部等，给予大量的资金支持，专门用于知识创新、项目建设及设备的购置。大力实施"科技创新工程"，重点支持具有先进技术的创新团队和项目，对通过评审的重点项目给予资金支持。同时，积极引导社会上的金融机构为大学生创新和科技创新提供独具特色的金融产品服务，不断探索、建立创新大学生信息库，为社会发展提供更好的支持。

2. 学校加大对创新教育的投资

各大高校应该站在社会的前列，不断发掘创新型人才，加大对教学设施的投入和建设，给学生和教师提供更多的硬件设施，只有这样学生和教师才能更好地在研究中更加专心地进行创新。要想提高学生和教师队伍的创新能力，首先就要加大对学校创新教学硬件设施的投入，对大学生实验室中的实验器材和设施进行改善，并列进高新技术。同时，对于创新教育中的中坚力量——教师队伍，进行定期的创新教学培训，这样教师在教学的时候才能够与时俱进，不断更新自己的知识体系，大学生才能够学习到更多的专业知识和技能。

学校要制造相应的奖励机制，结合时代特征着重培养既有扎实理论基础，又有较强实践创新能力；既有求真务实精神，又善于解决实际问题的创新型人才。注重大学生综合素质的培养与创新能力的培养，强调对实践创新能力的训练，树立知识、能力、素质协调发展的教学培养观。各大高校可以制定相应的大学生奖励机制，这也是现代社会发展的需求。第一，设立更多的大学生创新奖项，如创新设计、活动、成就奖，对大学生创新给予相应的荣誉。第二，将大学生的创新与学分相结合，关联到学生的期末奖学金，充分调动学生的自主创新的积极性。第三，根据社会对人才的需求，向社会募集资金，建立大学生创新基金，为大学生创新能力的培养提供更多充足的物质条件。

教学部门不仅要着重增加对于提倡大学生创新能力培养的政策，还要加大对于大学生创新教学的资金投入。各大高校要站在社会的前列，不断发掘创新型人才，加大教学设施的投入和建设，给学生和教师提供更多的硬件设施，这样学生和教师才能更好地在研究中更加专心地进行创新。家长也要增加对学生创新能力培养的资金支持，还可以引进企业对学校教育的投资。

参考文献

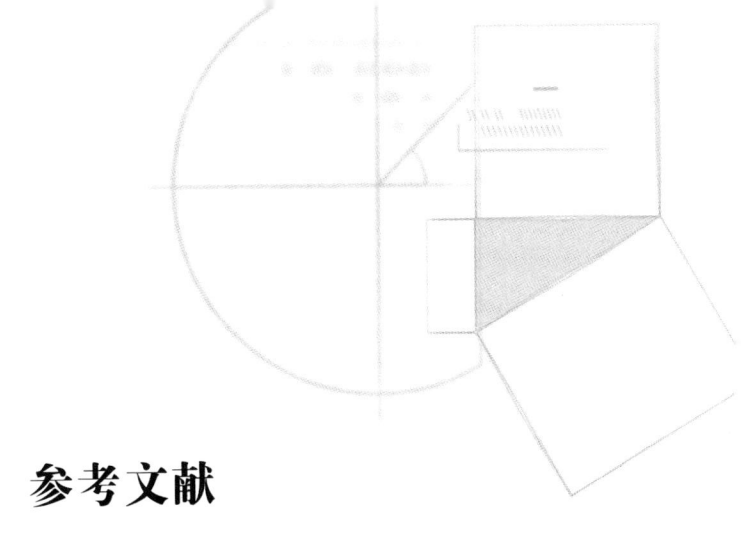

[1] 刘助柏，梁辰. 知识创新学 [M]. 北京：机械工业出版社，2005.

[2] 张文新，谷传华. 创造力发展心理学 [M]. 合肥：安徽教育出版社，2004.

[3] 李德昌. 新经济与创新素质：科学视角下的教育、管理和创新 [M]. 北京：中国计量出版社，2007.

[4] 李德昌. 信息人社会学：势科学与第六维生存 [M]. 北京：科学出版社，2007.

[5] 肖川. 教育的理想与信念 [M]. 长沙：岳麓书社，2002.

[6] 李海波. 势：人生谋势之道 [M]. 北京：中国经济出版社，2008.

[7] 余莲. 势：中国的效力观 [M]. 卓立，译. 北京：北京大学出版社，2009.

[8] 李德昌. 信息人教育学：势科学与教育动力学 [M]. 北京：科学出版社，2011.

[9] 刘琅. 大学的精神 [M]. 北京：中国友谊出版社，2004.

[10] 田正平. 中外教育交流史 [M]. 广州：广东教育出版社，2004.

[11] 韩震. 教育交流与国家软实力的提升 [J]. 教育研究，2008（11）：51-56.

[12] 丁邦平. 探究式科学教学：类型与特征 [J]. 教育研究，2010，31（10）：81-85.

[13] 李德昌. 信息人与不确定性 [J]. 西安交通大学学报（社会科学版），2005（4）：44-54.

[14] 杨国荣. 说"势" [J]. 文史哲. 2012（4）：83-91.

[15] 王道俊. 主体教育论的若干构想 [J]. 教育学报，2005（5）：5-19.

[16] 方建勋. 考释古代书论中的"势" [J]. 南通大学学报（社会科学版），2006（2）：

104-108.

[17] 顾文涛, 马蕾, 朱大为, 等."势"的战略管理研究[J]. 南京理工大学学报（社会科学版）, 2011, 24（4）: 46-51.

[18] 张永华. 以学生权利为本位规范高校学生管理[J]. 中国高等教育, 2004（8）: 16-18.

[19] 张树义. 行政主体研究[J]. 中国法学, 2000（2）: 80-86.

[20] 何士青, 王新远. 高校管理与大学生权利保护[J]. 思想·理论·教育, 2002（10）: 18-21.

[21] 邹东升. 大学生权利意识的偏失与匡正[J]. 当代青年研究, 2005（2）: 37-40.

[22] 李齐全. 论大学生权利的法律保护[J]. 法学杂志, 2004（2）: 41-42.

[23] 曹菲. 高校校园文化建设的理论定位、存在误区及建设方略[J]. 黑龙江高教研究, 2018（3）: 121-123.

[24] 陈学军. 论教育管理历史研究方式[J]. 教育理论与实践, 2011, 31（7）: 14-17.

[25] 郭文安. 教育学教材编写的思考[J]. 课程·教材·教法, 2011, 31（1）: 33-43.

[26] 李欣然. 大学校长教育与政治的双重关怀及其困境: 以蔡元培为中心的考察[J]. 高等教育研究, 2015, 36（6）: 91-95.

[27] 钟秉林, 方芳. 一流本科教育是"双一流"建设的重要内涵[J]. 中国大学教学, 2016（4）: 4-8.

[28] 潘懋元, 董立平. 关于高等学校分类、定位、特色发展的探讨[J]. 教育研究, 2009（2）: 33-38.

[29] 赵国栋."严格管理"与"学生自治": 民国著名高校学生管理的实践逻辑与当代启示[J]. 武汉理工大学学报（社会科学版）, 2016, 29（6）: 1290-1293.

[30] 胡国铭. 大学校长与大学发展研究[M]. 武汉: 华中科技大学出版社, 2004.

[31] 虞宁宁. 中国近代教会大学招生考试研究[M]. 武汉: 华中师范大学出版社, 2016.

[32] 赵立英. 陈垣高等教育思想研究[D]. 保定: 河北大学, 2014.